COLLECTION
DES MÉMOIRES

RELATIFS

A LA RÉVOLUTION FRANÇAISE

MÉMOIRES

DE MADAME DU HAUSSET,

FEMME DE CHAMBRE DE MADAME DE POMPADOUR.

IMPRIMERIE DE J. TASTU,
RUE DE VAUGIRARD, n° 36.

MÉMOIRES

DE

MADAME DU HAUSSET,

FEMME DE CHAMBRE

DE MADAME DE POMPADOUR,

AVEC DES NOTES

ET DES ÉCLAIRCISSEMENS HISTORIQUES.

PARIS.
BAUDOUIN FRÈRES, LIBRAIRES-ÉDITEURS,
RUE DE VAUGIRARD, N° 36.

1824.

AVERTISSEMENT

DES LIBRAIRES-ÉDITEURS.

Les Mémoires de madame du Hausset n'ont vu le jour que par les soins de M. Craufurd. Le public aime à connaître les hommes auxquels il doit ces sortes de révélations historiques. Le goût éclairé de M. Craufurd pour les lettres et pour les beaux-arts, l'accueil qu'il reçut à la cour de Louis XVI, la société qu'il voyait en France, les anecdotes qu'il a racontées dans ses écrits ou qu'on a recueillies dans sa conversation, jettent de l'intérêt sur sa vie. On ne lira point sans émotion ce qu'il dit des malheurs de la Reine Marie-Antoinette : on sera curieux d'apprendre ce qu'il a su de Joséphine au sujet de Napoléon.

Les notes que M. Craufurd avait jointes aux Mémoires de madame du Hausset, et ces Mémoires eux-mêmes, tout piquans qu'ils sont, n'auraient point assez fait connaître madame de Pompadour. On pénètre avec madame du

Hausset dans ses appartemens les plus secrets ; on y découvre les plus mystérieuses intrigues, du temps où le crédit de la favorite était le mieux affermi. Mais il était nécessaire qu'un coup-d'œil rapide jeté sur les premières années de madame Le Normand d'Étioles apprît l'origine de sa fortune au lecteur, et lui retraçât le caractère, les talens, les projets de cette femme qui du fond de son boudoir agitait l'Europe et gouvernait la France. Tel est l'objet de l'*Essai* qui précède les Mémoires qu'on va lire. Dans son insouciante légèreté madame de Pompadour prévoyait les violentes secousses qui devaient ébranler la monarchie. Son histoire se lie de bien près à celle de la révolution française ; les temps de troubles ont toujours pour précurseurs les temps de corruption dont parle madame du Hausset (1).

Pour éclairer encore davantage l'époque dont ses Mémoires présentent le tableau, nous

---

(1) L'histoire, en condamnant les désordres de cette époque, n'a presque rien laissé de plus à dire aux Mémoires. Personne aujourd'hui n'ignore à quel point l'amour des plaisirs corrompit tous les dons que Louis XV avait reçus du ciel. Il est une époque de sa vie plus brillante et plus heureuse : c'est celle que retracent les *Mémoires inédits* de M. le marquis

y avons joint des pièces historiques dont plusieurs sont très-rares, dont quelques autres étaient tout-à-fait inconnues. Nous citerons parmi les premières un morceau sur la destruction des Jésuites, écrit par M. Sénac de Meilhan avec une impartialité remarquable. Au nombre des secondes se trouve une notice biographique de l'archevêque de Toulouse, Loménie de Brienne, sur le cardinal de Bernis. Il est curieux de voir de quelle manière M. de Brienne, premier ministre de Louis XVI en 1788, juge la conduite et l'administration de M. de Bernis, ministre sous Louis XV. Ce seul rapprochement entre les deux cardinaux, les deux ministres, les deux princes et les deux époques, suffit pour donner à penser.

---

d'Argenson. Ils embrassent les plus belles années du règne de Louis XV; ils représentent ce prince jeune, vaillant, aimable, vainqueur à Fontenoi, à Raucoux, à Lawfelt, et recevant de la France entière des témoignages d'amour qu'il méritait alors.

Les Mémoires du marquis d'Argenson, publiés par sa famille, sont en ce moment sous presse.

NOTICE

SUR LA VIE ET LES OUVRAGES

DE M. CRAUFURD.

« On peut faire sa fortune en tous lieux, disait sou-
» vent M. Craufurd, mais c'est à Paris qu'il faut en jouir. »
Il y passa trente années de sa vie. Accueilli avec bienveillance par la Reine Marie-Antoinette, témoin et confident
de ses peines, en 1792, il a laissé d'intéressans souvenirs
sur les malheurs de cette princesse. Ses ouvrages, publiés
presque tous dans notre langue, le placent au nombre
de nos écrivains; les personnages les plus célèbres de
notre histoire avaient été, par ses soins, rassemblés à
grands frais dans sa galerie de tableaux; il aimait nos
usages, il partageait nos goûts; enfin, par ses manières,
ses sentimens, son langage, c'était véritablement un
Français que M. Craufurd, mais ce Français avait reçu
le jour en Écosse.

Quintin Craufurd, naquit à Kilwinnink, dans le
comté d'Air, le 22 septembre 1743. Il descendait d'une
ancienne et noble famille qui, dès le douzième siècle,
occupait un rang élevé dans sa patrie. A la mort de son
père, dont il était le plus jeune fils, M. Quintin Craufurd se trouvait encore en bas âge. Suivant les lois du
royaume, son frère aîné fut mis en possession de tous
les biens. Une entreprise, dans laquelle M. Craufurd le

père avait placé quelques fonds en faveur de ses autres enfans, échoua complètement ; le jeune Quintin Craufurd songea de bonne heure à réparer les torts de la fortune. A dix-huit ans, il entra au service de la compagnie des Indes, et s'embarqua pour Madras. La guerre venait d'éclater entre l'Angleterre et l'Espagne ; et, tandis que les Anglais enlevaient, en Amérique, la Havane aux Espagnols, le général Draper s'emparait de Manille dans les îles Philippines. M. Craufurd, qui avait servi avec beaucoup de zèle et d'activité dans cette expédition, fut nommé quartier-maître général.

A la paix, il rendit de nouveaux services à la compagnie des Indes. Placé comme résident à Manille, ses soins éclairés établirent un commerce avantageux entre les îles Philippines et les possessions anglaises ; il dut aux succès de cette habile négociation les commencemens de sa fortune. Après son retour à Madras, chargé de plusieurs missions importantes, il visita les contrées de l'Inde, il étudia leur histoire, leurs lois, leurs mœurs et leurs coutumes. On lui doit, sur les peuples de cette partie de l'Asie, un ouvrage, dont les orientalistes, les commerçans et les navigateurs apprécient également le mérite (1).

Si ses occupations le retenaient en Asie, ses vœux et ses regards se tournaient sans cesse vers l'Europe. Il y revint en 1780 ; et toujours animé du désir de voir, de con-

---

(1) *Sketches chiefly relating to the history, religion, learning and manners of the Hindoos.* London, 1790 ; 2 vol. in-8º.

Pendant son dernier séjour à Paris, il écrivit sur l'Inde un autre ouvrage qu'il fit imprimer à Londres, en 1817, sous le titre de *Researches concerning the Laws, theology, learning, commerce, etc., of ancient and modern India;* 2 vol. in-8º.

naître et de comparer, il parcourut l'Italie, l'Allemagne, la Hollande, et finit par habiter la France. Sa fortune était considérable. Il avait recueilli à Florence, à Venise, et surtout à Rome, des tableaux, des statues d'une valeur inestimable. L'hôtel dans lequel il rassembla ses richesses était meublé avec autant de goût que de magnificence. M. Craufurd recevait chez lui les ambassadeurs et les étrangers les plus distingués par leur rang ou leur mérite. Les savans, les gens de lettres, et les artistes ambitionnaient ses suffrages; plus d'un reçut de lui des encouragemens dont la délicatesse du bienfaiteur augmentait le prix. Libre de satisfaire en secret son humeur généreuse, heureux de se livrer, même au sein de Paris, à ses goûts studieux, il jouissait avec transport du bonheur d'habiter cette ville, où se rassemblent à la fois tous les plaisirs et tous les genres de connaissances.

La France présentait alors le plus heureux spectacle. La guerre d'Amérique avait rendu de l'éclat à nos armes. Long-temps égarée dans sa direction, notre école reprenait, dans les arts, la route qui l'a conduite à de brillans succès. Les lettres, sans renoncer au privilége de charmer les esprits, voulaient encore les éclairer. La philosophie moderne mêlait à de fausses et trompeuses clartés, des lumières utiles et bienfaisantes; et ces vérités recevaient du talent des hommes qui les répandaient dans leurs ouvrages, tout ce que la raison pouvait leur donner d'empire, tout ce que l'éloquence pouvait leur prêter de charme. Au milieu des plus heureuses illusions, on ne rêvait que perfectionnement et félicité publique. Les esprits semblaient, il est vrai, poussés vers l'avenir par un désir infini de nouveautés, mais tous les cœurs s'ouvraient à des sentimens généreux et bienveillans. Dans les cercles de la capitale ou de la cour, on soulevait d'une main légère les graves questions de la politique : un peuple aimable et spirituel discutait en folâtrant les plus hardis principes, sans en prévoir les résultats, à peu près comme sur des plages nouvellement découvertes, les habitans, dans leur imprudente ignorance, jouent avec nos armes à feu jusqu'au moment où l'explosion terrible leur en révèle tout-à-coup l'effet et le danger.

L'orage paraissait encore loin. La cour ne respirait que plaisirs et que fêtes. La nation française, en chérissant les bienfaisantes vertus de Louis XVI, arrêtait complaisamment ses regards sur les deux princes qu'elle voyait placés près du trône. L'un d'eux aimait et cultivait les lettres : l'étude et la réflexion semblaient mûrir en secret son jugement. Sa mémoire ornée, lui fournissait souvent des citations qui avaient l'éclat d'une saillie ; on reconnaissait en lui un esprit soumis aux lois de la prudence, capable des ménagemens de la politique, et digne des hautes conceptions de la sagesse. Le second, par ses grâces, sa loyauté, son air ouvert, son noble maintien, offrait un brillant modèle du caractère français. Il devait aux inspirations du cœur les traits les plus heureux de son esprit. On remarquait dans ses regards, on retrouvait dans ses moindres paroles, cette chaleur de sentiment qui conserve à l'âge mûr le charme de la jeunesse, rend la grandeur aimable, donne de la grâce à la bonté, et fait que chaque mot, chaque action, ajoute à l'amour des peuples sans rien ôter à leur respect.

L'étiquette s'étonnait un peu de ne plus régner à

Versailles. Marie-Antoinette, au milieu d'une cour dont elle était l'ornement, semblait se dérober à ses hommages ; elle voulait oublier l'élévation du trône pour goûter les douceurs de l'amitié. M. Craufurd était du nombre des étrangers que la Reine recevait avec le plus de bonté. « Tous ses mouvemens, dit-il, dans » un écrit que je me plairai souvent à citer, avaient » une grâce infinie ; et cette expression si souvent » prodiguée, *elle est pleine de charme*, était celle » qui peignait le mieux l'ensemble de sa personne. » Elle laissait apercevoir dans son intérieur, un carac-» tère de bienveillance très-rare, même parmi de sim-» ples particuliers. Si Marie-Antoinette n'eût eu qu'une » carrière ordinaire à parcourir, beaucoup de traits de » franchise et de bonté, auraient répandu un vif in-» térêt sur sa mémoire. Mais est-il possible, continue » M. Craufurd, de s'arrêter à des faits particuliers, » quand les terribles catastrophes qui ont rempli les » dernières années de sa vie appellent si fortement l'at-» tention (1). »

Il serait inutile de dire ici comment la nécessité d'une réforme amena un renversement ; il serait superflu de rappeler les fautes que fit la cour, les excès que commirent les factions, et comment Louis XVI se vit, en 1791, réduit à sortir en fugitif d'un palais où ses sujets le retenaient prisonnier.

M. Craufurd était du bien petit nombre d'hommes, à l'honneur, au dévouement, à la fidélité desquels était

---

(1) *Notice sur Marie-Antoinette, Reine de France,* extraite du catalogue raisonné de la Collection des Portraits de M. Craufurd; brochure tirée à un très-petit nombre d'exemplaires, en 1809, à Paris, et réimprimée in-8º en 1819.

confié le secret du voyage de Varennes. La voiture qu'on avait fait établir exprès, resta déposée chez lui, rue de Clichy, plusieurs jours avant le départ. On sait combien le retour fut amer et douloureux; on sait de quels outrages fut abreuvée la famille royale, en traversant lentement les Champs-Élysées pour rentrer aux Tuileries. M. Craufurd se trouvait alors à Bruxelles, mais deux cochers qu'il avait laissés à Paris, dans sa maison, étaient accourus avec la foule pour voir ce triste spectacle. L'un d'eux en apercevant la voiture, s'écria : « Je la reconnais ; c'est celle qui a été remisée chez mon maître. » La multitude crie aussitôt qu'il faut démolir ou brûler la maison. On y courait déjà, quand l'autre cocher, brave homme nommé Jougman, nia le fait en ajoutant que la maison n'était point à M. Craufurd, mais à M. Rouillé d'Orfeuille, *citoyen français*. « Ma maison ne fut alors préservée du pillage, disait M. Craufurd en racontant cette circonstance, que pour être pillée plus tard avec plus d'ordre et de méthode par les comités révolutionnaires (1). »

L'aspect sombre et sinistre que tout prenait en France, les soupçons qu'avait excités la conduite de M. Craufurd,

---

(1) La brochure de M. Craufurd sur Marie-Antoinette contient ces paroles remarquables, au sujet du voyage de Varennes : « On a répandu
» que le Roi avait montré de la timidité; d'après ce que j'ai su de la Reine
» et de plusieurs autres personnes, je crois cette assertion fausse. Un
» grand nombre de circonstances prouvent incontestablement qu'il avait
» du courage personnel. S'il montra de l'inquiétude ou des craintes
» à Varennes, ce n'était pas certainement pour lui-même, mais pour
» ceux qui se trouvaient avec lui. Il connaissait parfaitement tous les
» dangers de sa position et n'en était pas abattu. Une seule crainte paraissait toucher ce prince : au commencement de 1792, il disait : *Si du
» moins ma famille était en sûreté!* »

les périls dont l'environnait son attachement pour la famille royale, rien ne put l'empêcher de venir chercher une occasion nouvelle de témoigner un tendre et respectueux intérêt. Laissons-le rendre compte de ses entrevues avec la Reine.

« En décembre 1791, après une absence de plusieurs
» mois je revins à Paris, où je restai jusqu'au milieu
» d'avril 1792. Le lendemain de mon arrivée, j'allai
» lui faire ma cour aux Tuileries. Le jour suivant M. de
» Goguelat, officier de l'état-major, secrétaire privé de
» la Reine, vint me dire que sa majesté désirait me voir (1).
» A six heures du soir, mettant pied à terre au Carrousel,
» nous traversâmes la cour des Tuileries et nous entrâ-
» mes par une porte du château qui conduisait aux ap-
» partemens de la Reine. Madame Thibaut, l'une de ses
» femmes, fidèle et fort attachée à sa majesté, me mena
» chez elle. Je l'ai vue souvent et de la même manière,
» jusqu'à mon départ de Paris. Quelquefois et peu après
» m'avoir parlé des choses qui ne pouvaient que l'affli-
» ger bien vivement, je la retrouvais chez madame de
» Lamballe qui demeurait au château dans le pavillon
» de Flore : sa physionomie, son ton, son maintien,
» tout était calme. Rien ne se ressentait des sombres pen-
» sées dont elle venait de m'entretenir. »

La Reine n'imaginait pas alors qu'on osât jamais attenter aux jours du Roi. « La nation ne le souffrirait pas,
» disait-elle. » Mais elle se croyait elle-même dévouée comme victime à la haine des jacobins. L'infortunée

---

(1) M. de Goguelat est aujourd'hui lieutenant-général. On lui doit un Mémoire sur Varennes, et des détails remplis d'intérêt sur les tentatives faites pour arracher la Reine à la captivité du Temple.

princesse n'avait point de vaines alarmes, et ses consolations étaient bien incertaines.

Un jour Marie-Antoinette fit voir à M. Craufurd une lettre qu'elle recevait à l'instant de son neveu l'empereur François, qui règne aujourd'hui. En annonçant à la Reine son avènement au trône, il exprimait le vif intérêt qu'il prenait à sa position. Comme M. Craufurd lui faisait remarquer tout ce que cette lettre avait de consolant pour elle. *Mon neveu*, dit-elle, *ne pouvait pas m'écrire autrement; mais je ne l'ai jamais vu : à peine même ai-je connu son père. Mon frère Joseph, voilà celui qui était véritablement mon ami. Il m'aimait tendrement : sa mort est un grand malheur pour son pays et pour moi.* Alors la Reine entretint M. Craufurd de la lettre d'adieu qu'elle avait reçue de son frère expirant : l'amitié qui l'unissait à Joseph parut reporter ses idées vers des jours plus heureux ; elle s'attendrit en parlant des lieux qu'elle avait habités avec lui, des personnes qu'elle avait connues à Vienne, et de sa mère Marie-Thérèse. Quels souvenirs, et quel contraste! Loin de son pays, captive, humiliée, tremblante pour son époux, tremblante pour ses enfans bien plus encore que pour elle-même, comment aurait-elle pu, sans un sentiment douloureux, songer aux paisibles et riantes années de sa jeunesse ? Son attendrissement ne la rendait-il pas plus touchante ? Et qui n'eût, ainsi que M. Craufurd, partagé sa vive émotion ?

Il devait bientôt s'éloigner de la Reine et de la France. « Peu de jours avant mon départ, la Reine remarquant, dit-il, une pierre gravée que j'avais au doigt, me demanda si j'y étais bien attaché. Je lui répondis que non, que je l'avais achetée à Rome. Je vous la demande, me dit-elle ; j'aurai peut-être besoin de vous écrire, et s'il arrivait que je ne crusse pas devoir le faire de ma main, le cachet vous servirait d'indication. Cette pierre représentait un aigle portant dans son bec une couronne d'olivier. Sur quelques mots que ce symbole me suggéra, elle secoua la tête en disant : *Je ne me fais pas d'illusion, il n'y a plus de bonheur pour moi.* Puis, après un moment de silence : *Le seul espoir qui me reste, c'est que mon fils pourra du moins être heureux!* »

« Vers neuf heures du soir, je la quittai ; elle me fit sortir par une pièce étroite, où il y avait des livres, et qui conduisait à un corridor fort peu éclairé. Elle m'ouvrit elle-même la porte, et s'arrêta encore pour me parler ; mais entendant quelqu'un marcher dans le corridor, elle rentra. Il était tout simple qu'en de pareilles circonstances, je fusse frappé de l'idée que je la voyais pour la dernière fois. Cette sombre pensée me rendit un moment immobile. Tiré de ma stupeur, par l'approche de celui qui marchait, je quittai le château, et retournai chez moi. Dans l'obscurité de la nuit, au milieu d'idées confuses, son aspect, ses derniers regards se présentaient sans cesse à mon imagination, et s'y présentent encore aujourd'hui (1). »

Il était temps que M. Craufurd quittât Paris, où chaque instant augmentait ses périls. Il habita successivement Bruxelles, Francfort sur le Mein, et Vienne (2). L'homme

---

(1) Notice sur Marie-Antoinette.
(2) En 1792, M. Craufurd avait publié à Londres, en anglais, une *Histoire de la Bastille* qui renferme des recherches assez curieuses. Pendant son séjour à Francfort en 1798, il fit imprimer la même histoire en français, avec des changemens et des additions ; 1 fort volume in-8º.

qui avait montré du dévouement à Marie-Antoinette fut bien reçu dans la cour de François II. Il vécut parmi ce que la capitale de l'Autriche comptait d'hommes distingués, de personnages éminens : quand il songeait à la France, l'estime du baron de Thugut, l'amitié du prince de Ligne, la société de M. Sénac de Meilhan, adoucissaient un peu ses regrets. C'est à cette époque qu'il obtint de M. de Meilhan le Journal manuscrit de madame du Hausset, journal qu'il publia plus tard, et dont les indiscrétions lui auraient paru peut-être trop satisfaisantes pour la malignité, si plus d'un demi-siècle n'avait passé sur la mémoire de ceux qu'elles accusent. C'est à Vienne aussi, vers le même temps, que, pour répondre aux désirs d'une de ses compatriotes, il commença ses *Essais sur la littérature française* (1). Comme la plupart des productions de M. Craufurd, cet ouvrage annonce une critique judicieuse, un goût éclairé. Il est écrit d'un style facile et naturel. On aurait pu dès-lors adresser à l'auteur, en les changeant dans leur application, les paroles du Poussin à un

---

(1) Imprimés pour la première fois à Paris, 1803, en deux volumes in-4°. Il fit paraître, sous le même format, à Paris en 1808, l'*Essai historique sur le docteur Swift, et sur son Influence dans le gouvernement de la Grande-Bretagne*. Enfin parurent, en 1809, in-4°, les *Mélanges d'Histoire et de Littérature,* parmi lesquels se trouvent le Journal, ou, pour mieux dire, les *Mémoires de Madame du Hausset.*

Ces quatre volumes in4° sont d'autant plus précieux qu'ils n'ont été tirés qu'à fort petit nombre, et que leur auteur, par une fantaisie de bibliomane, les donnait bien rarement à la même personne.

La réimpression des *Mélanges d'Histoire et de Littérature*, Paris, 1817, in-8°, est fort incomplète, quoique donnée par M. Craufurd lui-même.

grand seigneur qui lui montrait ses ouvrages : *Il ne vous manque qu'un peu de pauvreté pour être un écrivain* (1).

Il partageait ainsi ses loisirs entre les lettres et la société de plusieurs hommes aimables, instruits et spirituels, que rassemblait chez lui son ami Sénac de Meilhan (2). Cette réunion avait pour lui d'autant plus de charme, que la gaieté, le savoir, le bon goût, en avaient banni l'étiquette et la politique. Mais ni ses plaisirs, ni ses occupations, qui étaient des plaisirs encore, ne pouvaient lui faire oublier le séjour de Paris. Lorsque M. Craufurd habitait la France, il allait régulièrement, chaque année, passer deux mois en Angleterre. En 1802, dix ans s'étaient écoulés sans qu'il eût revu sa terre natale. La goutte, dont il était tourmenté, lui faisait redouter les longues traversées sur mer. Il attendait chaque jour un événement favorable qui lui permît d'aller s'embarquer à Calais, en traversant la France. Aussi s'empressa-t-il, à la première nouvelle des conférences ouvertes pour la paix d'Amiens, de réclamer un passe-port français. Il l'obtint. On se trouvait au cœur de l'hiver ; sa santé était languissante ; il avait deux cents lieues à faire au

---

(1) M. Craufurd commence ainsi sa Notice sur madame de Montespan : « Cette dame, aussi remarquable par le caractère de son esprit original et piquant que par sa beauté, après avoir été recherchée par ce qu'il y avait de plus distingué à la cour, donna la préférence au marquis de Montespan qu'elle épousa. Madame de La Vallière l'avait admise dans sa société intime, et le roi, qui la voyait souvent, la regarda d'abord comme une *étourdie agréable*. Il disait un jour à madame de La Vallière : *Elle voudrait bien que je l'aimasse, mais elle se trompe.* C'était le roi qui se trompait. » Ces derniers mots ne renferment qu'un trait, mais il est heureux et vif.

(2) Voyez plus bas, sur M. Sénac de Meilhan, la note de la page 53.

milieu des glaces : mais quelles fatigues, quels périls n'eût-il pas bravés ? il allait revoir Paris !

Cette ville n'était plus telle alors qu'il l'avait vue. Un génie puissant, pour le bien comme pour le mal, n'avait point encore relevé ses édifices détruits, et décoré ses places publiques. De tous côtés Paris présentait les traces de la tourmente révolutionnaire. Les yeux de M. Craufurd n'étaient point préparés à ce spectacle. Vue du dehors, la France paraissait resplendissante de l'éclat de sa gloire militaire : il fallait la parcourir à l'intérieur pour avoir une idée des maux qu'elle avait éprouvés. Des pyramides en bois, des déesses de plâtre, des trophées en toile peinte, remplaçaient sur nos places et dans nos monumens, l'or, le marbre et l'airain. M. Craufurd cherchait les chefs-d'œuvre des arts qu'il avait admirés jadis, et ne revenait pas de sa surprise.

Il chercha surtout les amis qu'il avait chéris : le plus grand nombre était monté sur l'échafaud. Ceux qui restaient n'avaient, pour la plupart, conservé que la vie, et leurs malheurs les lui rendirent plus chers. Il eut un hôtel vaste et commode. Son salon réunit, chaque soir, tout ce que la terreur avait épargné d'hommes remarquables par leurs manières, leur politesse et leur esprit. Il oublia bientôt l'Angleterre ; il voulut embellir sa demeure. L'immense collection qu'il avait formée avait été saisie et vendue (1). Il s'occupa du soin d'en former une nouvelle : jamais l'occasion n'avait été plus favorable.

---

(1) Quoique étranger, M. Craufurd s'était trouvé compris sur la liste des émigrés.

On avait, pendant la révolution, pillé les hôtels et les couvens, enlevé les manuscrits, dispersé les bibliothèques. Les statues, les tableaux, les livres rares, étaient alors saisis comme suspects, et il s'en fallait de beaucoup que ces confiscations tournassent toutes au profit du trésor public. Quand un peu de tranquillité succéda plus tard aux désordres, des hommes qui conservaient le goût des arts et des lettres songèrent à rassembler tant de trésors épars. L'étranger s'enrichit alors de nos pertes; mille objets précieux allèrent orner les cabinets de Londres ou de Saint-Pétersbourg. Mais tout n'avait point été retrouvé. Des Elzevirs à grande marge, et couverts des armes royales, se vendaient encore chez les plus obscurs bouquinistes, et des yeux exercés distinguaient dans les échoppes du Pont-Neuf, des tableaux qui avaient orné les chapelles de nos églises ou les appartemens de Versailles (1). M. Craufurd mit ce court intervalle à profit.

Avec un goût très-éclairé, avec une patience infatigable, il réunit une collection plus intéressante, quoique moins riche peut-être que celle dont la révolution l'avait privé. Les hommes que l'histoire attache vivement par ses récits, éprouvent naturellement le désir de connaître les personnages dont ils ont admiré les actions. On veut saisir dans leur physionomie, dans leur maintien, jusque dans leur costume, des rapports ou des contrastes, avec leur caractère, leurs penchans,

---

(1) C'est ainsi que M. Craufurd retrouva un beau tableau de Le Brun, représentant Louis XIV à cheval : ce tableau ornait autrefois le salon d'Hercule à Versailles. Au retour de Louis XVIII, M. Craufurd l'offrit à Sa Majesté qui voulut bien en agréer l'hommage.

leur génie. Tout ce que la France a compté de personnages célèbres aux époques les plus remarquables de la monarchie, ministres, capitaines, magistrats, poëtes, savans, artistes, composaient la collection de portraits formée par M. Craufurd. Ces grands hommes de tous les temps, étonnés pour ainsi dire, de se trouver ensemble; semblaient se ranimer sur la toile pour servir d'exemple à notre âge : jamais étranger ne rendit un plus bel hommage à la France!

On pense bien qu'à côté de tant d'anciens preux, de chevaliers courtois, devaient figurer les belles, objets de leur constant hommage. Les femmes dont chaque siècle avait admiré les attraits, l'esprit et les grâces, qui, de leur temps, inspiraient de grandes actions aux guerriers, de nobles chants aux poëtes, étaient sûres d'occuper une place dans le musée de M. Craufurd. Quelquefois il avait réuni plusieurs portraits de la même personne, peinte à différens âges, en sorte qu'on pouvait comparer sur les mêmes traits, la fraîcheur de la jeunesse et le ravage des ans. Quelquefois aussi plus singulièrement frappé de l'empire exercé par quelques femmes, des touchantes qualités des unes, des longs revers de plusieurs autres, il avait voulu joindre les souvenirs de l'histoire aux traits du pinceau. C'est ainsi qu'il peignit avec beaucoup d'intérêt, dans ses Notices, Agnès Sorel qui ravit la France aux Anglais, en rendant son amant à la gloire; la tendre La Vallière, la vive et brillante Montespan; Marie Stuart dont les malheurs ont expié les fautes, et Marie-Antoinette dont les vertus ont illustré les malheurs (1).

---

(1) Notices imprimées in-8° en 1818 et 1819; toutes sont fort rares. Un portrait de la Reine par Sauvage, et un buste en marbre blanc

Ce n'est pas que de fâcheux soucis ne vinssent bien souvent l'arracher à ses douces occupations. A la rupture de la paix d'Amiens, tous les Anglais qui se trouvaient sur le sol français furent déclarés prisonniers de guerre. M. Craufurd devait être, comme ses compatriotes, dirigé vers un dépôt éloigné. Il dut à la protection d'une noble amitié que le pouvoir n'avait point refroidie, la permission de rester dans la capitale. Mais quand la guerre d'Espagne éclata, quand M. de Talleyrand ne fut plus en place, et quand le *prisonnier de guerre* se vit en butte à des persécutions nouvelles, il trouva près de Napoléon lui-même un appui sur lequel il était loin de compter. Écoutons-le parler à ce sujet dans une note intéressante que j'ai sous les yeux :

« En 1810, peu de temps après son divorce, l'impératrice Joséphine me fit dire par une de ses dames, madame la comtesse d'Audenarde, qu'elle serait bien aise de me voir; et que n'étant plus, elle, qu'une simple particulière, elle ne croyait pas qu'il y eût aucun inconvénient pour moi à venir chez elle. Je me rendis à la Malmaison, et nous y dînâmes ensuite, ma femme et moi, tous les lundis. J'y allais quelquefois aussi dans la semaine et cela dura jusqu'à sa mort. Elle avait souvent de la musique : en tout sa maison était fort agréable.

---

de grandeur naturelle et d'une parfaite ressemblance, ornaient le cabinet de M. Craufurd.

Cette collection toute historique est aujourd'hui disséminée. Le célèbre portrait de Bossuet, par Rigaud, fait maintenant partie du Muséum.

Entraîné par son goût pour les arts, M. Craufurd avait entrepris un ouvrage considérable sur la Grèce : il n'en a publié qu'un chapitre, intitulé : *sur Périclès*, etc., etc.; un petit volume en anglais; Londres, 1815 et 1817.

Elle était bienfaisante, douce, sensée, et se conduisait à l'époque dont je parle, avec beaucoup de mesure et de prudence. »

En rendant cette justice à Joséphine, M. Craufurd se plaisait à raconter souvent les bons offices qu'il en avait reçus ou les confidences qu'elle lui avait faites. Il tenait le fait suivant d'elle-même. Un jour qu'elle se promenait avec Napoléon, dans les bosquets de la Malmaison, il lui fit remarquer des arbustes qu'ils avaient autrefois plantés ensemble. *Joséphine*, lui dit-il, dans un moment d'épanchement, *je n'ai pas eu depuis d'instans plus heureux!* En rentrant dans les appartemens il vit un livre sur la table et l'ouvrit ; c'était les *Essais* de M. Craufurd. « Vous le voyez donc, dit Napoléon. — Oui, souvent. » Il lui demanda le livre et le fit mettre dans sa voiture. Il préparait déjà l'expédition contre la Russie. Au moment de son départ, M. Craufurd reçut pour la troisième fois l'ordre de quitter Paris. M. de Talleyrand qui dans sa disgrâce conservait pour lui le même zèle, se plaignit de cet ordre au ministre de la police. Le ministre l'ignorait ; il en parla le soir même à Saint-Cloud. Deux heures après, M. Craufurd reçut, en termes bienveillans, la permission de rester à Paris. Il vit dans cette faveur une marque d'égards que Bonaparte voulait donner à Joséphine.

« Personne dit M. Craufurd dans la note que j'ai déjà citée, ne le connaissait mieux qu'elle. A la fin du mois de mars 1814, au moment où les alliés marchaient sur Paris, je demandai à Joséphine ce que ferait Napoléon ? s'il tenterait un de ces coups désespérés qui lui avaient quelquefois réussi, ou s'il mettrait fin lui-même à ses jours, pour échapper à ses ennemis. — *Pour cela non*, me répondit-elle : *il aime la vie ; ce n'est pas que je veuille dire qu'aucun danger le puisse effrayer; mais il aime la vie parce qu'il veut aller dans l'avenir.* »

» Le jour qui suivit l'acceptation du traité par lequel il abdiquait la couronne, j'étais encore chez Joséphine. On annonça le prince de Wagram (maréchal Berthier), il arrivait de Fontainebleau : elle passa avec lui dans une autre pièce. Le maréchal étant parti, elle me répéta le récit des événemens dont il avait été le témoin. Vous rappelez-vous, me dit-elle, après un moment de silence, la question que vous m'avez faite? J'y pensais à l'instant même, lui répondis-je. *Eh bien! vous le voyez, j'avais raison. Quelque extraordinaire qu'il puisse vous paraître, il est superstitieux; il peut imaginer, prévoir des revers, s'y soumettre pour le moment, mais l'espoir de les surmonter ne l'abandonnera jamais.* »

La restauration permit enfin à M. Craufurd de passer en Angleterre, où des affaires d'un grand intérêt l'appelaient depuis long-temps. Il s'y rendit, et ne tarda point à s'apercevoir du tort irréparable que vingt-deux ans d'absence avaient fait à sa fortune. Il voyait s'évanouir ses espérances les mieux fondées, et perdait la possibilité, non d'ajouter à ses jouissances, mais d'assurer le bonheur des personnes qu'il affectionnait le plus. Son cœur en fut profondément blessé. Il tomba dangereusement malade à Paris en 1817, et quoique des soins habiles eussent éloigné le mal, il n'eut plus que des jours tristes et languissans. Des chagrins domestiques mêlèrent, dit-on, leur amertume aux derniers instans de sa vie, et peut-être en précipitèrent le cours. Il mourut à Paris le 23 novembre 1819, à l'âge de soixante-seize ans et deux mois.

M. Sénac de Meilhan avait fait de lui ce portrait : « Il
» a l'esprit juste, et en même temps actif et étendu;
» il joint à de profondes connaissances dans la littéra-
» ture anglaise et française le goût qui est plus rare que
» la science. Son cœur est généreux et sensible ; ses
» manières sont simples et polies. Il sait écouter avec
» intelligence; et ces diverses qualités l'ont rendu cher
» aux pays qu'il a parcourus. »

Au mérite rare en effet d'*écouter avec intelligence*, M. Craufurd joignait l'avantage de se faire écouter avec intérêt. Ses lectures, ses voyages, ses réflexions, rendaient sa conversation non moins variée qu'instructive. Personne ne possédait mieux que lui le ton de cette galanterie fine, aimable et décente, qui régnait autrefois dans la meilleure compagnie. On ne surprit jamais dans sa bouche un trait de médisance. Ses amis vantaient les douceurs de sa société ; plus d'un malheureux aurait pu révéler le secret de ses inclinations bienfaisantes. La générosité était le fond de son caractère ; mais il aimait à répandre ses bienfaits dans l'ombre, comme pour échapper à la reconnaissance. Il semblait avoir pris pour devise ces vers trop peu connus de l'ingénieux La Mothe :

> Pour nous, sans intérêt, obligeons les humains ;
> Que l'honneur de servir soit le prix du service :
> La vertu sur ce point fait un *tour d'avarice*,
>   Elle se paye par ses mains.

F. BARRIÈRE.

ESSAI
SUR LA
MARQUISE DE POMPADOUR.

Madame de Pompadour, dans l'ivresse de la prospérité, répondait à toutes les menaces de l'avenir, par ces trois mots qu'elle répétait souvent : *Après nous, le déluge.* Elle voyait donc une révolution s'approcher, et l'annonçait : elle eût pu même se placer d'avance au nombre des causes qui la préparèrent. A ce titre, elle entre de droit dans notre collection ; non par ses mémoires, puisqu'elle n'en a point fait (1) ; mais par ceux de

---

(1) Des Mémoires imprimés à Liége en 1768, et donnés comme écrits par madame de Pompadour, ne sont point d'elle : ils ne nous apprennent rien. C'est un cadre, où l'auteur, quel qu'il soit, a jeté de la politique, jusqu'à satiété.

En 1765, il parut, à Londres, une vie de la marquise, sous ce titre : *Genuine History of the marchioness de Pompadour, mistress to the french king, and first lady of the bedchamber to his queen, containing the secret memoirs of the court of France, from her first coming into power, to her death.*

C'est la traduction d'un ouvrage de mademoiselle *Fouque*, ex-religieuse. Cette demoiselle, qui s'était fait connaître à Paris par des romans et des galanteries, alla se marier en Angleterre. La traduction et l'original des *Mémoires* furent d'abord imprimés en Hollande ; mais l'ambassadeur de

madame du *Hausset*, sa femme de chambre (1). Il ne faut point chercher, dans ces Mémoires, de l'esprit, de l'agrément, et du style. Ce n'est point là leur mérite; mais ils sont écrits avec cette bonne foi qu'on n'imite point; et les choses y sont présentées avec une telle vérité, que le lecteur a sous les yeux tout ce que l'historienne lui raconte. On se croit dans l'appartement de sa maîtresse.

Madame de Pompadour enleva, pour ainsi dire, Louis XV à son peuple. Au lieu d'enflammer ce monarque, de l'amour de ses nobles devoirs, elle mit une gloire coupable à les lui faire oublier. Sans elle, Louis XV, comblé de tous les dons de la nature et du ciel, et rempli des qualités qui font les bons princes, eût porté, jusqu'au tombeau, le nom de *bien-aimé* ; ce nom, mille fois plus honorable et plus doux qu'une fastueuse épithète qui ne flatte que la vanité.

France acheta toute l'édition. Avant la mort de la marquise, ils furent réimprimés, en plusieurs endroits, au moyen de quelques exemplaires échappés aux perquisitions.

Les *Lettres* publiées, en 1772, sous le nom de madame de Pompadour, furent d'abord attribuées à Crébillon. On les regarde aujourd'hui comme une production de la jeunesse d'un magistrat, homme distingué, que la France possède encore.

(1) Madame *du Hausset* était la veuve d'un pauvre gentilhomme. La misère la força d'accepter la place que madame de Pompadour lui fit offrir, de sa première femme de chambre. Après la mort de la marquise, elle se retira dans sa province, avec un peu d'aisance.

Jeanne-Antoinette Poisson naquit à Paris, en 1720, de parens qui ne jouissaient pas d'une très-bonne réputation. Le fermier général le Normand de Tournehem était l'amant de sa mère. Son père (François Poisson) avait eu, dans l'administration des vivres, un emploi fructueux. Accusé d'une gestion infidèle, il fut forcé de se soustraire aux poursuites du gouvernement, et long-temps après, il eut besoin du crédit de sa fille, pour être oublié.

Tournehem prit un soin tout paternel de l'éducation d'Antoinette. Elle eut les maîtres les plus habiles et les étonna par la rapidité de ses progrès. A dix-huit ans, mademoiselle Poisson était une personne accomplie. Aux traits imposans, mais fins, d'une beauté régulière, elle joignait tous les charmes d'une jolie figure, tout ce qui donne à la physionomie, de l'éclat et du jeu. Sa taille était élégante et souple, son maintien, gracieux et noble. Un fonds d'esprit naturel que la culture avait enrichi, relevait encore ces brillans avantages. Fière de sa fille, madame Poisson déclarait modestement et sans cesse, « qu'un roi seul était digne » d'elle. »

Tant d'attraits enflammèrent le Normand d'Étioles, neveu de Tournehem, et l'oncle n'eut garde de contrarier un penchant qui convenait à ses vues, et qui promettait le bonheur d'Antoinette. Il proposa ce mariage au père du jeune homme. Celui-ci se fit prier. « L'alliance n'était pas honorable, » disait-il. La fortune ne réparait point ce qui

» manquait à la naissance. » C'était là que Tournehem l'attendait. Une belle dot, riche à compte sur sa succession promise, aplanit toutes les difficultés. Tournehem n'en éprouva point de la part de madame Poisson, qui pourtant aurait pu lui répondre, comme une des héroïnes de Corneille(1):

« Il n'est pas roi, seigneur, et c'est un grand défaut. »

Antoinette épousa M. d'Étioles sans l'aimer, et quoiqu'un mariage qui n'était qu'opulent démentit les rêves ambitieux dont elle était bercée.

Tournehem mêlait un peu de faste à sa générosité. La maison des nouveaux époux fut mise sur un pied magnifique. Toutes leurs journées étaient des fêtes; la splendeur des ameublemens le disputait au luxe de la table. Les salons les plus brillans étaient désertés pour celui de madame d'Étioles; on y rencontrait des hommes de la cour, des étrangers, des artistes fameux, des littérateurs estimés. Voltaire avait été témoin de ses premiers succès, comme il le lui dit dans la dédicace de *Tancrède*. Depuis, il avait cultivé cette liaison avec intérêt; et ce grand homme qui n'a jamais dédaigné la faveur, fut, dans la suite, un des courtisans les plus empressés de madame de Pompadour.

Madame de Châteauroux n'était plus, et n'était pas remplacée. Le serait-elle? et dans ce cas, à qui serait offert le mouchoir? On connaissait beaucoup de femmes qui le désiraient; on eût cité plus d'un mari qui ne le craignait pas. Il faudrait aux

---

(1) Agesilas. Acte 1er, scène 1re.

souverains mille fois plus de raison et de vertu qu'aux autres hommes, pour se garantir des piéges qu'on sème autour d'eux.

Dans le nombre des beautés qui s'étaient mises sur les rangs, on en fit remarquer trois au roi. La première l'agaça sous le masque, et lui plut; mais elle se pressa tellement de céder, qu'au lieu d'irriter les désirs, elle les éteignit. Elle se livra comme une courtisane et fut quittée de même. L'autre était une femme brillante et spirituelle, mais volage par goût, par système, et d'une humeur indépendante. Au moment de s'engager avec le monarque, elle pensa, non sans frayeur, que le projet de l'asservir l'asservissait elle-même; et, comme il lui sembla possible qu'elle se lassât du Roi de France, tout aussi bien que d'un amant ordinaire, elle fit ses conditions qui furent rejetées.

Madame d'Étioles était la troisième; elle fut moins difficile et plus adroite.

Louis XIV eut des faiblesses; mais on lui sait gré, quoi qu'en dise un ingénieux académicien (1), de son respect pour les bienséances, lorsqu'on le voit envelopper, du plus profond mystère, une passion naissante, prendre tous les moyens qui sont en son pouvoir, pour qu'elle échappe à la maligne attention des courtisans, regretter même la confidence qu'il en a faite à celui d'entre eux qu'il croit le plus discret.

---

(1) M. *Lémontey*, *Monarch. de Louis XIV*.

De pareilles précautions n'étaient pas dans les habitudes de la régence; et sous le règne qui lui succéda, les mœurs, à cet égard, comme à beaucoup d'autres, ne s'étaient point améliorées. Aussi, dès la première entrevue de madame d'Etioles et du roi, fut-elle déclarée sa maîtresse, et prit-elle la place de la duchesse de Châteauroux, aussi publiquement qu'on prend possession d'un ministère. Elle échangea presque aussitôt le nom de d'*Étioles*, contre le titre et le nom de marquise de *Pompadour* (1).

Charles Poisson, son frère, érigé, comme par enchantement, en marquis de Marigny, fut pourvu de la place de sur-intendant des bâtimens, créée pour Colbert.

D'Étioles était le plus malheureux des hommes. Peu s'en fallut qu'il ne prît les pleureuses du marquis de Montespan. Du moins, il se plaignit assez haut, pour que sa femme lui fît donner l'utile conseil de voyager. Cependant, il revint à Paris. Des amis sages firent entendre raison à sa douleur, et furent si persuasifs, qu'il accepta des bienfaits et des places.

---

(1) A cette époque, la maison de Pompadour, originaire du Limousin, était à peu près éteinte. Geoffroi de Pompadour, évêque de Périgueux, et grand aumônier de France, fut premier président de la chambre des comptes, sous Charles VIII. *Dangeau* parle d'un abbé de Pompadour (mort en 1710), qui faisait dire son bréviaire par son laquais, et qui s'en croyait quitte.

Le choix du roi déjouait des prétentions, frustrait des espérances. Il semblait à de grandes dames qu'il eût fait une injustice en se refusant à leur attente ; et, comme s'il eût fallu des aïeux pour être sa maîtresse, elles ne concevaient pas qu'une petite bourgeoise leur eût été préférée: « Décemment, on ne pouvait pas la voir, se di- » saient-elles ; » et, peu de jours après, les plus dédaigneuses la recherchèrent.

La marquise étudia sa position et son terrain. La séduction des sens ne lui promettait pas un long crédit. Elle sentit qu'il fallait retenir son royal amant par d'autres liens.

Louis XV était doué d'un esprit droit et juste, mais défiant et timide. Au lieu de le développer, de l'enhardir, au lieu d'arracher le prince à son indolence naturelle, ceux qui régnaient, en l'attendant, entretinrent à dessein une disposition qui l'éloignait des affaires. L'attrait des voluptés vint encore énerver les ressorts de son ame, par des jouissances répétées et bientôt insipides. Oisif et blasé tout à la fois, il ne connaissait ni la ressource du travail, ni les douceurs du plaisir ; et quand la chasse ne l'agitait point, la triste uniformité de ses momens le consumait d'ennui.

Madame de Pompadour régla son plan, sur le besoin de le distraire, et de le dérober, pour ainsi dire, à lui-même. Ce calcul donna naissance aux spectacles *des petits cabinets* (1). La marquise en était la première actrice. Les courtisans les plus à la mode y briguaient des rôles. Les plus jeunes, presque tous élèves de ce *Dupré* (qu'on appelait si ridiculement le *Grand-Dupré*), s'estimèrent heureux de danser dans les ballets; et ces nobles comédiens s'honoraient du nom de *troupe*, dont rougissent les acteurs de profession. On assure même que deux grands seigneurs faillirent se brouiller à jamais, pour le titre qu'ils se disputaient, d'*ordonnateurs* de ces fêtes, comme s'il se fût agi du commandement d'une armée.

Si le roi jouissait des applaudissemens donnés à sa maîtresse, les voyages de Choisy, de Crécy, de Bellevue, ne la lui présentaient pas avec moins d'avantages, au milieu d'un petit cercle d'élus que le prince admettait dans son intimité (2). Là, madame de Pompadour n'empruntant plus rien de l'illusion du théâtre, employait d'autres armes : une *causerie* piquante et légère, une fleur de médisance qui

---

(1) Voyez dans ce vol. un détail tiré des œuvres de *Laujon*, sur ces spectacles intérieurs. *Laujon* était un des auteurs du théâtre de madame de Pompadour. (*a*)

(2) Louis XV s'était formé trois degrés dans le commerce de ceux qui l'approchaient : les *intimes*, la *société*, le *monde*. Les *intimes* étaient M. de Soubise et le chevalier de Luxembourg. La *société*, les ducs de Richelieu, de Brissac, etc. Le monde se composait des ministres et des autres personnes de la cour.

ressemblait à l'enjouement, un badinage, d'un ton assez neuf pour le roi, des flatteries dont l'adresse déguisait l'intention, un air particulier d'abonder, sans complaisance, dans l'opinion du monarque, un art plus fin de le combattre, pour se laisser vaincre. La marquise occupait aussi le roi des productions des arts, l'enhardissait à les juger, lui révélait la justesse de son tact et la lui prouvait.

Louis XV ne reconnaissait plus ses journées. L'intérêt que sa maîtresse jetait sur tous ses momens en pressait le cours. « Comme le temps passe, » lui disait-il quelquefois! et ce mot était un succès.

Elle imagina les petits soupers, pour venger le roi de la représentation du grand couvert. Louis XV apportait à ces repas voluptueux un front serein, un esprit libre de soucis, une gaieté qui s'épanchait en saillies. Rien n'y rappelait son rang; il l'oubliait lui-même : il était à mille lieues du trône.

Jusques-là, madame de Pompadour s'était conduite en femme habile, qui ne néglige rien pour captiver son amant. Mais elle se rassurait d'autant moins contre l'inconstance du roi, que l'amour de ce prince se refroidissait de jour en jour; il importait donc à sa maîtresse de se procurer une consistance moins fragile; et, comme le dit un historien(1), d'acquérir l'*état d'amie nécessaire*. Le plus court moyen d'y parvenir était de se faire premier mi-

---

(1) Duclos, Mém. secrets.

nistre : son ascendant rendait tout possible. En interrogeant sans cesse des hommes éclairés, elle apprit d'eux à bégayer la langue des affaires ; et, des lambeaux de leur conversation, elle se fit une science dont elle se parait à propos. Le roi fut ébloui tout le premier, de ses lueurs politiques.

De ce moment, tout se traita chez elle, et le sort de la France, il faut bien le dire, se décida dans un boudoir.

Des ministres, avec lesquels la prétention d'influer sur tout, la mettait chaque jour en rapport, les uns étaient fatigués de cette dépendance ; les autres la toléraient, dans la pensée que le peuple qui n'ignorait pas qu'elle se mêlait du gouvernement, rejetterait tout sur elle, et lui prêterait même les torts qu'elle n'avait pas.

Maurepas fut renvoyé, pour s'être permis contre elle une plaisanterie qui n'était pas sans amertume. Elle aimait le comte de Machault et professait une haute estime pour son caractère. Mais ces sentimens prenaient leur source, bien moins dans une flatteuse appréciation des services, de l'intégrité, de l'énergie de ce ministre, que dans son opposition au clergé qu'elle haïssait.

D'Argenson était l'ennemi de la marquise et ne le dissimulait pas. Bernis était sa créature.

Avec le goût et le génie des affaires, le comte de Stainville (depuis duc de Choiseul) n'avançait pas aussi vite qu'il se l'était promis. Mais tout d'un coup, il fit faire un grand pas à sa fortune, en livrant à la marquise un billet important dont on a cru qu'il s'était emparé. Ce bon office, qui nécessairement avait coûté quelque chose à la délicatesse, mérita toute la reconnaissance de madame de Pompadour et fut payé d'une amitié qui ne se démentit point. La marquise goûtait son esprit, le brillant de sa conversation, le tour facile qu'il donnait à ses idées, une causticité qui l'amusait aux dépens de leurs ennemis communs, une morale vraisemblablement peu sévère, un soin raisonné des intérêts de ce monde, une insouciance épicurienne sur tout le reste. La haine de madame de Pompadour pour les jésuites se nourrit encore de l'aversion que leur avait vouée le duc de Choiseul; peut-être même elle hâta leur ruine; et ce ne fut pas un spectacle indifférent, que la maîtresse du roi, se faisant l'auxiliaire des jansénistes, et combattant des gens qu'elle détestait (1), pour une secte qu'elle n'aimait pas

---

(1) Quand madame de Pompadour imagina de jouer la dévotion, pour se concilier la reine que ses vertus rendaient facile à tromper, elle fit chercher un directeur. On détermina le père de Sacy, jésuite, à purifier cette conscience un peu chargée, mais prête à recevoir de salutaires impressions. Il se rendit à Versailles. La pénitente avait compté sur un moine indulgent et commode. Le père de Sacy ne répondit point à son attente : il déclara qu'il n'entendait rien à ces arrangemens entre le ciel et la terre; et que si le sacrifice n'était pas entier, il ne donnerait point cette absolution qu'on lui demandait, et que la marquise croyait négociée par son envoyé.

davantage. Louis XV, naturellement ennemi de toutes mesures violentes, répugnait à la destruction de cet ordre et plaidait pour lui. La marquise la lui fit vouloir, comme une chose urgente et nécessaire. L'urgence et la nécessité n'étaient pas démontrées.

Si le duc de Choiseul, en dirigeant madame de Pompadour, ne lui fut pas inutile, elle, de son côté, ne perdit pas une occasion de le faire valoir, et par conséquent, lui fraya la route à cet immense pouvoir ministériel qui paraissait inébranlable, et qu'une femme vulgaire, une courtisane renversa, d'un souffle, après la mort de madame de Pompadour.

Le duc de Richelieu, dont nous aurions dû parler plus tôt, fut le premier qui lui rendit des soins, à son début à Versailles, pendant qu'une grande partie de la cour, dans la peur de s'avilir à pure perte, attendait que ce nouvel astre montât sur l'horizon ou disparût. Mais, quoiqu'il en eût mieux jugé que les autres, et qu'il eût bien pressenti que ce qu'ils appelaient un *caprice*, allait devenir un règne, il refusa la main de mademoiselle d'Étioles, pour M. de Fronsac son fils. Ce refus, très-poliment tourné, n'en était pas moins offensant pour la marquise. Contradiction étrange et bizarre! Ri-

---

Voilà quelle fut, dit-on, la cause de son ressentiment contre les jésuites.

Voyez les *Anecdotes de la cour de France*, par Soulavie.

chelieu se sentait humilié de la seule pensée d'être le gendre de madame d'Étioles, et n'était pas honteux de jouer auprès d'elle le rôle ignoble de complaisant ! Il n'y a pourtant qu'une manière d'entendre l'honneur ; mais l'esprit nous arrange une morale, suivant nos passions et nos intérêts

Comme nous ne traçons ici qu'une esquisse rapide, nous n'entrerons point dans le détail des événemens de la guerre de 1756, des fautes que fit madame de Pompadour, en envoyant des généraux sans gloire à des troupes découragées, des désastres qui suivirent ces choix imprudens, des injustices que l'on commit, pour réparer des sottises.

Quoique les gens de lettres ne fussent pas en très-grande recommandation à la cour, la marquise en accueillait plusieurs, soit par penchant, soit par vanité, soit par le besoin de respirer quelquefois un encens plus fin. De ce nombre étaient Voltaire, Duclos, Crébillon, Marmontel (1). Elle

---

(1) Les deux premiers ne la ménagèrent point par la suite, et même l'un d'eux n'attendit pas sa mort. Voltaire, après tant de madrigaux, d'adorations, de cajoleries, la chanta, sur un bien autre ton, dans un poëme trop célèbre. (Édition de 1756.)

> Telle plutôt cette heureuse grisette
> Que la nature ainsi que l'art forma
> Pour le *sérail*, ou bien pour l'Opéra.
> . . . .
> Sa vive allure est un vrai port de reine,
> Ses yeux fripons s'arment de majesté ;
> Sa voix a pris le ton de souveraine,
> Et sur son rang, son esprit s'est monté.

essaya d'apprivoiser Rousseau; mais une lettre qu'elle reçut de lui, la dégoûta de renouveler ses avances (1). « C'est un hibou, dit-elle un jour à madame de Mirepoix. J'en conviens, répondit la maréchale; mais, c'est celui de Minerve. »

Au reste, tout en paraissant favorable aux philosophes, madame de Pompadour, suivant l'expression d'un écrivain distingué, n'était pas une alliée très-sûre pour eux; et quand leurs livres

---

Quant à Duclos, il dut penser que son devoir d'historien ne lui permettait pas d'indulgence. Aussi représente-t-il la marquise égarée dans le chaos d'une administration qui l'accable, prenant des vues étroites, des plans mesquins pour les inspirations d'une haute politique, sacrifiant les plus grands intérêts à de petites affections, à de petites rancunes, et même à cet amour de l'argent qui n'entre jamais que dans une femme sans élévation.

(1) MADAME,

« J'ai cru un moment que c'était par erreur que votre commissionnaire voulait me remettre cent louis pour des copies qui sont payées avec douze francs. Il m'a détrompé. Souffrez que je vous détrompe à mon tour. Mes épargnes m'ont mis en état de me faire un revenu, non viager, de 540 liv., toute déduction faite. Mon travail me procure annuellement une somme à peu près égale : j'ai donc un superflu considérable; je l'emploie de mon mieux, quoique je ne fasse guères d'aumônes. Si, contre toute apparence, l'âge ou les infirmités rendaient un jour mes forces insuffisantes, j'ai un ami. »

J.-J. ROUSSEAU.

Paris, 18 août 1762.

donnaient aux rois des leçons trop hardies, elle s'en plaignait la première, comme d'une injure presque personnelle. Le duc de Choiseul son ami n'agissait pas autrement. Il partageait le fond des mêmes doctrines, et livrait leurs auteurs aux bouffonneries de Palissot.

La marquise s'était fait nommer dame du palais de la reine; orgueilleuse fantaisie qui ne rencontra d'obstacle, que les timides objections de cette princesse. Elles ne tinrent pas long-temps contre le désir du roi. Tout le reste fléchit, jusqu'à l'étiquette.

L'attentat d'un misérable, sur la personne de Louis XV, reproduisit, pour madame de Pompadour, la situation où s'était trouvée la duchesse de Châteauroux, à l'époque de la maladie de Metz. La marquise n'osa paraître au chevet du roi que sa famille et la religion environnaient; elle se disposait même à quitter Versailles: la maréchale de Mirepoix l'en empêcha.

Cependant, toute la cour pensait que Louis ne la reverrait point. Les gens de bien l'espéraient. Le roi se l'était persuadé lui-même; il s'abusait. Madame de Pompadour reprit son empire; elle l'accrut même et l'étendit, puisqu'elle obtint, de la condescendance du monarque, l'exil du comte d'Argenson, que ce prince défendait contre elle, depuis quatre ou cinq ans. La haine est patiente; et comme elle sait attendre, elle triomphe presque toujours.

Machault fut enveloppé dans la disgrâce du ministre de la guerre. Vainement chercha-t-on à s'expliquer cette rigueur, à l'égard d'un homme connu pour être l'ami de madame de Pompadour. Voici ce qu'on ignorait. Après le premier appareil appliqué sur sa blessure, le roi resté seul avec Machault, l'avait chargé d'aller secrètement chez la marquise et de lui conseiller, comme de lui-même, une retraite noble et volontaire. Machault remplit sa mission qui n'eut point d'effet: mais, aussitôt que le péril de Louis fut passé, la présence d'un ministre témoin et confident de sa faiblesse, lui parut gênante. Aussi, lorsque madame de Pompadour demanda l'exil du premier: « J'y consens, » répondit le roi; mais à condition que Machault » ne sera pas mieux traité. » La marquise n'hésita point.

Un historien, homme de la cour (1), très-bien instruit de ces faits, qu'il tenait de la bouche du duc de Choiseul, en termine le récit, par un résumé que le lecteur aura pu remarquer dans ses *Mémoires*: selon lui, d'Argenson sacrifia Louis XV aux chances de ce moment. Le roi sacrifiait sa maîtresse à des terreurs qui troublaient sa pensée. Machault sacrifiait madame de Pompadour, en lui donnant, par obéissance, un conseil qui la détruisait; et tout finit par être sacrifié à l'amour; ce qui ne manquera jamais d'arriver.

---

(1) Le baron de Besenval.

La marquise avait conservé, de sa beauté, tout ce qui n'a pas besoin de la fraîcheur de la jeunesse; mais son éclat s'effaçait. Une fièvre lente vint encore avancer l'ouvrage des années (1). Elle pensa que le moment était venu, si non d'embrasser la dévotion, au moins d'en afficher les apparences; et ses amis firent grand bruit, de la résolution qu'elle prenait, disaient-ils, d'édifier désormais la cour. On aurait pu lui rappeler ce que disait d'elle-même, la belle duchesse de Longueville, plus sincèrement convertie : « Le meilleur exemple que je » puisse donner à la cour, c'est de la quitter. »

Au surplus, ce projet de réforme s'accordait mal avec le parti pris de régner constamment sur le cœur de Louis XV, à quelque prix que ce fût ; et ce besoin dominait si puissamment madame de

---

(1) Voltaire adressa des vers à madame de Pompadour au sujet de sa convalescence. Mais, il ne s'avisa pas de lui dire, comme Palissot qui fit des vers, à la même occasion :

.... Qu'elle était trop chère à la France,
Pour redouter du sort la fatale puissance, etc., etc.

Le génie satirique et l'esprit d'adulation ne s'excluent pas ; plus d'un écrivain l'a prouvé.

Voici les vers de Voltaire :

Lachésis tournait son fuseau ,
Filant avec plaisir les beaux jours d'Isabelle.
J'aperçus Atropos qui, d'une main cruelle,
Voulait couper le fil et la mettre au tombeau.
J'en avertis l'Amour; mais il veillait pour elle,
    Et, du mouvement de son aile,
Il étourdit la parque et brisa son ciseau.

Pompadour, qu'il la réduisit à la ressource ignominieuse de se supplanter elle-même et de se choisir des rivales. Mais tel était son empire, ou celui d'une longue habitude, que toutes ces galanteries de passage ramenaient toujours le monarque auprès de sa maîtresse et qu'elle jouissait, en quelque sorte, de ses infidélités.

La marquise de Pompadour n'était point heureuse. Que lui manquait-il donc? La paix de l'ame, première condition du bonheur. Dévorée de chagrins en excitant l'envie, profondément affligée du malheur de vieillir, honteuse, comme elle le dit dans une lettre (peut-être supposée), d'avoir servi des hommes médiocres qui *n'ont su faire que des révérences et des bassesses*, adorée de mille gens, aimée d'aucun, lasse et même détrompée de la faveur, elle demandait quelquefois à la fortune de l'en débarrasser; et, l'instant d'après, elle révoquait un vœu dont l'accomplissement l'eût désespérée. La moitié de la cour la détestait ouvertement; l'autre moitié couvrait son mépris d'empressemens et d'hommages. Ce prince, que l'Europe entière a pleuré, le père de Louis XVI, de Louis-le-Désiré, d'un frère non moins chéri des Français, le vertueux dauphin contraignait malaisément ses sentimens pour elle; et c'était une douleur amère, que les dédains d'un prince à qui tous les cœurs payaient un tribut de vénération et d'amour. De plus, la marquise n'ignorait pas que le cri public l'accusait des revers de nos armées. La capitale l'abreuvait d'outrages, dans une multitude de brochures, inutilement poursuivies, et toujours renaissantes. Ces légères épigrammes, auxquelles un air bien ou mal choisi, prête des ailes, les noëls, les parodies, les couplets, couraient, d'un bout du royaume à l'autre. On chantait; on se croyait vengé. Cette arme du ridicule que manient si bien les Français, était l'effroi du gouvernement; et c'est pour cela sans doute, qu'un auteur anglais appelle la France une *monarchie tempérée par des chansons.* (1).

Une maladie de langueur attaqua la marquise, à la suite d'un voyage de Choisy. Dès les premiers symptômes, elle fut jugée mortelle, et tout l'art des médecins ne put même en ralentir les progrès. Le roi lui prodigua les soins d'une amitié sincère, et les assiduités les plus consolantes. Il affecta même de la consulter, jusqu'au dernier jour, sur les affaires du gouvernement. On peut dire qu'elle a fini, les rênes de l'État à la main.

---

(1) Marmontel raconte, dans ses *Mémoires,* que pendant son séjour à Ferney, la conversation tomba sur madame de Pompadour. « Elle n'est plus aimée, dit Marmontel; elle est
» malheureuse. Eh bien ! s'écria le vieillard, qu'elle vienne
» aux *Délices* jouer avec nous la tragédie. Je lui ferai des rô-
» les et des rôles de reine. Elle est belle, elle doit connaître
» le jeu des passions. — Elle connaît aussi, répliqua Mar-
» montel, les profondes douleurs et les larmes.—Tant mieux !
» c'est là ce qu'il nous faut. — Puisqu'elle vous convient,
» laissez faire : si le théâtre de Versailles lui manque, je lui
» dirai que le vôtre l'attend. »

Madame de Pompadour mourut le 15 avril 1764, à l'âge de quarante-quatre ans. Ses restes furent transférés à Paris, et déposés dans un caveau de l'église des Capucines. Sa famille avait demandé que l'inhumation fût précédée d'une oraison funèbre : voici comment le Religieux chargé de cette commission, s'en acquitta : « Je reçois le corps de » très-haute et très-puissante dame, madame la » marquise de Pompadour, dame du palais de » la reine. Elle était à l'école de toutes les vertus; » car la reine, modèle de bonté, de piété, de mo-» destie, d'indulgence, etc., etc. »

On jeta sur sa cendre des épitaphes plus ou moins satiriques. Celle qui suit n'a rien d'injurieux et dit la vérité.

>Ci-gît d'Étiole-Pompadour
>Qui charmait la ville et la cour,
>Femme infidèle et maîtresse accomplie :
>L'Amour et l'Hymen n'ont pas tort,
>Le premier, de pleurer sa vie,
>Et l'autre, de pleurer sa mort.

Le marquis de Marigny, légataire universel de sa sœur, recueillit cette succession si riche en tableaux, en marbres, en bronzes, en curiosités de toute espèce. On dit que, sur la question qu'il fit à M. d'Étioles, « s'il prétendait se porter héritier; » celui-ci répondit, par ce vers d'un opéra :

>Je ne veux pas d'un bien qui coûta tant de larmes.

DESPRÉS.

TABLE.

	Pages.
Avertissement des libraires-éditeurs.	j
Notice sur la vie et les ouvrages de M. Craufurd, par M. Barrière.	1
Essai sur la marquise de Pompadour, par M. Després.	xix

MÉMOIRES

de madame du Hausset.

Introduction. — Changemens survenus en France, dans les mœurs et les usages de la cour et de la ville, avec quelques réflexions sur les causes et les circonstances qui ont produit et accéléré la révolution.	1
Avertissement.	53
Mémoires.	55

MORCEAUX HISTORIQUES

servant d'éclaircissemens pour les Mémoires de madame du Hausset.

(*a*) Spectacles des petits cabinets de Louis XV.	229
(*b*) De la destruction des Jésuites en France.	247
(*c*) Extrait d'un article écrit par M. de Meilhan, sur M. le duc de Choiseul.	265
(*d*) Sur le dauphin, fils de Louis XV.	277
(*e*) Sur madame la duchesse de Grammont.	290
(*f*) Notice sur le cardinal de Bernis.	295

INTRODUCTION.

Changemens survenus en France, dans les mœurs et les usages de la cour et de la ville, avec quelques réflexions sur les causes et les circonstances qui ont produit et accéléré la révolution.

ANCIENNEMENT (1), et jusqu'à la fin du règne de Louis XIV, il y avait des rapports plus fréquens, que depuis, entre le roi et ses sujets de diverses classes; les motifs d'exclusion se multiplièrent, sous les deux successeurs de ce monarque. Dans un récit des fêtes et des divertissemens donnés à la cour, lors de la naissance du premier fils de Louis XIV, il est dit : *A la table tenue par le roi, étaient madame la lieutenante civile et madame la présidente Tambonneau.* Ce fait qui aurait paru

---

(1) On trouve dans les chroniques du temps de Louis XI une circonstance assez remarquable. Il est dit que ce roi étant venu dîner avec la reine, à l'Hôtel-de-Ville, on prépara, suivant l'usage, un bain pour la reine, et un autre, auprès du sien, pour une bourgeoise de Paris. Un tel fait paraîtra peu intéressant à beaucoup de lecteurs; mais il offre un exemple d'égards marqués envers le peuple.

(*Note du premier édit.*)

incroyable aux courtisans de Louis XV et de Louis XVI, n'en est que plus digne de remarque. Sous Louis XIV, les magistrats allaient quelquefois faire leur cour au roi qui s'entretenait avec eux, et leur permettait de s'adresser à lui-même, pour les affaires de leur ressort, ou les grâces qu'ils croyaient mériter. Ayant accordé une pension à M. Talon, avocat-général, M. de Lamoignon (1), qui exerçait le même emploi, cédant aux instances de sa famille, demanda la même grâce. Le roi répondit qu'*il y songerait*. Six mois se passèrent, pendant lesquels M. de Lamoignon vit souvent le roi, sans lui rappeler sa sollicitation. Le roi lui dit un jour : « M. de Lamoignon, vous ne me parlez plus de votre pension. — J'attendais, Sire, que je l'eusse méritée. — Si vous le prenez ainsi, dit le roi, je vous dois bien des arrérages. » Et la pension fut payée, avec les arrérages auxquels le roi ajouta même une gratification.

Pendant le règne de Louis XV et celui de Louis XVI, on ne peut guère citer de circonstances où un magistrat du parlement, s'il n'était pas dans le ministère, ait parlé au roi, excepté pour le haranguer, ou lorsqu'il faisait partie d'une députation. Les magistrats ne paraissaient jamais à

---

(1) **Le président de Lamoignon, si célébré par Boileau, est l'ancêtre du vertueux Malesherbes, qui aimait tant à en parler.**

(*Note du premier édit.*)

la cour, comme courtisans. Le jour de l'an, les premiers présidens des cours souveraines, les présidens à mortier, les avocats-généraux, le lieutenant civil, étaient admis à saluer le roi, mais toujours avec leur grand costume.

Les rapports immédiats entre le roi et des hommes des diverses classes, lui donnaient, dans des circonstances critiques, des moyens d'influence sur une foule de personnes qu'il pouvait, au besoin, rapprocher de lui. Louis XIV admit à son jeu Gourville qui avait été, dix-huit ans auparavant, valet de chambre de l'évêque de Lectoure, de la maison de la Rochefoucauld. Le roi avait été tellement frappé de l'habileté avec laquelle Gourville, devenu intendant du prince de Condé, avait rétabli les affaires de cette maison, et de ses talens en finance, qu'il pensa à lui pour remplacer Colbert. Le souverain, comme la source des honneurs, se réservait le pouvoir d'admettre à sa cour, et d'élever aux plus hautes dignités, ceux qu'il voulait récompenser ou distinguer, quelle que fût leur naissance. Loin d'observer cette maxime, on fit, en 1760, un réglement qui imposait l'obligation, pour être présenté à la cour, de prouver, au moins d'après trois titres originaux par génération, qu'on était noble de race, à l'époque de 1400. Une pareille mesure, proposée à Louis XIV, aurait été rejetée par ce monarque, comme mettant des entraves à son pouvoir. Il est essentiel, dans la monarchie, qu'il n'y ait point de loi qui contrarie la volonté du souverain dans son intérieur, et les grâces honorifiques qu'il juge à propos d'accorder. Avant ce réglement, un grand nombre de personnes admises à la cour sortaient de familles ministérielles, et s'y trouvaient confondues avec les familles de l'origine la plus illustre. Lorsque l'ordonnance parut, le maréchal d'Estrées (1) était au moment de faire présenter la femme du marquis de Louvois, son neveu et son héritier : on lui insinua que ce réglement lui en ôtait la faculté. Les Louvois ou Le Tellier étaient, depuis cent ans, admis à la cour; deux ou trois de cette famille avaient été décorés du cordon bleu ; enfin le maréchal se trouvait, comme duc, au premier rang de la noblesse; d'ailleurs, maréchal de France, ayant commandé les armées, et ministre d'État, on peut dire qu'il était au faîte des honneurs. Il témoigna hautement son ressentiment, et dit que s'il éprouvait un tel affront, il se retirerait du conseil. Le roi fit une exception en sa faveur, et dès-lors, plusieurs autres furent pareillement exceptés; mais l'exception même était une humiliation pour ceux à qui elle fut accordée. Le réglement en question ne fut pas plutôt public, qu'une foule de gens inconnus, sans fortune et sans entours, vinrent déployer

---

(1) Louis-César duc d'Estrées, maréchal de France, était fils de François-Michel Le Tellier (capitaine-colonel des *Cent-Suisses*), fils du marquis de Louvois.

(*Note du premier édit.*)

leurs vieux parchemins ; et après avoir prouvé cathégoriquement qu'ils descendaient de quelque pauvre écuyer, en 1400, ils étaient présentés à la cour. Ce fut pendant long-temps une chose curieuse dans la Gazette de France, que la liste de ceux qui montaient par bandes dans les carrosses du roi. Le plus simple gentilhomme, qui avait fait ses preuves, se crut dès-lors l'égal de ceux qui portaient les noms les plus marquans dans l'histoire. Il arriva que cette foule de nouveaux seigneurs, enorgueillis de leur admission à la cour, méprisèrent les gens d'une naissance honorable, et même illustrés par de grands emplois, parce qu'ils ne pouvaient faire les preuves exigées par le réglement. Il y a nombre d'exemples, dans l'histoire de la monarchie, d'individus d'une extraction commune, qui sont montés au plus haut rang, uniquement par leur mérite, ou par la faveur particulière du souverain ; ce qui excitait l'émulation, le désir de se distinguer, et inspirait en même temps le zèle de plaire au monarque. Les exclusions, établies par le réglement dont nous venons de parler, provoquèrent la haine contre la noblesse, au lieu de lui attirer le respect.

Quelle plus grande preuve des relations que Louis XIV entretenait avec ses sujets de toute classe, que ce qu'il dit à Boileau qui prenait congé de lui, à cause de ses infirmités ? *Songez que j'ai toujours une heure par semaine à vous donner.* Qui, sous Louis XV et Louis XVI, pouvait se flatter d'une pareille faveur? Et encore il faut observer que Louis XIV n'avait pas un goût dominant pour les lettres; mais il croyait devoir cette distinction à un poëte qui honorait son règne.

On doit regretter qu'un homme instruit des intrigues du siècle de Louis XIV, des mœurs, des usages et du genre de la société d'alors, n'ait pas rédigé des notes, sur les lettres de madame de Sévigné, sur celles de Bussy Rabutin, de Boursault même, de Racine et d'autres, pour comparer la manière de voir et de penser de ce temps, avec celle du temps qui l'a suivi. Il nous aurait fait apercevoir, dans les mœurs et les usages, une foule de nuances et de transitions qui nous échappent. On en trouve dans les écrits, dont je viens de parler, un assez grand nombre, dignes d'être observées. Une chose remarquable dans les lettres de madame de Sévigné et dans celles de Bussy Rabutin, c'est qu'on y voit Louis XIV se flatter surtout d'être personnellement aimé; et cela n'était pas sans fondement. Dans la plupart des lettres qu'on adresse à ce monarque, il est question de l'attachement, de la tendresse qu'on lui porte; on emploie même le mot de *passion* qui, dans ce temps, était d'usage. Ces sentimens, plus ou moins vrais ou exagérés, venaient des rapprochemens intimes du monarque, avec des personnes de divers rangs. Bussy dit au roi, dans une de ses lettres : « Votre Majesté, à qui » rien n'est caché, avait toujours su que je l'avais » aimée de tout mon cœur. Je la supplie de croire

» que je l'aimerai toujours. » On lit, dans une autre lettre : « Quelque raison que Votre Majesté sache » qu'on ait de l'aimer, peut-être serez-vous surpris » de voir que cette amitié résiste à la prison. » Le terme d'*amitié* doit paraître extraordinaire, employé envers le roi, par un courtisan comme Bussy Rabutin, homme d'esprit, qui connaissait parfaitement sa langue et le cérémonial ; mais cela prouve que Louis XIV était flatté d'une telle expression. C'est par ce désir qu'il montrait d'être personnellement aimé, qu'on peut expliquer un trait fort singulier du duc de la Feuillade. Ayant eu la permission de quitter l'armée, pendant une courte trêve, il vint en poste à Versailles, à franc étrier, monta chez le roi, et lui dit : *Il y en a qui viennent pour voir leur femme, d'autres, leur père, leur fils, d'autres, leur maîtresse ; moi, Sire, je suis venu pour voir Votre Majesté, et je repars à l'instant :* et en quittant le roi, il ajouta (sans doute avec l'intention de prouver qu'il n'allait pas faire sa cour ailleurs) : *Je supplie Votre Majesté de vouloir bien faire agréer mes très-humbles hommages à M. le dauphin.* Il remonta à cheval et partit. Le roi parut touché, et dit en souriant et avec un air de satisfaction au dauphin : *Je suis chargé de vous faire des complimens.* On peut regarder ce trait comme un raffinement de flatterie, de la part d'un courtisan tel qu'était la Feuillade ; mais *les hypocrites indiquent qu'il y a de vrais dévôts.* L'amour de son roi est l'effet de l'éducation et de l'exemple ; il se confond avec l'amour de la patrie. Mais cet attachement qui naît de la communication immédiate d'un souverain avec ses sujets, est un sentiment différent; il est plus animé, parce qu'il est personnel; il est direct.

Henri IV, plus que tout autre, avait su l'inspirer, par ses grandes qualités, par ses manières franches et aimables et par les agrémens de son esprit. Il savait, dans l'occasion, être camarade, sans que cela nuisît à son autorité, ni au respect qu'on lui devait. On voit dans les Mémoires du temps qu'il allait souper chez les présidens du parlement, et même chez Zamet qui n'était qu'un financier, originairement cordonnier d'Henri III. Louis XIV excita des sentimens d'admiration, et on se passionnait pour lui. Ses successeurs, moins accessibles, en négligeant les occasions de connaître les hommes, et de gagner leur amour, se privèrent d'un grand moyen de gouverner. Un roi, qui a des rapports familiers avec des hommes instruits des différentes classes, est à portée d'apprécier leurs sentimens, leur caractère, leur génie, leurs talens; quel parti ne peut-il pas tirer de cette connaissance dans les temps ordinaires, et à plus forte raison dans les temps de troubles! Que d'avis précieux, que de sages conseils eussent sans doute été donnés à Louis XVI, s'il avait eu des habitudes avec des hommes de tout état! Mais, depuis Louis XIV, le roi ne parlait que par hasard à ceux que des emplois à la cour ne rapprochaient pas de lui.

La différence, à l'égard de la pratique de la religion, durant le règne de Louis XIV et celui de son successeur, quoique frappante, n'a pas été peut-être assez sentie. Pendant le premier, il ne meurt, ni personnage important, ni homme célèbre quelconque, qu'on ne cite la manière plus ou moins édifiante dont il a fini. La réconciliation d'un mourant avec l'Église, et son repentir semblent consoler ses amis de sa perte. *La Fontaine* déclare, en présence de plusieurs membres de l'Académie française qui, à sa prière, s'étaient rendus chez lui, son extrême repentir du scandale qu'il avait donné par ses contes; et après sa mort, on le trouva revêtu d'un cilice qu'il portait depuis long-temps. Racine, dans ses dernières années, ne paraît occupé que de pratiques religieuses et d'exercices de piété; il renonçait, la veille des grandes fêtes, à toute occupation, à toute affaire. On voit encore, dans les lettres que j'ai citées, comme dans d'autres, combien les prédicateurs étaient suivis et les livres de dévotion recherchés. Sous la régence, le ridicule fut versé à pleines mains sur les dévots et la dévotion; et il semblait, dix ans après la mort de Louis XIV, qu'il y eût deux siècles entre son règne et celui de Louis XV, du moins quant à la religion.

Les lettres de mademoiselle Ayssé, réimprimées en 1805 (1), contiennent des anecdotes assez cu-

---

(1). Elles sont adressées à madame Calandrin qui vivait à Genève. Le mari de madame Calandrin ou *Calandrini*, était

rieuses, et donnent une juste idée des mœurs, pendant la régence. Elles étaient devenues tellement désordonnées, que les événemens les plus scandaleux semblaient ne pas étonner les contemporains. Mademoiselle Ayssé, jeune, célibataire, et qui, malgré la passion à laquelle elle succomba (1), peut être considérée comme modeste et vertueuse, parle souvent, dans ses lettres adressées à une mère de famille, d'amans pris et quittés par des femmes qui avaient cependant de la considération dans le monde. La marquise de Parabère, très-galante, était son amie intime. La corruption était alors si générale, que mademoiselle Ayssé semble ne rien trouver d'extraordinaire à des liaisons que la religion et les bonnes mœurs réprouvent; elle en parle, comme en parlaient ceux avec qui elle vivait, sans exercer de censure, et se bornant

---

d'une famille noble de Lucques en Italie, qui, ayant embrassé la religion prostestante, ainsi que plusieurs autres de cette république, se réfugia à Genève. Dans la correspondance du lord Bolingbroke, publiée à Londres, pour la première fois en 1798, on voit qu'à la demande de madame de Feriol, chez qui vivait mademoiselle Ayssé, ce ministre s'intéressa vivement à la famille de M. Calandrin, et que ce fut à ses instances auprès de M. de Torcy, qu'elle dut d'être satisfaite, relativement à des réclamations qu'elle avait sur le gouvernement français.

(*Note du premier édit.*)

(1) On sait qu'elle aimait passionnément le chevalier d'Aydie.

(*Note des nouv. édit.*)

à se préserver de la contagion. La licence était telle, que quelques femmes s'arrangeaient pour avoir un amant, comme pour avoir une loge à l'Opéra (1). D'autres femmes, sur le déclin de l'âge, entretenaient des jeunes gens, et ceux-ci n'en rougissaient point et ne s'en croyaient pas déshonorés. La duchesse de Phalaris, dans les bras de laquelle est mort le régent, entretenait publiquement un officier nommé la Figarède, qui avait l'air d'un Hercule, et qu'on appelait, en faisant allusion à l'histoire, *le Taureau de Phalaris*. Le marquis Béringhen, l'un des plus beaux hommes de son temps, fut également entretenu par madame de Parabère. Peu à peu, la dévotion de la reine, femme de Louis XV, contribua à rendre les femmes plus décentes. Ensuite, le goût des filles publiques ou du théâtre entraîna la jeunesse, et la facilité de leur commerce diminua l'empressement des hommes pour les femmes de bonne compagnie. L'amour d'une vie libre prévalut sur les liaisons qui exigeaient de la gêne et des assiduités. Le penchant pour les filles, et les dépenses énormes dont elles devinrent l'objet, peuvent être attribués en partie à quelques fortunes immenses, acquises ra-

---

(1) Pour prouver cette assertion, il suffit de citer les lettres de madame la marquise de V****** et de madame de C****** au duc de Richelieu. Elles sont imprimées, et les originaux existent.

(*Note du premier édit.*)

pidement par le système de Law (qui fit changer de main les biens d'un nombre infini de familles), et par les bénéfices prodigieux des financiers. Des jeunes gens, héritiers de plusieurs millions, et occupant d'ailleurs des places d'un revenu considérable, prodiguèrent des trésors qui avaient été amassés sans peine. Ce fut, en quelque sorte, un état, que d'être fille entretenue. L'amant rassemblait dans la maison de sa maîtresse, ses amis, et s'honorait du luxe qu'elle étalait (1). La galauterie expira, en quelque manière, à cette époque, et l'on vit presque disparaître les hommes à *bonnes fortunes*. Celui qui prétendait jouer autrefois ce rôle, d'une manière brillante, avait une petite maison dans un faubourg, où se rendait la favorite du moment; un carrosse sans armoiries, et un laquais de confiance, sans livrée, appellé *Grison*. Les jeunes gens, en entrant dans le monde, prenaient pour modèle un des hommes qui avait le plus de succès, et il y avait même des femmes qui étaient comme des effets en circulation. Quelques-unes étaient spécialement pour les débutans, et un jeune homme une fois lancé dans cette carrière, aidé

---

(1) Ce luxe était tel, qu'une demoiselle Deschamps, célèbre par sa prodigalité, imagina, pour se faire remarquer à la promenade de *Longchamps*, de faire faire des harnois en *strass*, pour un attelage de six chevaux. Le lieutenant de police fut instruit de ce projet, et lui fit dire que si elle se montrait avec ce brillant attelage, elle serait mise à l'Hôpital.

(*Note du premier édit.*)

de leurs leçons, pouvait se flatter de multiplier ses conquêtes.

Louis XIV avait eu des maîtresses; mais elles étaient, par leur naissance, appelées à vivre à la cour. Il leur rendait des soins, et elles étaient l'objet de fêtes brillantes qui signalaient l'amour du monarque. Les courtisans furent, à cette époque, galans, magnifiques, et la décence des manières couvraient, d'un voile honnête, des rapprochemens que la morale condamnait. Louis XV, séduit par les agaceries d'une femme de la bourgeoisie, la fit venir à Versailles, pour être sa maîtresse; mais le caractère du monarque, l'origine obscure de la favorite, ne rappelaient ni la splendeur, ni la dignité qui avaient accompagné les amours de Louis XIV. Louis XV accorda à madame de Pompadour une pension de six cent mille livres, pour qu'elle pût tenir une maison où il soupait avec quelques courtisans. Un tel arrangement, dénué de tout éclat, ressemblait trop à la vie commode et voluptueuse des gens riches avec les filles qu'ils entretenaient.

Au surplus, ce n'est point par les déréglemens d'un certain nombre d'individus, quelle que soit leur position dans la société, qu'il faut juger les mœurs d'une nation entière. Il faut interroger toutes les classes, descendre dans les diverses conditions; et il est important de distinguer des *exceptions scandaleuses*, de la *vie habituelle*. Depuis la régence, jusqu'à l'époque de la révolution, les femmes mariées n'étaient ni sévères, ni corrompues. La bourgeoisie était concentrée dans les soins domestiques; son plus grand divertissement était d'aller au spectacle, les jours de fête, et, dans la belle saison, de faire des parties de campagne, aux environs de Paris; et les mœurs, dans les provinces, étaient encore plus réglées que dans la capitale.

Dans aucun pays, la sociabilité, l'art du *savoir vivre*, n'avait fait d'aussi grands progrès qu'en France. L'orgueil de la naissance ou des dignités disparaissait entièrement dans la société privée; une liberté décente y régnait; on donnait à manger, selon sa fortune et sans être déterminé par la vanité. On cherchait à réunir des personnes qui se convinssent, sans être humilié de n'avoir à leur offrir, qu'un repas sans apprêt. Cependant, les étrangers étaient moins répandus dans la bonne compagnie à Paris, en proportion du nombre, que dans la plupart des autres grandes villes de l'Europe. Cette contradiction, avec la sociabilité des Français, s'explique facilement. La société, dans les grandes maisons, se rassemblait fréquemment, mais était peu nombreuse. De cette manière de vivre, il résultait que celui qui, par un motif quelconque, était admis dans une société, se trouvait, par cela seul, dans une espèce d'intimité avec toutes les personnes dont elle était composée; on le traitait familièrement, parce qu'on l'avait placé, en quelque sorte, au rang des amis. Une autre cause éloignait encore les étrangers des sociétés particulières. Dans nul pays, les actrices, les danseuses, les femmes entretenues ne formaient, comme à Paris, une classe recherchée par son élégance et même par son esprit. Dans ces sociétés, l'étranger était d'abord attiré par le plaisir et par le charme d'une vie sans gêne; et dès-lors, il était moins empressé d'aller dans la bonne compagnie, et de vaincre des obstacles pour y être reçu.

Les romans français ne donnent pas une juste idée des mœurs de la France, et cependant c'est d'après ces ouvrages que l'on juge celles d'une nation. Plusieurs raisons ont contribué à rendre infidèles les tableaux des romanciers. La manière de vivre est plus uniforme en Angleterre qu'elle n'était en France; et les divers états n'offrent pas autant de nuances. Les romans anglais, par conséquent, donnent une peinture assez exacte de la vie privée et de l'intérieur des familles; mais en France, toutes les classes qui composaient la capitale avaient, dans le ton et les manières, des nuances distinctives; il fallait, pour les peindre, être à portée de les observer. Les écrivains, en général, introduits tard dans le grand monde, et seulement lorsque leur réputation était faite, n'étaient presque jamais dans cette mesure. Crébillon le fils, dans sa jeunesse, fut admis dans la société de deux ou trois femmes de la conduite la plus déréglée, et il fit en conséquence des romans auxquels l'attrait de la volupté donna de la vogue. Les gens de province et les étrangers crurent que ces romans offraient la peinture fidèle des mœurs des femmes d'un rang élevé, tandis qu'ils ne peignaient, et même d'une manière exagérée, qu'un très-petit nombre de femmes sans pudeur.

L'abbé Prévost est souvent absurde, lorsqu'il conduit les héros de ses romans, à Paris. J.-J. Rousseau en parle quelquefois d'une manière fausse et ridicule. Voltaire, par ses liaisons, était plus en état que tous ces écrivains d'en faire le tableau; mais son acharnement contre les dévots l'a entraîné à peindre, de préférence, les manœuvres des molinistes et des jésuites, et les scènes ridicules de saint Médard. Cependant, dans *Babouc* et dans *Memnon*, il y a des traits ingénieux et caractéristiques, sur les mœurs de la cour et de la ville. Les romans plus récens sont encore plus défectueux. Au lieu d'une peinture vraie des mœurs, d'un récit simple et naturel de ce qui passe journellement dans la société, les auteurs s'égarent, par le désir d'étonner. Des sentimens exagérés, des événemens imprévus, et que l'on fait arriver on ne sait comment, sont le canevas de presque tous les nouveaux romans. Un auteur vraiment original, Rétif de la Bretonne, a tracé assez fidèlement les mœurs des dernières classes de la société, et celles des filles libertines. On trouve, dans ses ouvrages, des traits d'une extrême vérité, et qui sont le fruit d'une observation profonde; mais cet auteur ne connaissait pas le grand monde.

Il est un degré de splendeur, nécessaire à la

cour d'un grand roi; et celle de France avait toujours été remarquable par l'éclat, et même par un faste rempli de goût. Il existait autrefois, dans la manière de se vêtir, des différences marquées pour les diverses classes de la société; et il y avait anciennement des étoffes, des couleurs qui n'appartenaient qu'à des conditions relevées. Ces distinctions avaient disparu; mais on ne paraissait encore à la cour, jusques à la fin du règne de Louis XV, que richement habillé. Sous le règne de Louis XVI, la négligence de la parure fut portée si loin, que plusieurs courtisans s'y montraient habituellement en habit noir. Louis XVI, le moins fastueux des hommes, s'en plaignit quelquefois, mais uniquement comme d'une chose qui nuisait aux manufactures. La magnificence était en quelque sorte le caractère distinctif de la monarchie. *Ce ne sont pas les gens parés, frisés qui sont à craindre; ce sont ceux qui ont le visage long et pâle, et qui sont sans soin pour leur parure.* Il existe, dans une foule d'usages, peu intéressans en apparence, des rapports presque imperceptibles avec le gouvernement : il est aussi des changemens, dans les manières et le genre de vie, qui peuvent découvrir à l'observateur attentif la tendance des peuples vers de nouvelles idées.

A la mort de Louis XIV, la France jouissait, en Europe, de la prépondérance due à ses richesses, à sa population, à tous les avantages de sa position géographique, et à un long cours de triomphes et de gloire. La guerre de la succession, que ce monarque soutint, sur la fin de son long règne, et après tant d'autres guerres, prouvait seule l'immensité des ressources de la France (1). Il eut sur pied quatre cent mille hommes de troupes, résista aux efforts réunis de l'Angleterre, de la Hollande et de l'Autriche, et malgré les victoires de Marlborough et d'Eugène, il donna un de ses petits-fils pour souverain à l'Espagne, et garda presque toutes ses conquêtes.

Dans les dernières années de son règne, ce prince, jadis si admiré, attrista la nation qu'il avait, dans sa jeunesse, associée à sa gloire et à ses plaisirs. Il n'était plus qu'un vieillard ordinaire, soumis à une vieille gouvernante et à un confesseur intolérant. Le régent présenta l'image d'un jeune débauché qui se dédommage d'une contrainte à laquelle il a été long-temps assujetti. Beaucoup de défauts n'excluaient chez lui ni la grandeur d'ame, ni la valeur, ni la bonté. Il rendit, à quelques égards, le vice aimable, en le colorant des agrémens de l'esprit; et l'on peut dire qu'il démoralisa la nation. On rapporte, avec complaisance, des traits de ce prince, dont la gaîté et l'esprit faisaient disparaître aux yeux des Français le scandale de sa

---

(1) Ce roi qui, toujours grand, accabla les Français
    Et du poids des malheurs et du poids des succès,
      Au bord de son cercueil, tremblant pour sa mémoire,
    Leur demande pardon de quarante ans de gloire.
                      CHÉNIER, *Épître à Voltaire.*

conduite. Quelle inconséquence, dans celui qui gouverne, de témoigner de l'indifférence pour la religion, base indispensable de toutes les institutions sociales! Il semble qu'en élevant le cardinal Dubois au faîte du pouvoir et des honneurs, le régent ait voulu montrer son mépris pour l'opinion publique. Telle a été l'impudence du cardinal Dubois, qu'on est forcé de lui désirer un vice de plus, l'hypocrisie.

Louis XV, naturellement timide, s'habitua à n'avoir point de volonté, à craindre, en quelque sorte, de faire usage du sens droit qu'il avait reçu de la nature; et se concentra d'abord dans les plaisirs du mariage et l'exercice de la chasse. Mais, sous le ministère du cardinal de Fleury, les maximes de Louis XIV furent observées, l'autorité fut respectée, les finances bien administrées. On peut cependant lui reprocher la trop grande importance qu'il donnait à de misérables querelles religieuses, et d'avoir, par un excès d'économie, négligé la marine (1).

Après la mort du cardinal, Louis XV se livra à ses goûts, lesquels, ainsi que sa confiance, flottaient au gré de l'intrigue des courtisans. La figure agréable, même majestueuse du roi, la dé-

---

(1) Un esprit juste, un caractère doux et modéré, un désintéressement à toute épreuve, telles furent les qualités du cardinal de Fleury. Sa droiture connue, et ses vues pacifiques procurèrent à la France une longue paix; et l'esprit d'ordre et d'économie qu'il porta dans les différens départemens, rétablirent l'équilibre entre la recette et la dépense.

cence de ses manières, la dignité de son maintien, imposèrent long-temps à la cour et au public; et les alarmes qu'on avait éprouvées pour lui, dans son enfance, avaient habitué ses peuples à l'aimer. Mais le peu d'intérêt qu'il prenait aux affaires refroidit insensiblement le zèle. On chercha plus à faire sa cour, qu'à se distinguer par des services. La considération pour le monarque diminua, et les oppositions à l'autorité furent plus marquées et plus soutenues, lorsqu'on crut n'avoir à combattre que des ministres qui abusaient de leur pouvoir.

Louis XV eut, dans le cours de son règne, trois guerres à soutenir : la *première* lui procura la Lorraine ; la *seconde*, dans laquelle le cardinal de Fleury fut entraîné contre son gré, et dont la mort ne lui permit pas de voir la fin, fut signalée par des succès brillans, mais sans fruit. Le roi se montra à la tête de ses armées, sans y acquérir de la gloire ; elle resta tout entière à son général. *Dans la troisième*, la France perdit toutes ses possessions dans les Grandes-Indes, en Amérique, en Afrique, et une partie des Antilles ; sa marine fut ruinée et ses armées vaincues.

Après la guerre de la succession et les orageuses secousses de la régence, le régime pacifique de Fleury était le seul convenable. Il y a eu des ministères plus brillans ; mais il n'y en eut pas peut-être de plus heureux, pour la nation, que celui de Fleury, qui dura dix-huit ans.

(*Note du premier édit.*)

En 1763, des négocians attaquèrent, au parlement, une société puissante, formant un arbre dont les racines s'étendaient, de l'Europe, jusqu'aux extrémités du globe; une société accusée d'avoir des maximes dangereuses pour la personne des rois, mais connue pour être attachée invariablement à la monarchie. Les jésuites, enfin, furent mis en cause, pour le paiement de sommes considérables dues par un de leurs membres qui avait la direction de leurs intérêts dans les colonies. Cette affaire, purement civile, donna prétexte à l'examen de leur constitution; et des magistrats, animés contre eux, depuis plus d'un siècle, saisirent cette occasion de satisfaire leur ressentiment.

Les jésuites comptaient parmi leurs principaux ennemis, le parlement, les nouveaux philosophes et le clergé. L'anéantissement de leur société fut résolu, et un ministre du roi, (M. de Saint-Florentin), signifia aux jésuites alarmés, mais encore remplis d'espoir, que la cour ne pouvait les défendre, et leur enjoignit de se soumettre à l'arrêt de leur destruction.

Je ne prétends juger ni la doctrine, ni les services, ni les dangers de cette institution; mais les parlemens exercèrent, dans cette occasion, la puissance législative, judiciaire et exécutive; et cette victoire, remportée sur la couronne, les enhardit, par la suite, à la résistance (1).

---

(1) Les *morceaux historiques* renferment, sur la destruc-

Vers le milieu du règne de Louis XV, on entreprit l'ouvrage immense de l'*Encyclopédie*. Ce dictionnaire, destiné à servir de dépôt aux connaissances humaines, avait pour coopérateurs, les écrivains les plus célèbres. L'entreprise s'exécuta avec constance, et ce travail servit de point de ralliement aux gens de lettres les plus distingués, qui formèrent véritablement un corps, et dont plusieurs cherchèrent à se faire remarquer par la hardiesse de leurs opinions.

La science de l'économie politique commença bientôt à occuper les esprits. De nombreux ouvrages furent publiés sur cet objet important, et un système suivi, mais peut-être trop théorique, en fut le résultat. Il y avait des *encyclopédistes*; il y eut des *économistes*. L'esprit philosophique et l'esprit d'administration s'aidèrent mutuellement, et firent ensemble de rapides progrès. Les livres contre la religion se multiplièrent, et l'exercice des pratiques religieuses fut relégué, en quelque sorte, dans les classes inférieures de la société. On voyait assez communément, en France, les femmes, sur le déclin de l'âge, se livrer à la dévotion; mais dès-lors, elles remplacèrent la dévotion par la *phi-*

---

tion des jésuites, un article écrit dans des dispositions qui leur sont plutôt favorables que contraires. A ce morceau, qui contient des détails instructifs et curieux, on trouvera joint le récit de la mort de Laurent Ricci, général de cette société célèbre. (Lettre *B.*)

(*Note des nouv. édit.*)

losophie; et le désir de passer pour *esprit fort*, l'emportait, chez beaucoup d'entre elles, sur l'envie même de plaire par les charmes de la figure.

Louis XV avait vieilli dans l'inaction des facultés morales, dans les fatigues de la chasse et des plaisirs. On avait approché de lui, dans ses dernières années, une femme de basse extraction, qui avait été entretenue publiquement avant d'être maîtresse du roi; et un grand nombre des principaux courtisans s'avilirent, en devenant les complaisans de cette favorite. M. de Choiseul, le plus distingué des ministres de Louis XV par son esprit et par le genre d'éclat qui rehaussait sa vie privée et ses opérations, était trop fier, pour fléchir devant madame Du Barry : le duc d'Aiguillon et le chancelier de Maupeou profitèrent de cette occasion, pour le faire renvoyer et exiler à sa terre de Chanteloup en Touraine (1). Sa disgrâce fut remarquable par le courage de plusieurs personnes de la cour, qui continuèrent de se montrer constamment ses amis. Elles allèrent le voir dans sa retraite, où on érigea même une colonne sur laquelle furent gravés les noms de tous ceux qui osèrent braver ainsi le ressentiment du monarque : mais si cette hardiesse prouvait de la considération pour l'ancien ministre, elle manifestait en même temps la faiblesse du gouvernement.

L'État était obéré; et le peuple, plus tourmenté

---

(1) Le 24 décembre 1770.

par la rigueur du fisc et par l'inégalité de la répartition des charges, que par l'excès des impôts, montra partout un extrême mécontentement. Cependant, il était tellement accoutumé à l'obéissance, que le calme aurait subsisté, si le chancelier de Maupeou, animé contre le parlement de Paris par les contrariétés personnelles qu'il en avait essuyées, n'avait excité le roi contre ce corps, avec d'autant plus de facilité, que Louis XV avait foncièrement de l'aversion pour le parlement : il consentit donc sans peine à le détruire. Les parlemens de province, qui s'élevèrent contre cette mesure, se virent bientôt cassés eux-mêmes, et des hommes choisis par le chancelier furent substitués aux anciens magistrats. Les partisans du duc de Choiseul, ainsi que tous ceux que la destruction des parlemens intéressait, se réunirent, sans s'être concertés. Il s'éleva dès-lors, contre la cour, un parti nombreux et d'autant plus puissant, qu'on y comptait beaucoup de membres de la noblesse. Cette réunion de sentimens et d'individus de tout état devint le premier principe d'une opposition marquée à l'autorité royale, et d'un esprit d'indépendance qui se perpétua sous le règne suivant.

Le gouvernement éprouva, pendant quelque temps, de grands embarras, pour trouver de nouveaux juges; mais l'exil força les anciens, si non à la soumission, du moins au silence. La composition des différens corps judiciaires s'était successivement épurée et améliorée, et la grande entreprise de la suppression des parlemens était opérée, lorsque le roi mourut, le 10 mai 1774. Il ne fut point regretté; les peuples montrèrent plutôt de la joie, et cet enthousiasme, pour son successeur, qu'inspire un jeune souverain en qui se complaît l'espérance.

Il n'appartient d'écrire l'histoire de la révolution qu'à ceux qui, par eux-mêmes ou par des relations intimes avec les principaux acteurs, ont été à portée de connaître et de suivre sa marche. On trouvera, peut-être, dans ces détails, des choses qui peuvent servir d'exemples dans des temps orageux; mais en réfléchissant sur ce grand événement qui, par ses effets, a changé la face de l'Europe entière, je cherche seulement, en me dépouillant de toute prévention, les motifs réels qui l'ont provoqué. On l'a attribué à une foule de causes; mais souvent on n'a pas distingué assez les effets de leur principe. La féodalité avait existé, dans tous les pays; mais à mesure que les richesses et l'instruction s'accrurent et se répandirent, la servitude disparut. La grande majorité de la nation française ne cherchait, depuis long-temps, que les moyens de s'affranchir de la gêne où la retenaient encore des lois et des usages établis dans des siècles d'ignorance et de barbarie. Tel est le principe des premiers mouvemens de la révolution, et d'où dérivent les événemens de sa première époque. Des mesures inconsidérées fournirent aux mécontens des occasions favorables qu'ils saisirent avec ardeur: la faiblesse du gouvernement les assurait presque du succès. Si l'on compare les volontés absolues de Louis XIV, les actes arbitraires des ministres de Louis XV, à la mollesse qui caractérisait le gouvernement de Louis XVI, il sera évident que des mécontentemens quelconques relatifs à l'exercice de son autorité ne déterminèrent pas l'opposition qui se forma contre cet infortuné monarque. Mais comme les esprits étaient changés, un prince plus clairvoyant, plus habitué à juger et à agir par lui-même, aurait senti qu'il ne lui suffisait pas d'aimer essentiellement son peuple; mais qu'il fallait en outre détruire la barrière aristocratique (1) qui le séparait de la masse de la nation, rapprocher de sa personne des gens de toutes les

---

(1) Le mot *aristocrate*, qui pendant long-temps parut autoriser tous les excès contre ceux qu'on désignait par cette épithète, démontre, par ce résultat, l'esprit du temps. On n'était animé ni contre Louis XVI, ni contre le *roi*; mais on le regardait comme le chef d'une classe dont on était décidé à détruire les priviléges. Une mesure mena à une autre encore plus violente, plus décisive; ensuite les révolutionnaires crurent ne pouvoir abolir le système contre lequel ils s'étaient élevés, et ne jugèrent leurs personnes en sûreté, qu'en écrasant ceux qui ne participaient pas à leurs projets. Ils ne redoutaient pas tant la vengeance de Louis XVI, que sa facilité à céder à l'influence de quiconque s'efforcerait de lui faire rompre les engagemens qu'il aurait contractés. On trouvera, dans l'histoire de ce temps, une foule de mesures qui paraissent être puisées dans les principes de Machiavel qui, né et élevé au milieu de l'agitation des factions, était plus profon-

classes, employer et distinguer le génie et les talens de tous les citoyens indistinctement.

Louis XVI, trente-deuxième roi de la dynastie Capétienne, monta, à l'âge de vingt ans, sur un trône déjà fortement ébranlé. Juste, vertueux, désirant le bien, mais sans expérience, et d'un caractère défiant et incertain, il appela, pour le diriger, un ancien ministre (1) que trente ans d'administration, suivis d'un long exil qu'il s'était attiré pour avoir déplu à la maîtresse du feu roi, semblaient rendre digne de la première place, dans les conseils. Sa réputation de désintéressement n'a jamais été démentie; mais l'indifférence d'un vieillard concentré dans l'amour de lui-même, dans le cercle étroit des jours qui lui restaient à vivre, enfin sa légèreté naturelle, furent plus fatales à

---

dément instruit que personne, en matière de conjuration et de révolution.

Je ne parlerai pas de ce qu'on appelle emphatiquement *le règne de la terreur* en France, et encore moins de celui qui en était le chef; c'est une époque tellement monstrueuse, qu'on désirerait qu'elle fût effacée de l'histoire, si ce n'était pour servir de leçon aux temps à venir.

(*Note de l'auteur.*)

(1) Le comte de Maurepas, spirituel, enjoué, aimable dans la société, doué d'ailleurs d'une mémoire prodigieuse, connaissait mieux que personne les familles, les usages de la cour, les formes de l'administration, les droits et prétentions des cours souveraines.

(*Note du premier édit.*)

la France, que l'ambition ou même l'amour des richesses. Rempli de sagacité et de pénétration, mais dans un genre opposé à toute discussion longue et sérieuse, doux et versatile, le comte de Maurepas, persuadé que la monarchie française était assez robuste pour résister à toutes les crises, ne montra de chaleur et de constance, que dans un seul sentiment : celui de sa haine pour la mémoire de Louis XV auquel il ne pardonna jamais sa disgrâce. Il vit, dans le rétablissement des parlemens, un moyen de se concilier l'affection publique, et de satisfaire son aversion pour le précédent règne. Un homme d'État aurait probablement considéré cette grande opération sous un autre aspect; il aurait pensé à profiter d'une révolution effectuée sous un autre ministère, et au blâme de laquelle il n'avait aucune part. Occupé d'en adoucir les effets, pour les anciens magistrats, il aurait ainsi assuré la tranquillité publique, en débarrassant le gouvernement d'un corps puissant qui l'avait souvent contrarié. A ces considérations, favorables à l'autorité, se joignait la facilité de faire du bien à l'État, sans être arrêté par les prétentions, les préjugés et la routine même des corps de magistrature qui n'avaient jamais laissé échapper aucune occasion d'augmenter leur influence dans les opérations du gouvernement, et souvent d'entraver leur marche. Le désir d'un succès passager l'emporta : les parlemens rétablis, le 12 novembre 1774, se crurent dès-lors inébranlables.

Les ministres du feu roi furent disgraciés et remplacés par d'autres, parmi lesquels il n'y en avait que deux susceptibles de fixer l'attention : le comte, depuis maréchal du Muy, et M. Turgot. Le premier, militaire instruit, et ami fidèle du dauphin, père de Louis XVI, n'aimait ni n'estimait M. de Maurepas. Il combattait sa légèreté et son insouciance, et ne négligeait rien, pour inspirer de la fermeté à Louis XVI qui perdit trop tôt ce respectable serviteur. M. Turgot, nommé d'abord au ministère de la marine et ensuite à celui des finances, était connu pour un des plus zélés partisans du système des économistes. Il joignait à de profondes connaissances spéculatives l'expérience acquise dans l'intendance de Limoges, et une réputation méritée de vertu. L'intrigue n'eut aucune part à son élévation. Il ne tarda pas à développer les principes qu'il avait professés. Les économistes, encouragés par l'appui d'un ministre de leur parti, répandirent de plus en plus leur doctrine. La sévérité des principes de Turgot contrariait les gens de la cour et encore plus les financiers. Les premiers l'attaquèrent avec les armes du ridicule, et les financiers qui craignaient la suppression de leurs immenses bénéfices, s'efforcèrent de décrier ses opérations. Enfin, les parlemens s'opposèrent à ses plans, et le ministre principal, effrayé de l'ascendant que prenait, sur le jeune roi, le ministre des finances par ses lumières et par son zèle pour les intérêts du peuple, employa, pour le perdre, l'astuce d'un vieux courtisan. Il obtint, du roi, de sacrifier M. Turgot qu'il représenta comme un homme livré à des idées d'un perfectionnement chimérique, et comme un novateur dangereux (1). M. de Malesherbes qui, en cédant aux instances de M. Turgot, avait accepté le ministère de la maison du roi, donna sa démission, au moment de la disgrâce de son ami.

Tandis que les esprits prenaient un élan vers un nouvel ordre de choses, et que la légèreté du premier ministre abandonnait l'autorité au cours des événemens, la face de la cour avait changé.

Marie-Antoinette, impatientée de ces formes gênantes qui condamnaient les reines de France à une représentation presque continuelle, fut séduite par la perspective des charmes d'une société où devaient régner la liberté et la confiance. Cette princesse, sans en prévoir les conséquences, se laissa persuader de descendre, en quelque sorte, du trône, pour jouir des agrémens de la vie privée. La

---

(1) M. Turgot joignait à un esprit étendu et exercé une vertu rigide : mais il avait dans le caractère une grande inflexibilité, et dans ses formes une sécheresse qui quelquefois offensait les personnes avec lesquelles il avait à traiter. Son trop court ministère fut remarquable par des réglemens favorables au peuple, par la destruction des entraves nuisibles à l'industrie, et par l'établissement d'une liberté indéfinie pour le commerce des grains; article qui a produit beaucoup de discussions, et sur lequel on n'est pas encore d'accord.

(*Note du premier édit.*)

société qu'on avait choisie s'accrut insensiblement, et bientôt elle devint nombreuse et trop mélangée. Le gros jeu qui rapproche toutes les conditions; qui fait oublier, dans la vivacité des passions, la mesure du langage et la circonspection dans les manières, ajouta encore à l'égalité inséparable d'une société intime. La cour cessa alors de donner le ton à la ville, puisqu'elle adoptait les sentimens, les modes et les habitudes des sociétés qui y dominaient. Ce changement de régime, à la cour, servit à combler l'intervalle immense qui avait subsisté jusqu'alors, entre elle et le public (1).

Les États se soutiennent par la constance des principes, et l'accord de toutes les parties. La fluctuation dans les mesures inspire la défiance au peuple, indique le désordre ou le relâchement dans le gouvernement; l'autorité alors éprouve des oppositions, et ceux qui sont chargés de la soutenir tombent dans le mépris. La stabilité des individus dans les emplois de l'administration, sert quelquefois, jusqu'à un certain point, de contre-poids à

---

(1) On a, dans la Notice qui précède les Mémoires de madame Campan, repoussé l'injustice de ces reproches. Quand les mœurs avaient été si cruellement outragées, la majesté royale si scandaleusement avilie, dans les dernières années du règne de Louis XV, pouvait-on sérieusement accuser du changement survenu, dans les usages, une jeune princesse qui désirait substituer, aux mensongères apparences de l'étiquette, les habitudes d'une politesse décente et d'une noble affabilité?

(*Note des nouv. édit.*)

la variation des idées; mais jamais l'existence des ministres ne fut plus éphémère que sous le règne de Louis XVI, et, à aucune époque, on n'avait vu autant d'incertitude dans leurs plans (1). Ils se contentaient de pourvoir aux besoins du moment. La manie d'administrer s'étant emparée de toutes les têtes, elles faisaient, chaque jour, disparaître les anciennes formes, et éclore des innovations. Le ministère des finances, l'un des plus importans,

---

(1) Louis XIV, pendant cinquante-cinq ans de règne, à dater de la paix des Pyrénées, a eu vingt-six ministres de tout genre, dont plusieurs d'un mérite éminent. Louis XV, pendant soixante ans de règne, a eu quarante ministres. Louis XVI, pendant quinze ans, a eu vingt-sept ministres; car on ne parle pas des circonstances orageuses qui suivirent l'assemblée des états-généraux, mais seulement des ministres de ce prince, pendant le temps qu'il a véritablement régné. Les affaires, sous Louis XV, furent dirigées avec plus ou moins d'intelligence; mais aucun ministre, pendant son long règne, ne fit des choses remarquables, comme Sully, Richelieu, Colbert, Louvois. Ce n'est peut-être pas faute de génie : (car d'Argenson, Chauvelin, Machault étaient des hommes distingués par les lumières et l'instruction); mais parce qu'il n'existe que certaines conjonctures où un ministre peut devenir, en quelque sorte, créateur. D'ailleurs, l'impulsion ou le caractère du monarque donnent seuls à un homme de génie tout son essor; sans cela, il est obligé de se circonscrire dans le cercle ordinaire des affaires courantes. On peut objecter à cette observation l'exemple de Richelieu; mais Louis XIII, quoique d'un caractère faible, avait un sens juste, et il n'a jamais contrarié son ministre.

Sous le règne de Louis XIV, jusqu'à l'époque de son ma-

était le plus orageux. Les contrôleurs-généraux n'étaient regardés que comme des empiriques, dont on éprouvait pendant quelque temps la recette ; et la plupart ne s'occupaient qu'à chercher des palliatifs propres à soutenir la marche des affaires, pendant le court espace qu'ils devaient les diriger. Dix contrôleurs-généraux se sont rapidement succédés dans un terme de quinze ans. Le jour de la nomination d'un ministre, on pronostiquait son renvoi(1). Il était impossible qu'un ordre de choses aussi chancelant pût obtenir aucune considération ; à peine un ministre avait-il le temps de prendre

---

riage avec madame de Maintenon, les ministres s'empressaient de plaire aux maîtresses ; mais celles-ci ne cherchaient point à se procurer de l'influence sur les affaires. Il n'en fut pas ainsi des ministres de Louis XV ; ils furent asservis à la marquise de Pompadour qui s'était érigée en premier-ministre, et l'ascendant qu'elle avait acquis était le résultat de leur bassesse. Le roi n'exigeait point d'eux une servile déférence à sa maîtresse; mais chacun, cherchant à l'emporter sur ses rivaux, s'empressait de lui soumettre les affaires de son département. Si tous s'étaient accordés à ne point rendre compte des affaires à la maîtresse du roi, elle n'aurait pas eu plus d'influence sur les affaires que les maîtresses de Louis XIV, et ils n'auraient pas été moins bien traités par le roi.

(*Note du premier édit.*)

(1) Un vice-roi, nommé par l'empereur Mahomed Shaw, au gouvernement du Deckan, sortit de Delhy monté sur un éléphant, et avec le visage tourné vers la queue de l'animal. Questionné sur cette étrange posture, il répondit que c'était pour voir arriver son successeur.

(*Note du premier édit.*)

connaissance des affaires soumises à sa direction.

L'emploi de ministre de la guerre fut, pendant plusieurs années, presque aussi peu stable que celui de contrôleur-général; des édits, des réglemens, des ordonnances sans nombre sortirent des bureaux de ces deux départemens.

Les rois de France, depuis plusieurs siècles, avaient toujours eu, auprès de leur personne, des troupes d'élite qu'on nommait *la maison du roi*, et l'on trouve chez les Germains l'origine de cet usage. « Le prince, dit Tacite, était entouré de no- » bles; il combattait pour la victoire, et les nobles » pour le prince. » *La maison du roi* était composée, outre les deux régimens d'infanterie des gardes-françaises et suisses, de gardes-du-corps, de grenadiers à cheval, de gendarmes de la garde, de chevau-légers et de mousquetaires; et ces troupes formaient un corps nombreux dont la plus grande partie des individus était dans la fleur de l'âge. *La maison du roi*, particulièrement dévouée à la personne du monarque, remplie du plus brillant courage, avait un autre régime que le reste de l'armée. Sa constitution présentait des inconvéniens à la guerre, par le luxe et les consommations considérables qui en résultaient; mais elle formait une phalange qui souvent avait arraché la victoire à l'ennemi, dans des circonstances désespérées. Le comte de Saint-Germain, habile homme de guerre, mais livré à l'esprit d'innovation, soit qu'il ne sût employer d'autre ressort que la discipline allemande, soit qu'il méconnût le caractère des Français et la nature de leur gouvernement, supprima la plus grande partie de ces troupes d'élite. Mais ce qu'il y a de plus singulier dans cette opération, c'est que l'économie fut le motif de la réforme, tandis que ces troupes, qu'il paraît n'avoir jugées que d'après l'éclat des habits et la beauté des chevaux, ne coûtaient pas plus que de simples cavaliers (1). Le premier ministre, indolent et inappliqué, laissa le comte de Saint-Germain dissoudre des corps qui faisaient l'appui du trône et qui auraient su le défendre au besoin.

A la mort de Louis XV, le royaume était en paix depuis douze ans, et quoique la dette publique fût considérable, l'économie dans la perception et la réforme des abus offraient à un homme éclairé les moyens d'acquitter les intérêts, et d'appliquer, chaque année, des fonds à l'amortissement du capital.

M. Necker, qui avait acquis une fortune considérable comme banquier, et une réputation de talent en qualité d'un des syndics de la compagnie

---

(1) Un mousquetaire, un gendarme, un chevau-léger n'avait pour appointemens, habillement, achat et nourriture de son cheval, que *sept cent vingt livres,* c'est-à-dire quarante sous par jour, et il n'y avait pas de cavalier qui ne coûtât presque autant, surtout en mettant en ligne de compte les frais de casernement et d'hôpitaux qui n'étaient pas à la charge du roi pour les troupes de sa maison.

(*Note du premier édit.*)

des Indes, fut élevé à la place de directeur des finances, lorsque M. Taboureau succéda éphémèrement à M. de Clugny, le seul contrôleur-général mort en place depuis Colbert.

A l'époque de la nomination de M. Necker, la France commençait une guerre, pour soutenir la révolte des colonies anglaises d'Amérique contre leur métropole; et on vit avec étonnement, et même avec enthousiasme, que le nouveau ministre fournissait les moyens de la soutenir, sans avoir recours à de nouveaux impôts. On ne calculait point que des emprunts onéreux, si on ne prenait aucune mesure, ni pour le paiement des intérêts, ni pour le remboursement des capitaux, augmenteraient les embarras de l'État, et mineraient ses ressources.

Le gouvernement avait été long-temps asservi aux financiers qui avançaient des fonds au besoin. M. Necker substitua, au crédit des financiers, celui des banquiers dont les profits excédèrent encore ceux de la finance; et il résulta de ce changement et des emprunts multipliés qu'il facilita, une nouvelle puissance dans l'Etat : bientôt, on confondit l'intérêt et le vœu de la nation avec l'intérêt et les spéculations des banquiers et des capitalistes qui dictèrent les conditions des emprunts, et devinrent un corps redoutable aux ministres eux-mêmes. Si les financiers abusaient des besoins de l'État, ils étaient dépendans : les banquiers n'en abusaient pas moins, et ils étaient indépendans. Les banquiers sont citoyens de tous les pays, et le régime républicain a plus d'attraits et de convenances, qu'un gouvernement monarchique, pour des hommes dont la fortune est disponible, dont l'existence consiste dans leurs richesses, et qui sont toujours animés du désir de les augmenter. L'homme s'égare trop souvent dans l'application des principes; ce qui convient au gouvernement d'Angleterre, était évidemment dangereux pour un gouvernement purement monarchique. Peu à peu, l'esprit de spéculation s'introduisit à Paris, dans les différentes classes de la société, et des hommes distingués par leur rang et leur naissance, prirent part aux opérations de la place et devinrent agioteurs.

Le *compte rendu des finances* par M. Necker, publié en 1781, mit le comble à la confiance qu'il avait su inspirer. Le public fût flatté de voir un ministre invoquer son suffrage, en lui soumettant ses opérations.

M. Necker, qui proposa ensuite d'établir des assemblées provinciales, développa en même temps des moyens propres à assurer le pouvoir du roi, dans ces assemblées. Le clergé et la noblesse en formaient une moitié, et le tiers-état, l'autre; mais le roi nommait les membres de ces trois classes. Ces assemblées n'offraient, de fait, qu'une répartition du pouvoir des intendans, entre un certain nombre d'individus, et où l'intendant conservait une grande influence; organisation qui présentait un bizarre mélange de liberté et d'assujettissement. Le *Mémoire* que rédigea M. Necker à cette occasion, s'étant répandu avec une promptitude extrême dans la capitale et dans les provinces, agita tous les esprits, les souleva contre l'administration et contre les magistrats, et rendit plus difficile l'exercice d'une autorité dont un ministre du roi révélait les abus.

M. Necker, quoique parvenu à la place de directeur-général des finances, ne travaillait avec le roi qu'en présence du ministre principal. Il demanda d'entrer au conseil; on rejeta sa demande, et s'étant engagé trop loin, par la vivacité de ses démarches, il se vit obligé de quitter sa place qu'il avait annoncé ne pouvoir garder, si sa prétention n'était agréée (1). Il avait pour lui le suffrage de quelques sociétés, les louanges d'un grand nombre de gens de lettres, et surtout le vœu du peuple, touché de la sensibilité qu'il montrait pour la classe indigente.

Pendant que la France combattait pour la liberté des Américains, les gazettes anglaises, et surtout un journal publié à Londres en français,

---

(1) Voyez dans le premier volume de Mémoires de madame Campan, chap. x, par quel tour perfide M. de Maurepas éloigna M. Necker de l'administration, en donnant à penser au roi que ce ministre nourrissait les prétentions les plus exagérées.

(*Note des nouv. édit.*)

intitulé *le Courrier de l'Europe* (1), circulèrent librement à Paris et dans toutes les provinces du

---

(1) Le *Courrier de l'Europe*, gazette française publiée en Angleterre, et fort répandue en France, à l'époque de la guerre d'Amérique, fut entreprise par un Anglais (dont j'ai oublié le nom), associé avec un certain Morande qui en était le rédacteur. Morande, auteur du *Gazetier cuirassé*, libelle scandaleux, s'était réfugié à Londres, pour se soustraire aux poursuites du gouvernement français qui voulait le faire arrêter. Ils débutèrent, dans leur journal, par peindre, sous un jour peu favorable, différens personnages de la cour de Versailles, et par blâmer les opérations des ministres. Johnston, alors membre assez marquant dans le parti de l'opposition en Angleterre, et qui connaissait le rédacteur anglais, me raconta qu'attendant à Calais un vent favorable pour s'embarquer, il y vit arriver cet individu à qui il exprima son étonnement de ce qu'il avait osé paraître sur le territoire français; que celui-ci lui fit une réponse évasive, et prit le chemin de Paris; qu'il sut ensuite qu'il s'était rendu, en arrivant, chez le lieutenant de police, et de là, chez M. de Vergennes. Peu de jours après, il retourna à Londres, après avoir obtenu, dit-on, une pension annuelle de 12,000 francs. C'était peut-être le meilleur parti qu'on eût à prendre; du moins, on remarqua qu'il ne parut plus rien dans le *Courrier de l'Europe* qui pût blesser les ministres français; mais ce qui paraîtra étrange, c'est que ceux-ci, ayant pris la résolution de soutenir les Américains, crurent que cette gazette pourrait servir à animer la nation française en leur faveur, tandis qu'elle ne servit qu'à répandre, dans les esprits, des idées d'indépendance. Ce fut donc une des nombreuses inconséquences qui caractérisent la conduite des ministres de Louis XVI.

(*Note du premier édit.*)

royaume. Les discours de quelques membres distingués de *l'opposition*, qui défendirent avec éloquence les principes d'après lesquels les Américains avaient pris les armes, et qui définissaient les droits du peuple et le pouvoir légitime du prince, furent lus avec avidité, même avec transport, et contribuèrent essentiellement à enflammer le public. La jeunesse de la cour s'empressa de servir, dans cette guerre. Les principes républicains germèrent facilement dans des esprits sans maturité et amoureux de nouveaux systèmes. Les applaudissemens que reçurent les Français en Amérique, leur inspirèrent le goût des succès populaires. Cette entière soumission à l'autorité du monarque, qui avait jusque-là distingué le militaire français, s'affaiblit insensiblement, et les liens de l'obéissance se relâchèrent. De retour en France, ceux qui avaient montré le plus d'enthousiasme pour la cause des Américains, furent les mieux accueillis à la cour, les plus caressés des ministres, et les plus recherchés à la ville. Le roi permit à ses courtisans de porter un ordre (1), ou marque de distinction, institué en Amérique comme un symbole de l'indépendance d'un peuple soulevé contre son souverain. A la paix, plus de quinze cents millions de dettes, et une perte considérable d'hommes et de vaisseaux, furent le résultat d'une guerre dont il est encore problématique que la France retire ja-

---

(1) De *Cincinnatus*.

mais aucun avantage (1), d'une guerre que Louis XVI improuvait, et dans laquelle ses ministres le plongèrent, contre son opinion.

Dans cet état de choses, parut le réglement proposé par un ministre de la guerre, qui prescrivait de prouver qu'on avait quatre degrés de noblesse, pour être admis, comme officier, dans les troupes du roi. Ce réglement humilia et irrita un grand nombre de familles considérables par leurs emplois, et un plus grand nombre encore de familles honorables du tiers : l'amour-propre ainsi que l'intérêt se trouvèrent profondément blessés. Avant cette époque, tout individu, quelle que fût son extraction, pouvait se flatter de voir son fils monter aux plus hauts grades, dans l'armée. Le maréchal de Fabert était fils d'un libraire de Metz, le maréchal Catinat, fils d'un conseiller au parlement, M. de

---

(1) L'expérience a prouvé que l'indépendance des colonies anglaises du continent de l'Amérique aurait pu leur être accordée, sans préjudice pour le commerce et pour la marine de la Grande-Bretagne, tandis qu'elle aurait eu l'avantage d'être débarrassée de la sollicitude et de la dépense de les défendre. Le tort qu'eut l'Angleterre fut de leur refuser l'indépendance, dès l'instant qu'elles montrèrent la volonté de l'obtenir. Les Anglais auraient ainsi épargné les trésors et le sang répandus dans cette guerre ; ils auraient fixé les Américains, par les liens les plus forts : la même langue, les mêmes usages leur sont communs, et le même sang coule dans leurs veines. Le gouvernement d'Angleterre et celui de France eurent également tort de s'engager dans cette querelle.

(*Note du premier édit.*)

Chevert, lieutenant-général, et qui allait être fait maréchal de France lorsqu'il mourut, était né de parens obscurs, à Verdun-sur-Meuse (1); mais, depuis le réglement dont on vient de parler, on ne pouvait aspirer à obtenir pour son fils une sous-lieutenance, s'il n'avait pas au moins un siècle de noblesse.

Une aventure bizarre et scandaleuse, celle du trop fameux collier, contribua puissamment à ôter à la cour le peu de considération que le public lui portait encore. L'imprudence de faire arrêter et conduire à la Bastille le cardinal de Rohan, compromit le nom auguste de la reine, entièrement étrangère à cette absurde imposture (2).

La monarchie paraissait à tous tellement iné-

---

(1) M. de Chevert entra dans l'armée comme simple soldat : il mourut en janvier 1769, lieutenant-général et grand'-croix de l'ordre de Saint-Louis. Le duc de Richelieu, parlant de Chevert devant le maréchal de Saxe, l'appela *officier de fortune*. Le maréchal répliqua : *Vous me l'apprenez, M. le duc; j'avais toujours eu pour M. de Chevert de l'estime, mais désormais, je lui voue du respect.*

(*Note du premier édit.*)

(2) Les Mémoires de madame Campan, tom. II, chap. xii, expliquent, dans ses moindres détails, la scandaleuse affaire du collier. Ils en rejettent avec raison le blâme et tout l'odieux sur les coupables intrigans qui osèrent mêler le nom de la reine à leurs projets, et sur les conseillers imprudens qui ne surent point punir sans éclat les désordres d'un prêtre crédule et libertin.

(*Note des nouv. édit.*)

branlable, qu'on ne se donnait pas la peine de réfléchir sur ce qu'on faisait de conforme, ou de contraire à ses principes. Au milieu d'une effervescence remarquable, on laissa établir dans Paris des clubs, à la manière anglaise, sans prévoir que, dans les circonstances d'alors, des assemblées de gens de tous les états, choisis d'après la convenance des personnes et de leurs sentimens, inviteraient à discuter toutes les questions relatives au gouvernement, feraient circuler promptement les opinions et les nouvelles; et que rien n'était plus propre à ouvrir le chemin à des conjurations, à fournir aux conjurés les moyens de délibérer, de concerter leurs plans et de les exécuter. Les clubs peuvent s'accorder, en Angleterre, avec un gouvernement où l'on débat publiquement et indistinctement toutes ses opérations. Dans ce pays, on se réunit pour s'entretenir des affaires publiques. Aucune loi ne s'oppose à ces rassemblemens; un long-usage les a consacrés; ils existent à Londres et dans toutes les villes et bourgs du royaume. Mais l'établissement des clubs en France, surtout dans un moment d'agitation et de troubles, était en contradiction avec les intérêts du gouvernement; cette nouveauté et les conséquences qui pouvaient en résulter ne frappèrent presque personne (1).

---

(1) Un ministre ayant dit avec un air de satisfaction : *C'est demain que s'ouvre le premier club à Paris;* quelqu'un lui

Il fallut, à l'époque de la paix, pourvoir à l'acquittement des dettes. Après avoir soutenu la guerre sans des taxes extraordinaires, il était difficile d'imposer, au moment où les peuples sont habitués à voir diminuer leurs charges. Les ministres des finances se trouvèrent ainsi, en quelque sorte, forcés de suivre le système des emprunts. La confiance des prêteurs se soutint quelque temps, encouragée par l'appât de conditions avantageuses. Les emprunts viagers surtout procurèrent des secours prompts et considérables, en offrant à l'homme avide de jouir, les moyens d'augmenter ses revenus. Mais bientôt, à la difficulté d'imposer, se joignit celle d'emprunter. C'est alors que le ministre des finances conçut le projet d'assembler les notables, et de leur présenter un plan qui lui parut substituer des remèdes curatifs aux palliatifs désastreux employés jusqu'alors. L'abolition des impôts les plus onéreux, la diminution de plusieurs, la suppression des rigueurs fiscales, une imposition en nature sur les produits, dont il y a

---

répondit : *C'est une plante nouvelle et qui nous donnera du fruit nouveau ; mais ce n'est pas une plante monarchique.* Le ministre le regarda avec un sourire moqueur, en disant : *Qu'est-ce que cela veut dire ?* La même personne répéta : *Un club n'est pas une plante monarchique.*

En 1789, on en forma un, au Palais-Royal, sous la protection du duc d'Orléans, et auquel ne furent admis que ceux qu'on connaissait pour être ennemis de la cour.

(*Note de l'auteur.*)

des exemples dans plusieurs pays, l'économie dans les frais de perception, l'assujettissement des privilégiés aux charges, telles étaient en général les mesures proposées : si quelques-unes étaient susceptibles de difficultés, l'ensemble était favorable au peuple et avantageux à l'État. Il était hasardeux, sans doute, en appréciant la pente des esprits, de convoquer une assemblée de représentans de la nation; car, c'est sous cet aspect qu'il faut envisager les notables; et il n'y a point de doute qu'un habile administrateur aurait su trouver, dans les immenses ressources du royaume, de quoi combler le déficit entre la recette et la dépense, sans d'autres secours que ceux de ses propres lumières. C'était assurément le parti alors le plus sage; mais il est à présumer cependant que, soutenu par le monarque, le ministre eût, avec quelque modification, réussi dans son projet. Le sentiment des notables, en matière d'impôt, aurait été éclairé et décisif; et le roi, étayé de leurs avis, aurait pu sans crainte exiger du parlement l'enregistrement des édits discutés, rédigés et arrêtés par des citoyens distingués de toutes les classes et de toutes les provinces du royaume. Mais le ministre, avant de recourir à une mesure qui compromettait la tranquillité de l'État, devait faire entrer dans ses calculs la faiblesse du souverain et l'esprit de sa cour; enfin, les chances d'échouer. Les notables s'assemblèrent, et l'intrigue, l'intérêt particulier, l'orgueil et l'esprit des anciens corps firent que les plans de M. de Calonne furent rejetés, lui-même disgracié, et remplacé par M. de Brienne, archevêque de Toulouse, nommé ensuite ministre principal. Mais celui à qui on avait accordé une réputation dans les affaires, celui qui avait brillé, dans quelques cercles, à Paris, en parlant d'administration, n'eut pas plutôt le timon de l'État entre les mains, qu'il montra son incapacité à le conduire.

Il est difficile d'expliquer les inconséquences extraordinaires qui se firent remarquer dans la conduite de M. de Brienne, à qui on ne pouvait refuser certain esprit, joint à des connaissances théoriques dans divers genres. Il se montra sans suite dans les idées, sans ressource pour imaginer, sans constance pour exécuter. Chacune de ses opérations fut mal combinée, entreprise mal à propos, ou abandonnée sans motif. Il compromit l'autorité à chaque instant; et, dans sa marche incertaine, il manifesta un mélange incohérent de despotisme et d'idées républicaines. Enfin des demi-mesures, des projets interrompus, des actes de violence et de faiblesse, forment le tableau de son administration.

Le parlement, après avoir exercé, pendant deux siècles, le droit de sanctionner les impôts; après avoir combattu, à plusieurs reprises, contre l'autorité, pour maintenir sa compétence exclusive sur cette matière, soit qu'il ait été entraîné par le torrent de l'opinion du moment; soit qu'il ait été aveuglé par cet esprit d'opposition dont il fut toujours plus ou moins animé, rétracta en un jour une doctrine soutenue si long-temps, avec tant de fermeté. Il déclara que la nation était seule en droit de consentir les impôts, et indiqua l'assemblée des états-généraux comme l'unique remède des maux dont l'État était affligé. Le ministre principal engagea le roi à exiler le parlement de Paris à Troyes, et le duc d'Orléans, qui s'était fortement prononcé pour l'avis du parlement, à Villers-Cotterets. Bientôt après, il les fit rappeler, détermina le roi à promettre les états-généraux, et alla lui-même au Palais-Royal faire des excuses au prince, sur le désagrément qu'il avait essuyé.

On ne peut, sans être frappé d'étonnement, considérer la conduite de ce ministre, dans cette circonstance. Après s'être laissé arracher la promesse d'assembler les états-généraux, il invite publiquement à écrire sur la nature et la forme de ces assemblées, et il ne songe pas combien celle qu'il a promise doit différer de tous les états-généraux dont l'histoire fait mention ! Il était facile de prévoir qu'il ne s'agirait plus, comme dans les anciens temps, du redressement de quelques abus ; mais d'opérer d'importans changemens dans le système du gouvernement.

Dès que l'impéritie du ministre eut répandu l'alarme, dès que les esprits qui fermentaient eurent conçu l'espoir de voir assembler les représentans de la nation, les capitalistes regardant cette assemblée comme seule capable d'assurer la dette publique, firent partout retentir ce cri: *Les états-généraux, ou la banqueroute!* cri qui fut bientôt répété par tous les ordres; en sorte que l'assemblée des états devint le sujet de tous les entretiens.

Il n'entre pas dans mon dessein d'écrire l'histoire de ce qui se passa dans les assemblées qui se succédèrent; de l'impuissante et souvent indiscrète opposition de ceux qui défendirent inutilement les principes de l'ancien gouvernement, d'une part; ni des nombreuses mesures aussi violentes que précipitées et désastreuses, de l'autre. Après avoir détruit tous les ordres, anéanti toutes les distinctions dont l'État se composait, désorganisé la force militaire, laissé les lois sans appui, l'Assemblée fit accepter au roi une constitution ou forme de gouvernement, si compliquée dans sa marche, et composée de principes si hétérogènes, qu'on prévit, dès sa naissance, l'impossibilité de sa durée. Mais ce qui mit le comble aux malheurs du monarque, et décida de son sort, en excluant de la représentation nationale un grand nombre d'hommes probes et éclairés, ce fut la résolution prise par l'Assemblée constituante avant de se séparer, qu'aucun de ses membres ne pourrait occuper la place de ministre, pendant quatre ans, ni être réélu pour l'assemblée qui devait la remplacer; et ce qui est plus étonnant encore, la cour, conseillée par des personnes qui s'étaient rapprochées d'elle, après avoir le plus figuré parmi ses ennemis, avait intrigué dans l'Assemblée pour obtenir ce décret. Animée contre les représentans actuels, elle espérait trouver des dispositions plus favorables dans ceux qui les remplaceraient; elle se flattait toujours que la grande majorité de la nation, foncièrement attachée à la monarchie, ne voyait qu'avec peine toutes les humiliations que le roi avait éprouvées, et que, dans les élections nouvelles, ces sentimens du peuple se manifesteraient d'une manière prépondérante : mais le parti républicain, par son extrême activité, se rendit maître de la plupart des élections, et presque dès l'instant de l'ouverture de l'Assemblée législative, ses démarches annoncèrent, d'une manière peu équivoque, la chute prochaine des faibles restes de la royauté. Enfin, sans entrer dans le détail de forfaits épouvantables dont tout homme sensible détourne ses regards, on peut les résumer en disant que les autels, le trône, la noblesse, les parlemens, des hommes marquans de toutes les conditions, furent tous entraînés par ce terrible tourbillon, et précipités dans le même abime. La possession d'une fortune considérable, quoique acquise par les moyens les plus légitimes, surtout si elle provenait d'ancêtres qui eussent marqué dans l'État, devint un motif déterminant pour proscrire le propriétaire.

A ces événemens désastreux succédèrent des années d'anarchie et de crimes. Des hommes féroces se disputèrent successivement le pouvoir. La religion anéantie, ses ministres forcés de se cacher pour se soustraire à l'échafaud, les temples profanés et convertis en prisons, en magasins, en salles de spectacles, le sanctuaire de la justice rempli d'une horde d'assassins érigés en juges, les propriétés partout envahies, chaque individu sans cesse exposé à être égorgé dans ses foyers, ou traîné à la mort, sont les caractères distinctifs de cette grande subversion.

Un homme enfin parut, qui, après avoir attiré l'attention générale par ses exploits au dehors, fut choisi pour rétablir dans l'intérieur l'ordre et le calme.

Napoléon Bonaparte ayant renversé un pouvoir qui n'inspirait aucune confiance, fut déclaré chef du nouveau gouvernement, pour dix ans, période étendue ensuite à la durée de sa vie. Mais l'expérience démontra ce que l'homme réfléchi avait déjà prévu; qu'un grand État, environné de puissances essentiellement ennemies par l'inquiétude qu'il leur inspirait; un État qui renferme une population immense composée de peuples de divers climats, de mœurs et de caractère différens; une nation en même temps agricole, manufacturière, commerçante, maritime et guerrière, exigeait, dans le pouvoir exécutif, une autorité plus concentrée, une marche plus simple et plus rapide, que ne l'offrait la forme de gouvernement qu'on venait d'adopter; qu'il fallait surtout se garantir des convulsions qui pourraient naître par la mort du chef de la nation; qu'il importait donc de s'arrêter à une forme de gouvernement moins exposée à être troublée par les intrigues des ambitieux, par les effets du hasard et par les caprices de la multitude. Toutes ces considérations engagèrent les autorités constituées du gouvernement à décerner la couronne à Napoléon Bonaparte, et, par succession, à sa famille, dans la ligne masculine; mesure qui fut confirmée par la voix de la nation.

Je termine cet article, au moment où le pape Pie VII couronne Napoléon Bonaparte, empereur des Français, dans l'église de Notre-Dame à Paris, le 2 décembre 1804.

AVERTISSEMENT.

Un ami de M. de Marigny (1) entrant un jour chez lui, le trouva brûlant des papiers. Prenant un gros paquet, qu'il allait aussi jeter au feu : « C'est un journal d'une femme de chambre de ma sœur (2), dit-il, qui était fort estimable ; mais tout cela est du rabachage ; *au feu!* et il s'arrêta, en disant : Ne trouvez-vous pas que je suis ici comme le curé et le barbier de Don Quichotte, qui brûlent les ouvrages de chevalerie ? — Je demande grâce pour celui-ci, dit l'autre. J'aime les anecdotes, et je trouverai sans doute quelque chose qui m'intéressera. — Je le veux bien, répliqua M. de Marigny. » Et il le lui donna.

L'écriture de ce journal est fort mauvaise et sans orthographe. On y trouve souvent deux mots ensemble qui disent à peu près la même chose ;

---

(1) M. Senac de Meilhan, de qui je tiens ce manuscrit *.

* M. Sénac de Meilhan, mort à Vienne en 1803, obtint, de bonne heure, une place de conseiller au grand Conseil. Il fut envoyé, comme intendant, dans le pays d'Aunis, dans la Provence, dans le Hainault, et toutes ces provinces eurent à se louer de son administration. On a de lui différens ouvrages sur les mœurs. L'observateur est superficiel, mais l'écrivain est ingénieux et correct.

(*Note des nouv. édit.*)

(2) Madame de Pompadour.

(*Note du premier édit.*)

plusieurs phrases y sont répétées ; quelquefois, les faits y sont intervertis : mais, pour éviter ce désordre, il aurait fallu tout refondre, ce qui aurait entièrement changé le caractère de l'ouvrage. Cependant, on a pris soin de rectifier l'orthographe, la ponctuation et quelques noms propres, puis d'ajouter quelques notes explicatives.

On a trouvé quatre lettres jointes au journal, et on n'a pas cru devoir les supprimer.

Madame de Pompadour avait deux femmes de chambre qui étaient femmes de condition. L'une, madame du Hausset, qui ne changea point de nom; l'autre prit un nom emprunté, et ne se fit pas connaître aux yeux du public pour ce qu'elle était. Ce journal paraît être de la première.

Pendant long-temps, les amours de Louis XV furent au moins couverts du voile du mystère : le public parlait du *Parc aux cerfs;* mais on n'en connaissait aucun détail. Louis XIV, qui d'abord cacha ses inclinations, finit par leur donner un éclat qui, à quelques égards, ajoutait au scandale ; mais ses maîtresses étaient toutes des femmes de qualité, faites, par leur naissance, pour être admises à la cour. On ne trouve dans l'histoire aucun trait qui peigne mieux sur cet objet l'esprit du temps et le caractère du monarque, que ce propos de madame de Montespan : *Il ne m'aime pas*, disait-elle ; *mais il se croit redevable à ses sujets et à sa propre grandeur, d'avoir pour maîtresse la plus belle femme de son royaume.*

MÉMOIRES

DE

MADAME DU HAUSSET,

FEMME DE CHAMBRE DE MADAME DE POMPADOUR.

Une de mes amies de couvent, qui s'est mariée avantageusement à Paris, et qui jouit de la réputation de femme d'esprit, m'a souvent priée d'écrire ce que je savais journellement; et, pour lui faire plaisir, j'avais fait de petites notes, en trois ou quatre lignes chacune, pour me rappeler un jour les faits intéressans ou singuliers; comme *le Roi assassiné; départ ordonné par le Roi à Madame* (1); *M. de Machault ingrat*, etc. Je promettais toujours à mon amie de mettre tout cela en récit. Elle me parla des *Souvenirs* de madame de Caylus (2), qui

---

(1) Il est à observer que madame de Pompadour est presque toujours appelée *Madame* dans ce journal, parce qu'elle était la maîtresse de celle qui écrit.

(*Note du premier édit.*)

(2) Marthe-Marguerite de Villette, petite-fille d'Artemise d'Aubigné, fut élevée sous les yeux de madame de Maintenon. Un cœur sensible, un esprit vif apprirent à mademoi-

cependant n'étaient pas encore imprimés, et me pressa tant de faire un pareil ouvrage que, profitant de quelques momens de loisir, j'ai écrit ceci, que je compte lui donner, pour y mettre de l'ordre et du style. J'ai été long-temps auprès de madame de Pompadour, et ma naissance me faisait traiter avec un peu de distinction par elle et par des personnes considérables qui me prirent en affection. J'étais devenue en peu de temps l'amie du docteur Quesnay (1) qui venait souvent passer deux ou

---

selle de Villette à sentir les vers de Racine. Peu d'élèves de Saint-Cyr ont été plus brillantes. Le Prologue d'*Esther* fut écrit pour elle, et Racine lui donna des leçons dont elle était digne. A treize ans, elle épousa le marquis de Caylus, menin du dauphin.

Madame de Caylus eut la gloire d'inspirer la jolie pièce qui finit par ces vers; (c'est l'Amour qui parle :)

 « Je veux mettre fin à ta peine;
 » Je te promets un regard de *Caylus*. »

Selon *Voltaire*, un autre obtint ce que l'amour promettait à *La Fare*.

Madame *de Caylus* est auteur du charmant livre des *Souvenirs*.

(*Note des nouv. édit.*)

(1) Quesnay était un homme rare par son génie, et encore plus rare par la variété de ses connaissances. Il était né au village d'Ecquevilly, en 1694, fils d'un laboureur. Il s'appliqua à la chirurgie, et ensuite exerça cette profession à Mantes. Le hasard l'ayant fait connaître du duc de Villeroi, il le suivit à Paris, en qualité de son chirurgien. La comtesse d'Es-

trois heures avec moi. Il recevait chez lui des personnes de tous les partis, mais en petit nombre, et qui toutes avaient une grande confiance en lui. On

---

trades, alors favorite de madame de Pompadour, et *amie* du comte d'Argenson, s'étant trouvée un jour subitement incommodée et dans un état alarmant, le duc de Villeroi, qui était avec elle, offrit le secours de son chirurgien qu'il avait laissé dans sa voiture. Quesnay reconnut promptement que la comtesse était sujette à l'épilepsie, et qu'elle en éprouvait en ce moment une attaque; il sentit en même temps l'importance de cacher une maladie aussi effrayante; et, rassurant le duc de Villeroi, il ordonna quelques calmans, en disant que c'était une attaque de nerfs. Il insista sur la nécessité du repos, fit sortir tout le monde, et resta seul avec la malade pour soustraire à la vue des assistans les symptômes de l'épilepsie. Ayant repris connaissance, elle jugea, par la conduite de Quesnay, de son savoir et de sa discrétion. Elle y fut sensible, et parla de son habileté à madame de Pompadour.

Profitant des moyens de s'instruire qu'on trouve dans la capitale, il se livra à l'étude de la médecine, fut reçu médecin, et fit quelques ouvrages qui eurent du succès. Madame de Pompadour le prit pour son médecin; elle lui donna un logement auprès d'elle, au château de Versailles, et lui procura la charge de médecin ordinaire du roi. Quesnay profita de son loisir pour s'appliquer à la métaphysique, et y porta la sagacité qu'il a montrée dans tous les genres de science qu'il a approfondis. C'est lui qui composa, pour l'Encyclopédie, l'article *Évidence*. Né à la campagne, il avait réfléchi de bonne heure sur l'agriculture, sur les travaux qu'elle exige, sur les salaires et les produits. Long-temps après, ces premières idées fixèrent de nouveau son attention, et l'économie politique devint son étude principale. Il composa, sur cette matière, un grand ouvrage, auquel est joint un tableau qui

y parlait très-hardiment de tout; et ce qui fait leur éloge et le sien, jamais on n'a rien répété. Madame la comtesse D*** venait me voir aussi; c'était une personne vive et franche et aimée de

---

exige une très-grande attention pour être compris. Il était généralement reconnu comme chef des économistes; il fut regardé comme l'inventeur du *produit net;* les économistes l'appelaient *le maître,* et disaient, comme jadis de Pythagore, *le maître l'a dit.* La Rivière, intendant de la Martinique, homme fort instruit, était le premier après lui. Le marquis de Mirabeau, père de celui qui a tant figuré dans la révolution, l'abbé Beaudeau, l'abbé Roubeau, Turgot, etc., se sont aussi rendus célèbres parmi les économistes. Quesnay, dont l'esprit avait besoin d'alimens, après avoir approfondi diverses sciences, s'appliqua à la géométrie, et y fit quelques progrès, quoiqu'il eût plus de soixante-dix ans. Il mourut en décembre 1774, à l'âge de quatre-vingts ans, et le marquis de Mirabeau fit son oraison funèbre, qui est un chef-d'œuvre d'absurdité et de ridicule; elle fut prononcée dans une assemblée d'économistes en grand deuil.

Quesnay avait beaucoup de gaieté et de bonhomie; il se plaisait, dans la conversation, à faire des espèces d'apologues, qui avaient en général pour principes, quelque objet de la campagne.

Il dissertait avec beaucoup de chaleur, sans envie de briller. Logé dans un petit appartement qui tenait de très-près à celui de madame de Pompadour, il y recevait quelques gens de lettres et quelques personnes de la cour. On y parlait très-librement, mais plus des choses, que des personnes. Le roi l'appelait *son penseur;* il lui accorda des lettres de noblesse, et voulant lui-même composer ses armes, il fit mettre sur l'écusson la fleur appelée *pensée.*

(*Note du premier édit.*)

Madame. La famille de Baschi (1) me faisait sa cour. M. de Marigny avait reçu quelques services de moi, dans les querelles assez fréquentes du frère et de la sœur, et il avait pris de l'amitié pour moi (2). Le roi avait l'habitude de me voir, et un accident que je rapporterai (3) l'avait rendu familier avec moi : il ne se gênait point pour parler, quand j'entrais dans la chambre de Madame. Pendant les maladies de Madame, je ne quittais presque pas sa chambre, et je passais les nuits auprès d'elle.

Quelquefois, mais rarement, j'ai voyagé dans sa voiture avec le docteur Quesnay à qui elle ne disait pas quatre paroles, quoique ce fût un homme d'un grand esprit. Madame, quand j'étais seule avec elle, me parlait de plusieurs choses qui l'affectaient, et me disait : *Le roi et moi comptons si fort sur vous, que nous vous regardons comme un chat, un chien, et nous allons notre train pour causer.*

Il y avait un petit endroit, près de la chambre de Madame, qui a été depuis changé, où elle savait que je me tenais, quand j'étais seule, et d'où l'on

---

(1) Le comte de Baschi, chevalier des ordres, avait une très-proche parenté, du côté de sa femme, avec madame de Pompadour qui s'en honorait.

(*Note du premier édit.*)

(2) Voyez, sur le marquis de Marigny, le *Précis de la Vie de madame de Pompadour* en tête de ce volume.

(*Note des nouv. édit.*)

(3) Voyez plus bas, à ces mots : *Un événement qui me fit trembler*, etc.

entendait ce qui se disait, pour peu qu'on élevât la voix. Mais lorsque le roi avait à lui parler particulièrement, ou à quelque ministre, il passait avec elle dans un cabinet à côté de la chambre, et elle aussi pour ses affaires secrètes avec les ministres, ou autres personnages importans, tels que le lieutenant de police, l'intendant des postes, etc. Toutes ces circonstances m'ont mise à portée de savoir beaucoup de choses, et un grand nombre que la probité ne me permet ni d'écrire, ni de raconter. J'ai écrit, la plupart du temps, sans ordre de date, et un fait en précède d'autres qui l'ont précédé.

Madame a eu de l'amitié pour trois ministres : le premier, M. de Machault (1) à qui elle avait l'obligation d'avoir fait régler son traitement et payer ses dettes. Elle lui fit donner les sceaux, et il resta le premier dans son affection jusqu'à l'assassinat du roi. Beaucoup de gens ont prétendu qu'on ne devait pas imputer à mauvaise intention sa conduite en cette occasion; qu'il avait cru devoir obéir au roi, sans rien mettre du sien, et que ses

---

(1) Jean-Baptiste Machault d'Arnouville, contrôleur-général, depuis ministre de la marine, ensuite garde-des-sceaux, se retira le 1ᵉʳ février 1757. Il avait la réputation d'honnête homme et de bon administrateur *.

(*Note du premier édit.*)

* Le Précis de la Vie de madame de Pompadour renferme, sur ce ministre, des détails qu'on fera bien de consulter.

(*Note des nouv. édit.*)

manières froides le faisaient souvent soupçonner d'une indifférence qui n'était pas dans son cœur. Madame le vit sous l'aspect d'un ami infidèle, et il faudrait entendre les deux. Peut-être sans l'abbé de Bernis, M. de Machault serait-il resté.

Le second ministre que Madame avait affectionné, est l'abbé de Bernis (1) : elle s'en dégoûta bien vite, lorsque l'abbé parut avoir perdu la tête.

Il en donna une preuve assez singulière, la surveille de son renvoi. Il avait prié plusieurs personnes considérables à un nombreux festin qui devait avoir lieu le même jour qu'il reçut sa lettre d'exil, et il avait mis dans les billets d'invitation : *M. le comte de Lusace en sera.* C'était le frère de madame la dauphine, et cette phrase fut avec raison trouvée impertinente. Le roi dit fort bien à cette occasion : *Lambert et Molière en seront.* Elle ne parla presque jamais du cardinal depuis son

---

(1) François-Joachim de Pierre de Bernis fut nommé ministre des affaires étrangères, en juin 1757, place dont il se démit en novembre 1758, après avoir reçu le chapeau de cardinal. Un de ses amis allant pour le complimenter sur cette nouvelle dignité, mais ignorant qu'il allait être disgracié, M. de Bernis lui dit, faisant allusion au chapeau : *C'est un parapluie que le roi a bien voulu me procurer, pour me défendre contre le mauvais temps* *.

(*Note du premier édit.*)

* *Voyez* plus bas, page 297, la Notice sur le cardinal de Bernis.

(*Note des nouv. édit.*)

départ de la cour. Il était ridiculé, mais il était bon homme. Madame Infante (1) était morte peu de temps auparavant, et, par parenthèse, réunissant tant de maladies putrides et malignes, que ceux qui l'ensevelirent et des capucins qu'on fit venir pour la porter, ne pouvaient soutenir l'infection. Ses papiers n'avaient pas paru plus purs aux yeux du roi. Il vit que l'abbé de Bernis était en intrigue avec elle, et qu'on l'avait joué pour le chapeau de cardinal, qu'elle avait fait accorder, en abusant de son nom. Le roi avait été si indigné, qu'il pensa lui refuser la barette, et il la lui remit, comme on jette un os à un chien. M. l'abbé de Bernis avait toujours eu l'air d'un protégé chez Madame. Elle l'avait vu dans la misère exactement: il n'en fut pas de même de M. de Choiseul; sa naissance, son ton, ses manières le faisaient considérer, et il avait su gagner les bonnes grâces de Madame bien plus que tout autre. Elle le regardait comme un des plus grands seigneurs de la cour, le plus grand ministre et l'homme le plus aimable. M. de Choiseul avait une sœur et une femme qu'il avait introduites chez Madame, et qui l'entretenaient dans ses bons sentimens pour lui. Elle ne vit plus que par ses yeux, depuis que ce ministre

---

(1) Marie-Louise-Élisabeth, fille de Louis XV, née le 14 août 1727; mariée, en 1739, à Philippe, infant d'Espagne et duc de Parme; morte à Versailles, le 6 décembre 1759.

(*Note du premier édit.*)

fut en place; il savait amuser Madame, et il avait des manières très-aimables pour les femmes (1).

Il y avait deux personnes, le lieutenant de police et l'intendant des postes, qui avaient grande part à la confiance de Madame; mais ce dernier était devenu moins nécessaire, parce que le roi avait fait communiquer à M. de Choiseul le secret de la poste, c'est-à-dire l'extrait des lettres qu'on ouvrait; ce que n'avait pas eu M. d'Argenson, malgré toute sa faveur. J'ai entendu dire que M. de Choiseul en abusait, et racontait à ses amis les histoires plaisantes, les intrigues amoureuses que contenaient souvent les lettres qu'on décachetait. La méthode, à ce que j'ai entendu dire, était fort simple. Six ou sept commis de l'hôtel des postes triaient les lettres qu'il leur était prescrit de décacheter, et prenaient l'empreinte du cachet avec

---

(1) Etienne-François de Stainville, né en 1719. Après avoir été ambassadeur à Rome et à Vienne, il fut fait ministre des affaires étrangères en 1758, en 1759 créé duc et pair, ministre de la guerre le 16 janvier 1761, et de la marine, la même année. Il conserva les deux derniers emplois, et fit donner la place de ministre des affaires étrangères à son cousin, le duc de Praslin. Il reprit, en 1768, les affaires étrangères, et remit la marine à M. de Praslin. Il fut exilé à sa terre de Chanteloup, en Touraine, le 24 décembre 1770, et mourut à Paris en 1785 *. (*Note du premier édit.*)

* Voyez dans les *Morceaux historiques*, à la suite des Mémoires l'article écrit par M. de Meilhan sur M. le duc de Choiseul. (Lettre C.)
(*Note des nouv. édit.*)

une boule de mercure; ensuite, on mettait la lettre, du côté du cachet, sur un gobelet d'eau chaude qui faisait fondre la cire sans rien gâter; on l'ouvrait, on en faisait l'extrait, et ensuite on la recachetait, au moyen de l'empreinte. Voilà comme j'ai entendu raconter la chose. L'intendant des postes apportait les extraits au roi, le dimanche. On le voyait entrer et passer comme les ministres, pour ce redoutable travail. Le docteur Quesnay, plusieurs fois devant moi, s'est mis en fureur sur cet *infâme* ministère, comme il l'appelait, et à tel point, que l'écume lui venait à la bouche. « Je ne dî-
» nerais pas plus volontiers avec l'intendant des
» postes, qu'avec le bourreau, disait le docteur. » Il faut convenir que, dans l'appartement de la maîtresse du roi, il est étonnant d'entendre de pareils propos; et cela a duré vingt ans, sans qu'on en ait parlé. « C'était la probité qui parlait avec vivacité,
» disait M. de Marigny, et non l'humeur ou la mal-
» veillance qui s'exhalait. »

M. le duc de Gontaut était beau-frère et ami de M. de Choiseul, et il ne quittait pas Madame. La sœur de M. de Choiseul, madame de Grammont, et sa femme étaient également assidues auprès d'elle (1). Qu'on juge d'après cela de l'ascendant

---

(1) La duchesse de Choiseul (née *de Crozat*), était citée comme le modèle de toutes les vertus. Restée riche, à la mort du duc de Choiseul, elle se retira dans une maison religieuse, et voulut que son revenu fût consacré tout entier au

de M. de Choiseul, que personne n'aurait osé attaquer. Cependant le hasard me fit découvrir une correspondance secrète du roi, avec un particulier des plus obscurs. Cet homme, qui avait un emploi aux fermes générales, de cinq à six mille livres, était parent d'une demoiselle du *Parc aux Cerfs* (1), qui l'avait recommandé au roi. Il s'était lié aussi avec le comte de Broglie dans qui le roi se confiait; mais las de voir que sa correspondance ne lui valait point d'avancement, il prit le parti de m'écrire et de me demander un rendez-vous, auquel

---

paiement des dettes de son mari. Le comité révolutionnaire de sa section lui rendit hommage, en la laissant libre.

(*Note des nouv. édit.*)

(1) *Le Parc aux Cerfs* était appelé ainsi d'un quartier de Versailles, fort éloigné. Bien peu de gens connaissaient cette maison; on n'en parlait que très-vaguement, sans jamais rien spécifier. Aucune aventure, aucun fait ne transpirait qui pût attirer l'attention. Un commissaire de la marine, nommé Mercier, qui avait eu part à l'éducation de l'abbé de Bourbon, avait plus de connaissances qu'aucun autre sur cet établissement; et voici ce qu'il a dit à un de ses amis : « La maison était de très-peu d'apparence; il n'y avait en général qu'une seule jeune personne; la femme d'un commis de bureau de la guerre lui tenait compagnie, jouait avec elle, ou travaillait en tapisserie. Cette dame disait que c'était sa nièce; elle la menait, pendant les voyages du roi, à la campagne; quelquefois on a changé de maison et de quartier, mais sans renoncer à l'ancienne maison. » Mercier ajoutait : *Jamais commerce n'a eu moins de publicité, et les particuliers n'ont-ils pas de petites maisons où ils entretiennent publiquement des filles ?*

(*Note du premier édit.*)

je consentis, après en avoir instruit Madame (1). Cet homme me dit, avec un ton de franchise, après beaucoup de préambules, de politesses et de flatteries pour moi : « Pouvez-vous me donner votre parole et celle de madame de Pompadour, qu'il ne sera point parlé au roi, par elle, de ce que je vais vous dire ?—Je crois pouvoir vous assurer, lui dis-je, qu'en demandant cette condition à Madame, si cela n'est point contraire au service du roi, elle la tiendra. » Il me donna sa parole que cela n'aurait aucun inconvénient, et alors je l'écoutai. Il me montra divers mémoires contre M. de Choiseul, qu'il consentit à me remettre, et il me révéla plusieurs circonstances relatives aux secrètes fonctions du comte de Broglie, mais qui portaient plutôt à conjecturer, qu'à être assuré du rôle qu'il jouait auprès du roi. Enfin il me montra plusieurs lettres de la main du roi. « Je demande, dit-il, que madame la Marquise me fasse donner une place

---

(1) Le comte de Broglie, frère du maréchal, eut, très-jeune, une mission importante auprès de l'électeur de Saxe, roi de Pologne. De retour en France, il rejoignit le corps de réserve que commandait son frère, à l'armée d'Allemagne. Lieutenant-général en 1760, il se signala par la défense de Cassel, etc. etc. Politique éclairé, le comte de Broglie présenta des plans nombreux, qui furent presque toujours rejetés, parce qu'ils contrariaient les vues d'un ministre puissant. Louis XV qui l'aimait l'exila, par faiblesse. Le comte de Broglie mourut en 1781.

(*Note des nouv. édit.*)

de receveur-général des finances ; je l'instruirai de ce que je manderai au roi ; j'écrirai d'après ses instructions, et lui remettrai les réponses. » Respectant ce qui venait du roi, je ne me chargeai que des mémoires. Madame m'ayant donné sa parole, suivant les conventions que j'avais faites, je lui révélai le tout. Elle remit les mémoires à M. de Choiseul qui les trouva bien malicieusement et bien habilement écrits. Madame et M. le duc de Choiseul conférèrent long-temps sur ce qu'il fallait répondre à la personne; et voici ce que je fus chargée de dire : qu'une place de receveur-général était pour le moment trop considérable et ferait trop de sensation ; qu'il fallait se borner à une place de quinze à vingt mille livres de produit; qu'on ne prétendait point pénétrer dans les secrets du roi, et que sa correspondance ne devait être communiquée à personne; qu'il n'en était pas de même des mémoires qui pouvaient lui être remis, et qu'on lui saurait gré d'en faire part, pour mettre à portée de parer des coups portés dans les ténèbres, et dirigés par la haine et l'imposture. La réponse était honnête et respectueuse relativement au roi, mais était propre à déjouer le comte de Broglie, en faisant connaître à M. de Choiseul ses attaques et les armes dont il se servait. C'était le comte qui lui remettait des mémoires sur la guerre et la marine, tandis qu'il se réservait les affaires étrangères, qu'il traitait directement, disait-on. M. de Choiseul fit recommander au contrôleur-général sans paraître, l'homme qui m'avait parlé; il eut l'emploi convenu, en espéra un plus considérable, et me confia la correspondance du roi, dont je lui dis que je ne parlerais pas à Madame, d'après ses intentions. Il envoya plusieurs mémoires à M. de Choiseul, adressés contre lui au roi; et cette communication le mit à portée de les réfuter victorieusement.

Le roi se plaisait à avoir de petites correspondances particulières que Madame très-souvent ignorait; mais elle savait qu'il en avait : car, il passait une partie de sa matinée à écrire à sa famille, au roi d'Espagne, quelquefois au cardinal de Tencin (1), à l'abbé de Broglie, et aussi à des gens obscurs. C'est avec des personnes comme cela, me dit-elle un jour, que le roi sans doute apprend des termes dont je suis toute surprise; par exemple, il m'a dit hier, en voyant passer un homme qui avait un vieil habit : *il a là un habit*

---

(1) Ce fut M. de Tencin qui fit abjurer le calvinisme au trop fameux Law : il était aisé de persuader un homme qui devait être ministre, à ce prix, et qui le fut en effet. Cardinal, en 1739, sur la nomination du roi Jacques, Tencin fut nommé ministre d'État, en 1742, et pensa qu'il allait succéder à toute la puissance du cardinal de Fleury : désabusé plus tard, il se retira dans son diocèse (il était archevêque de Lyon). De prélat courtisan qu'il avait été, d'*humble serviteur des circonstances*, comme on l'appelait à la cour, il devint un évêque zélé, charitable, exemplaire, et mourut en 1758, regretté des gens de bien, et pleuré des pauvres.

(*Note des nouv. édit.*)

bien examiné. Il m'a dit une fois, pour dire qu'une chose était vraisemblable : *il y a gros.* C'est un dicton du peuple, à ce que l'on m'a dit, qui est comme *il y a gros à parier.* Je pris la liberté de dire à Madame : Mais ne serait-ce pas plutôt des demoiselles qui lui apprennent ces belles choses? Elle me dit en riant, vous avez raison, *il y a gros.* Le roi, au reste, se servait de ces expressions avec intention, et en riant (1).

Le roi savait beaucoup d'anecdotes, et il se trouvait assez de gens pour lui en dire de mortifiantes pour l'amour-propre. Un jour, il entra à Choisy, dans une pièce où l'on travaillait à un meuble brodé, pour voir où l'on en était; et ayant regardé à la fenêtre, il vit, au bout d'une grande allée, deux hommes, en habit de Choisy. Il dit : «Qui sont ces deux seigneurs? — Madame prit la lorgnette, et dit : C'est le duc d'Aumont et ***. — Ah! dit le roi, le grand-père du duc d'Aumont serait bien étonné, s'il pouvait voir son petit-fils, bras dessus, bras dessous, avec le petit-fils de son valet de chambre L***, en habit qu'on peut dire *à brevet* (2).» Là-dessus, il raconta une grande histoire à

---

(1) Les Mémoires de madame Campan rapportent plusieurs de ces expressions populaires dont Louis XV aimait à se servir, et qu'il employait même pour désigner les princesses ses filles.

(*Note des nouv. édit.*)

(2) C'étaient des habits brodés magnifiquement d'or et d'argent sur toutes les tailles, que Louis XIV donnait à quel-

Madame, qui prouvait la vérité de ce qu'il disait. Le roi sortit pour aller à la figuerie avec Madame, et bientôt après entra Quesnay, ensuite M. de Marigny. — Je parlai avec mépris de quelqu'un qui aimait beaucoup l'argent, et le docteur s'étant mis à rire, dit : « J'ai fait un drôle de rêve, cette nuit; j'étais dans le pays des anciens Germains; ma maison était vaste, et j'avais des tas de blé, des bestiaux, des chevaux en grand nombre, et de grands tonneaux pleins de cervoise; mais je souffrais d'un rhumatisme, et ne savais comment faire, pour aller à cinquante lieues de là, à une fontaine dont l'eau me guérirait. Il fallait passer chez un peuple étranger. Un enchanteur parut, et me dit : Je suis touché de ton embarras : tiens, voilà un petit paquet de poudre de *prelinpinpin* : tous ceux à qui tu en donneras, te logeront, te nourriront, et te feront toutes sortes de politesses. Je pris la poudre, et je le remerciai bien. Ah! comme j'aimerais la poudre de *prelinpinpin*, lui dis-je! j'en voudrais avoir plein mon armoire. Eh bien! dit le docteur, cette poudre, c'est l'argent que vous méprisez. Dites-moi, de tous ceux qui viennent ici, quel est celui qui fait le plus d'effet? Je

---

ques courtisans, et qui leur procuraient l'avantage d'être de tous ses voyages : on en voyait encore quelques-uns, il y a soixante ans. Le roi Louis XV avait fait faire des habits pour Choisy, pour Bellevue et pour Fontainebleau.

(*Note du premier édit.*)

n'en sais rien, lui dis-je. — Eh bien! c'est M. de Montmartel (1), qui vient, quatre ou cinq fois l'an. — Pourquoi est-il si considéré? — Parce qu'il a des coffres pleins de poudre de *prelinpinpin*. » Il tira quelques louis de sa poche : « Tout ce qui existe est renfermé dans ces petites pièces qui peuvent vous conduire commodément au bout du monde. Tous les hommes obéissent à ceux qui ont cette poudre, et s'empressent de les servir. C'est mépriser le bonheur, la liberté, les jouissances de tout genre, que mépriser l'argent. » Un cordon bleu passa sous les fenêtres, et je dis : Ce seigneur est bien plus content de son cordon, que de mille et mille de vos pièces. — Quand je demande au roi une pension, reprit Quesnay, c'est comme si je lui disais : Donnez-moi un moyen d'avoir un meilleur dîné, d'avoir un habit bien chaud, une voiture pour me garantir de la pluie, et me transporter sans fatigue. Mais celui qui lui demande ce beau ruban, s'il osait

---

(1) **MM.** *Páris* étaient quatre frères que la fortune prit, pour ainsi dire, par la main, et qu'elle se plut à combler. Ils étaient fils d'un aubergiste de Moras (en Dauphiné). L'aîné se nommait *Antoine*, le second, *la Montagne*, le troisième, *Duverney*, le dernier, *Montmartel*. Ils furent employés tous les quatre, avec plus ou moins d'importance. *Montmartel* qui était banquier de la cour, laissa d'immenses richesses au marquis de Brunoi son fils, dont la vie ne fut qu'un tissu d'extravagances.

Voyez l'histoire de **MM.** *Páris, par Luchet.*

(*Note des nouv. édit.*)

dire ce qu'il pense, dirait : J'ai de la vanité, et je voudrais bien, quand je passe, voir le peuple me regarder d'un œil bêtement admirateur, se ranger devant moi; je voudrais bien, quand j'entre dans une chambre, produire un effet, et fixer l'attention de gens qui se moqueront peut-être de moi, à mon départ; je voudrais bien être appelé *Monseigneur* par la multitude. Tout cela n'est-il pas du vent? Ce ruban ne lui servira de rien, dans presque tous les pays; il ne lui donne aucune puissance: mais mes pièces me donnent partout les moyens de secourir les malheureux. Vive la toute-puissante poudre de *prelinpinpin!* A ces derniers mots, on entendit rire aux éclats dans la pièce d'à-côté, qui n'était séparée que par une portière. La porte étant ouverte, le roi entra, avec *Madame* et M. de Gontaut. Il dit : Vive la poudre de *prelinpinpin!* docteur, pourriez-vous m'en procurer? » Le roi était rentré, et il lui avait pris fantaisie d'écouter ce que l'on disait. Madame fit de grandes amitiés au docteur, et le roi, riant et parlant de la poudre avec éloge, sortit. Je m'en allai, et le docteur aussi. Je me mis à écrire aussitôt cette conversation. On me dit depuis que M. Quesnay était fort instruit de certaines choses qui ont rapport aux finances, et qu'il était un grand *économiste;* mais je ne sais pas trop ce que c'est (1). Ce qu'il y a de certain, c'est qu'il avait

---

(1) Quesnay mourut six ou sept mois après ce prince, et

beaucoup d'esprit; il était fort gai et fort plaisant, et très-habile médecin.

On fut long-temps occupé à la cour de la maladie du petit duc de Bourgogne, dont on vantait beaucoup l'esprit. On cherchait la cause de cette maladie, et la méchanceté alla jusqu'à faire soupçonner sa nourrice, qui était fort bien établie à Versailles, de lui avoir communiqué une vilaine maladie. Le roi montrait à Madame les informations qu'il avait fait prendre, dans sa province, sur sa conduite. Un sot évêque s'avisa de dire qu'elle avait été fort libertine, dans sa jeunesse; la pauvre nourrice en fut instruite, et demanda qu'on le fît expliquer. L'évêque répondit qu'elle avait été plusieurs fois au bal dans sa ville, et qu'elle avait la gorge découverte. C'était, pour ce pauvre homme,

---

la mort fut pour lui l'époque d'une gloire qu'il n'avait ni prévue, ni, jusqu'à certain point, méritée. Il eut cela de commun avec *Jansenius*, qu'il devint le patron d'une secte, sans s'en être douté. Les principes économiques qu'il avait professés, donnèrent naissance à ces raisonneurs agraires qui reçurent ou s'attribuèrent la dénomination *d'économistes*. Un grand personnage disait plaisamment : « Je crois toujours entendre nommer des chiens de chasse, quand on parle de ces économistes, Turgot, Baudeau, Roubaud, Mirabeau. »

Les économistes ont eu d'aigres adversaires; mais aucun écrivain ne les a traités plus injurieusement que *Linguet*. Il présente leur système, comme une manière philosophique de mourir de faim. Il est bien juste d'ajouter que le même écrivain avait judicieusement accusé le pain d'être un poison.

(*Note des nouv. édit.*)

le comble du libertinage. Le roi, qui avait été d'abord inquiet, ne put s'empêcher de dire : *quelle bête!* Le duc, après avoir long-temps donné de l'inquiétude à la cour, mourut. Rien ne fait plus d'effet, chez les princes, que leurs égaux mourans. Tout le monde en est occupé; mais aussi, dès qu'ils sont morts, personne n'en parle plus. Le roi parlait souvent de la mort, et aussi d'enterremens et de cimetières : personne n'était né plus mélancolique (1). Madame m'a dit un jour, qu'il éprouvait une sensation pénible, lorsqu'il était forcé à rire, et qu'il l'avait souvent priée de finir une histoire plaisante. Il souriait, et voilà tout. En général, le roi avait les idées les plus tristes sur la plupart des événemens. Quand il arrivait un nouveau ministre, il disait : *Il a étalé sa marchandise comme un autre, et promet les plus belles choses du monde, dont rien n'aura lieu. Il ne connaît pas ce pays-ci, il verra.....* Quand on lui parlait de projets pour renforcer la marine, il disait : « Voilà vingt fois que j'entends parler de cela. Jamais la France n'aura de marine, je crois. » — C'est M. de Marigny qui m'a dit cela.

Je n'ai jamais vu Madame si joyeuse, qu'à la prise de Mahon. Le roi en était bien aise; mais il ne

---

(1) « Souvré, dit un jour Louis XV au commandeur de ce nom; vous vieillissez, où voulez-vous qu'on vous enterre? — Sire, aux pieds de votre majesté. »
Cette réponse rendit le roi triste et rêveur.
(Note des nouv. édit.)

pouvait *croire* au mérite de ses courtisans; et il regardait leurs succès comme l'effet du hasard. Il n'y eut, à ce que l'on m'a dit, que le maréchal de Saxe qui lui inspira une grande estime. Mais il ne l'avait guère vu dans ses cabinets, ni figurer comme courtisan. M. d'Argenson chercha querelle à M. de Richelieu après sa victoire, pour son retour à Paris, afin de l'empêcher de venir jouir de son triomphe. Il voulut rejeter la chose sur Madame qui en était enthousiasmée et qui ne l'appelait que *le Minorquin.*

Le chevalier de Montaigu était menin de monseigneur le dauphin, et fort aimé de lui, à cause de sa grande dévotion. Il tomba malade, et on lui fit une opération qu'on appelle l'*empième*, et qui consiste à faire une ouverture entre les côtes, pour faire sortir le pus; elle fut faite en apparence assez heureusement; mais le malade empirait et ne pouvait respirer. On ne concevait pas ce qui pouvait occasioner cet accident et retarder sa guérison. Il mourut presque entre les bras de monseigneur le dauphin qui allait, tous les jours, chez lui. La singularité de sa maladie détermina à l'ouvrir, et on trouva, dans sa poitrine, une partie de la seringue de plomb avec laquelle, suivant l'usage, on injectait des décoctions dans la partie qui avait été en suppuration. Le chirurgien ne s'était point vanté de sa négligence, et le malade en fut la victime. Cet événement fit parler long-temps le roi, qui l'a peut-être raconté trente fois, suivant sa coutume; mais ce qui fit parler encore davantage du chevalier Montaigu, c'est une cassette trouvée auprès de son lit, et qui contenait des haires, des cilices et des martinets teints de sang. On parla beaucoup, un jour, à souper, chez Madame, de cette dernière circonstance, et il n'y avait personne parmi les convives qui fût tenté d'imiter le chevalier. Huit ou dix jours après, on adressa au roi, à Madame, aux Baschi, et au duc d'Ayen (1), le conte que voici. Personne ne comprenait d'abord à quoi il pouvait se rapporter; ce fut le duc d'Ayen qui le premier, dit: « Nous sommes bien bêtes! c'est en moquerie des austérités du chevalier de Montaigu (2). » Cela parut évident, et d'autant plus, qu'on en adressa des copies à monseigneur le dauphin, à madame la dauphine, à l'abbé de Saint-Cyr, et au duc de la V*******. Ce dernier passait pour un faux dévot, et on avait ajouté: *Vous ne seriez pas assez dupe, mon cher duc, pour*

---

(1) Depuis duc et maréchal de Noailles, mort à sa maison de Saint-Germain-en-Laye en 1793. C'était un homme d'esprit, qui avait beaucoup de piquant dans sa conversation, et surtout dans ses reparties.

(*Note du premier édit.*)

(2) M. le duc d'Ayen était un homme d'esprit, vif et malin dans ses propos. On montrait à Versailles un automate qui parlait. *Duc d'Ayen*, lui dit un jour le roi, *venez-vous de voir l'automate? —Sire*, répondit-il, *je sors de chez M. le chancelier.* C'était M. Lamoignon de Blanc-Mesnil.

(*Note des nouv. édit.*)

être fakir; mais convenez que vous seriez avec plaisir un des bons moines qui mènent une si joyeuse vie. On soupçonna le maréchal de Richelieu d'avoir fait faire le conte par quelqu'un de ses complaisans. Le roi en fut fort scandalisé, et donna ordre au lieutenant de police d'en rechercher l'auteur; mais il n'y put parvenir, ou on ne voulut pas le divulguer.

Conte japonais.

A trois lieues de la capitale du Japon, il y a un temple célèbre par le concours des personnes de tout état, et de l'un et l'autre sexe, qui s'y rendent en foule, pour adorer une idole qui passe pour faire des miracles. Des religieux, au nombre de trois cents, et qui font preuve d'une noblesse ancienne et illustre, desservent ce temple, et présentent les offrandes qu'on y apporte, de toutes les provinces de l'empire, à l'idole. Ils habitent dans un superbe et vaste bâtiment qui tient au temple, et qui est environné de jardins où l'art a été joint à la nature, pour en faire un séjour enchanté. J'obtins la permission de voir le temple, et de me promener dans les jardins. Un religieux, d'un âge avancé, mais encore plein de vigueur et de vivacité, m'accompagna. Nous en vîmes plusieurs autres de tout âge qui s'y promenaient. Mais ce qui me surprit, ce fut d'en voir un grand nombre se livrer à divers exercices agréables et folâtres, avec de jeunes filles élégamment vêtues, écouter leurs chansons, ou danser avec elles. Le religieux qui m'accompagnait, répondit avec bonté aux questions que je lui fis sur son ordre ; et voici exactement ce qu'il me dit, à plusieurs reprises, et à mesure que je lui faisais des questions. « Le dieu Faraki, que nous adorons, est ainsi nommé d'un mot qui veut dire *fabricateur ;* c'est lui qui a fait tout ce que nous voyons, la terre, les astres, le soleil, etc. Il a donné à l'homme des sens qui sont autant de sources de plaisir, et nous croyons que la seule manière de reconnaître ses bienfaits est d'en user. Une telle opinion vous paraîtra sans doute bien plus conforme à la raison, que celle de ces fakirs de l'Inde, qui passent leur vie à contrarier la nature, et qui se dévouent aux plus tristes privations et à des souffrances cruelles. Dès que le soleil paraît, nous nous rendons sur cette montagne que vous voyez, au bas de laquelle coule une rivière de l'eau la plus limpide, et qui fait différens circuits dans cette prairie émaillée des plus belles fleurs. Nous y cueillons les fleurs les plus odorantes que nous allons porter sur l'autel avec divers fruits que nous tenons de la bonté de Faraki. Ensuite nous chantons ses louanges, et nous exécutons diverses danses qui expriment notre reconnaissance, et toutes les jouissances que nous devons à ce dieu bienfaisant. La première de toutes est celle que procure l'amour, et nous exprimons notre ardeur à profiter de cet inestimable bienfait de Faraki. Sortis du temple, nous allons dans divers bosquets, où nous prenons un léger repas; ensuite chacun s'occupe d'un travail qui n'a rien de pénible; les uns brodent, d'autres s'appliquent à la peinture, d'autres cultivent des fleurs ou des arbres fruitiers, d'autres font de petits ouvrages au tour; et les produits de ces occupations sont vendus au peuple, qui les achète avec empressement. C'est un de nos revenus, et assez considérable. Notre matinée est ainsi consacrée à l'adoration de Dieu, et à l'exercice du sens de la vue, qui commence avec les premiers rayons du soleil. Le dîner est fait pour satisfaire le goût, et nous y joignons la jouissance de l'odorat. Les mets les plus savoureux nous sont servis dans des appartemens jonchés de fleurs. La table en est ornée, et les meilleurs vins nous sont présentés dans des coupes de cristal. Quand nous avons glorifié Dieu, par l'usage agréable du palais et de l'odorat, nous allons goûter, dans des bosquets d'orangers, de myrthe et de roses, un agréable sommeil qui dure deux heures. Pleins d'une nouvelle vigueur et de gaieté, nous retournons à nos occupations, afin d'entremêler le travail au plaisir, dont la continuité émousserait les sens. Après ce travail, nous retournons au temple remercier Dieu, et lui offrir de l'encens; de là, nous allons dans la plus agréable partie du jardin, où se trouvent trois cents jeunes filles, qui forment des danses vives, avec les plus jeunes de nos religieux, et les autres exécutent des danses graves, qui n'exigent ni force ni agilité, et dont les pas ne font que répondre, par la cadence, au son des instrumens. On cause, on rit, avec ces aimables compagnes, vêtues d'une gaze légère, et dont les cheveux sont ornés de fleurs; et l'on s'empresse de leur offrir des sorbets exquis, et différemment préparés. L'heure du souper étant arrivée, on se rend dans des appartemens, brillans de l'éclat de mille bougies préparées avec l'ambre. Autour de trois immenses galeries où l'on soupe, sont distribués des musiciens, dont les divers instrumens portent la joie dans l'esprit, et inspirent les plus douces émotions. Les jeunes filles sont assises à table avec nous, et vers la fin du repas, elles chantent des chansons qui sont des hymnes en l'honneur du Dieu qui nous a accordé ces sens qui répandent tant de charmes sur la vie, et qui contiennent la promesse d'en user avec une ardeur toujours nouvelle. Le repas fini, on recommence les danses, et lorsque l'heure du repos est arrivée, on tire une espèce de loterie, où chacun est sûr d'un lot, qui est une jeune fille avec laquelle il passe la nuit. On les partage ainsi au hasard, afin d'éviter la jalousie, et de prévenir les attachemens exclusifs. C'est ainsi que finit la journée, pour faire place à une nuit de délices, qu'on sanctifie en goûtant le plus doux des plaisirs, que Faraki a si sagement attaché à la reproduction des êtres. Nous admirons en cela la sagesse et la bonté de Faraki, qui, ayant voulu assurer la population de l'univers, a donné aux deux sexes un attrait invincible l'un pour l'autre, qui les rapproche sans cesse. La fécondité est le but qu'il s'est proposé, et il enivre de délices ceux qui concourent à ces vues. Que dirait-on du favori d'un roi, à qui il aurait donné une belle maison, des terres superbes, et qui se plairait à dégrader la maison, à la laisser tomber en ruine, et qui abandonnerait la culture des terres qui, entre ses mains, deviendraient stériles et couvertes de ronces? Telle est la conduite des fakirs de l'Inde, qui se condamnent aux plus tristes privations, aux plus cruelles souffrances. N'est-ce pas insulter Faraki, et lui dire: Je méprise vos bienfaits. N'est-ce pas le méconnaître, et dire: Vous êtes méchant et cruel, et je sais que je ne puis vous plaire, qu'en vous offrant le spectacle de mes maux. On dit, ajouta-t-il, que vous avez dans vos contrées des fakirs, non moins fous et non moins cruels pour eux-mêmes. Je pensai, avec raison, qu'il voulait parler des pères de la Trappe. Le récit du religieux me donna beaucoup à réfléchir, et j'admirais comment la raison pervertie fait enfanter d'étranges systèmes.

———

M. le duc de la Val***** était un grand seigneur, fort riche. Il dit un jour au souper du roi: « Sa
» Majesté me fait la grâce de me traiter avec
» bonté; je serais inconsolable d'être dans sa dis-
» grâce: mais si cela m'arrivait, je m'occupe-

» rais, pour me distraire, du soin de très-belles
» terres que j'ai, dans telle et telle province. »
Et là-dessus, il fit la description de deux ou trois
châteaux superbes. Un mois peut-être après, au
sujet de la disgrâce d'un ministre, il dit devant
le roi : « J'espère que Votre Majesté me conser-
» vera ses bontés; mais si j'avais le malheur de
» les perdre, je serais plus à plaindre qu'un autre;
» car je n'ai pas d'asile où reposer ma tête. » Tous
ceux qui avaient entendu la description des beaux
châteaux, se regardaient en riant; et le roi dit à
Madame qui était à table à côté de lui : *On a bien
raison de dire qu'il faut qu'un menteur ait bonne
mémoire.*

Un événement qui me fit trembler, ainsi que
Madame, me procura la familiarité du roi. Au beau
milieu de la nuit, Madame entra dans ma chambre,
tout près de la sienne, en chemise, et se déses-
pérant. « Venez, dit-elle, le roi se meurt. » On peut
juger de mon effroi. Je mis un jupon, et je trouvai le roi, dans son lit, haletant. Comment faire?
c'était une indigestion. Nous lui jetâmes de l'eau;
il revint. Je lui fis avaler des gouttes d'Hoffman, et
il me dit : « Ne faisons pas de bruit, allez seulement
» chez Quesnay, lui dire que c'est votre maîtresse
» qui se trouve mal, et dites à ses gens de ne pas
» parler. » Quesnay était logé tout à côté; il vint aussitôt, et fut fort étonné de voir le roi ainsi. Il lui
tâta le pouls, et dit : « La crise est finie; mais si le
roi avait soixante ans, cela aurait pu être sérieux. »

Il alla chercher chez lui quelque drogue; il revint bientôt après, et se mit à inonder le roi, d'eau de senteur. J'ai oublié le remède que lui fit prendre le docteur Quesnay; mais l'effet en fut merveilleux: il me semble que c'étaient des *gouttes du général La Motte*. Je réveillai une fille de garde-robe, pour faire du thé, comme pour moi; le roi en prit trois tasses, mit sa robe-de-chambre, ses bas, et gagna son appartement, appuyé sur le docteur. Quel spectacle, que de nous voir tous les trois à moitié nus! Madame passa le plutôt possible une robe, ainsi que moi, et le roi se changea, dans ses rideaux, fermés très-décemment. Il causa sur sa courte maladie, et témoigna beaucoup de sensibilité pour les soins qu'on lui avait rendus. Plus d'une heure après, j'éprouvais encore la plus grande terreur, en songeant que le roi pouvait mourir au milieu de nous. Heureusement il revint tout de suite à lui, et personne ne s'aperçut, dans le domestique, de ce qui était arrivé. Je dis seulement à la fille de garde-robe de tout remettre en état, et elle crut que Madame avait été malade. Le roi, le lendemain, remit secrètement à Quesnay, un petit billet pour Madame, où il disait: *Ma chère amie doit avoir eu grand'peur; mais qu'elle se tranquillise; je me porte bien, et le docteur vous le certifiera.* Le roi, depuis ce moment, s'habitua à moi; et touché de l'attachement que je lui avais témoigné, il me faisait souvent des mines gracieuses, à sa manière, et de petits présens; et toujours au jour de l'an, il me donnait pour vingt louis environ de porcelaines. Il me voyait dans l'appartement, disait-il à Madame, comme on y voit un tableau, ou une statue muette, et ne se gênait pas pour moi. Combien de fois nous avons dit, Madame et moi: « Mais s'il fût mort, quel embar- » ras! quel scandale! » Nous nous étions, au reste, mises en règle, à tout événement, en avertissant Quesnay; car, dit Madame, il n'est pas seulement mon médecin; il est encore premier médecin ordinaire du roi. C'est la seconde place de sa faculté. » Il eut mille écus de pension, pour ses soins et son silence, et la promesse d'une place, pour son fils. Le roi me donna un acquit-patent sur le trésor royal, de quatre mille francs, et Madame eut une très-belle pendule, et son portrait, dans une tabatière.

Le roi était fort triste habituellement, et aimait toutes les choses qui rappelaient l'idée de la mort, en la craignant cependant beaucoup. En voici un exemple. Madame se rendant à Crécy, un écuyer du roi fit signe à son cocher d'arrêter, et lui dit que la voiture du roi était cassée, et que sachant qu'elle n'était pas loin, il l'envoyait prier de l'attendre. Il arriva bientôt après, se mit dans la voiture de Madame, où étaient, je crois, madame de Château-Renaud et madame de Mirepoix (1). Les

---

(1) Madame la maréchale de Mirepoix mourut à Bruxelles en 1791, très-âgée, mais conservant son esprit et sa gaieté

seigneurs qui suivaient s'arrangèrent dans d'autres voitures; j'étais derrière, dans une chaise à deux, avec Gourbillon, valet de chambre de Madame, et nous fûmes étonnés quand, peu de temps après, le roi fit arrêter la voiture; celles qui suivaient, s'arrêtèrent aussi. Le roi appela un écuyer, et lui dit: « Vous voyez bien cette petite hauteur; il y a » des croix, et c'est certainement un cimetière; » allez-y, et voyez s'il y a quelque fosse nouvelle- » ment faite. » L'écuyer galopa, et s'y rendit; ensuite il revint dire au roi : « Il y en a trois toutes » fraîchement faites. » Madame, à ce qu'elle m'a dit, détourna la tête avec horreur à ce récit, et la petite maréchale dit gaiement : *En vérité, c'est à faire venir l'eau à la bouche.* Madame, le soir, en se déshabillant, nous en parla. Quel singulier plaisir, dit-elle, que de s'occuper de choses dont on devrait éloigner l'idée, surtout quand on mène une vie aussi heureuse! mais le roi est comme cela : il aime à parler de mort, et il a dit, il y a quelques jours, à M. de Fontanieu, à qui il a pris, à son le-

---

jusqu'à la fin. Le jour de sa mort, après avoir été administrée, le médecin lui dit qu'il trouvait beaucoup d'amélioration dans son état; elle répondit : «Vous m'annoncez une fâcheuse nou- » velle; ayant fait mes paquets, j'aimerais mieux partir *. »

* La maréchale de Mirepoix était sœur du prince de Beauveau.
Voici ce qu'en dit le prince de Ligne, dans une de ses lettres imprimées : « Elle avait cet esprit enchanteur qui fournit de quoi plaire à » chacun. Vous auriez juré qu'elle n'avait pensé qu'à vous toute sa vie. »
(*Note des nouv. édit.*)

ver, un saignement de nez : « Prenez-y garde ; à votre âge, c'est un avant-coureur d'apoplexie. » Le pauvre homme est retourné chez lui tout effrayé et fort malade (1).

Jamais je n'ai vu le roi si troublé, que lors de la maladie de monseigneur le dauphin (2).

Les médecins étaient sans cesse chez Madame, où le roi les interrogeait. Il y en avait un de Paris, fort original, appelé *Pousse*, qui lui dit une fois : « Vous êtes un bon papa ; cela me fait plaisir. Mais vous savez que nous sommes tous vos enfans, et nous partageons votre chagrin ; au reste, ayez bon courage, votre fils vous sera rendu (3). » Tout le monde regardait M. le duc d'Orléans qui était

---

(1) Pierre Elisabeth Fontanieu remplaça son père dans l'emploi de contrôleur des meubles de la couronne. En 1778, il publia *l'art de faire des cristaux colorés, imitant les pierres précieuses*. Il a laissé manuscrite une œuvre plus utile, *sur les couleurs en émail*.

Fontanieu mourut en 1784.
(*Note des nouv. édit.*)

(2) En 1752.

(3) C'était un homme éclairé, franc, mais grossier et sans usage. Au mois d'août, 1752, il fut appelé pour M. le dauphin attaqué de la petite vérole. Madame la dauphine passait les jours et les nuits au chevet de son époux. Pousse qui ne connaissait pas la cour, prit la princesse pour une mercenaire. « Parbleu ! dit-il, voilà la meilleure garde que j'aie vue ! com» ment vous appelle-t-on, ma bonne ? » Jamais peut-être on n'a mieux fait l'éloge de la tendresse conjugale.
(*Note des nouv. édit.*)

bien embarrassé de sa contenance. Il serait devenu l'héritier de la couronne, la reine étant hors d'âge d'avoir des enfans. Madame de*** me dit, un jour que je lui témoignais ma surprise, de la grande douleur du roi : « Il serait au désespoir, d'avoir pour successeur désigné, un prince du sang. Il ne les aime pas, et les regarde si loin de lui, qu'il en serait humilié. » Effectivement quand son fils fut rétabli, il dit : « Le roi d'Espagne aurait eu beau jeu. » En cela, l'on prétend qu'il avait raison, et que c'était la justice ; mais, que si le duc d'Orléans avait eu un parti, il aurait pu prétendre à la couronne. C'est pour effacer cette idée, qu'il donna, à Saint-Cloud, une fête superbe, quand le dauphin fut tout-à-fait rétabli. Madame dit à madame de Brancas, en parlant de cette fête : « Il veut faire oublier les » châteaux en Espagne qu'il a faits ; mais en Espa- » gne, ils en faisaient de plus solides. » Le peuple ne témoigna pas autant de joie, du rétablissement du dauphin. Il le regardait comme un dévot qui ne faisait que chanter des psaumes ; et il aimait le duc d'Orléans, qui vivait au milieu de la capitale, et qu'on appelait *le roi de Paris*. C'était une injustice que ces sentimens ; et le dauphin n'avait chanté des psaumes, que pour imiter la voix d'un chantre de la chapelle. Le peuple ne tarda pas à revenir de son erreur, et rendit justice à sa vertu (1). Le duc

---

(1) M. de Meilhan a donné, dans un de ses ouvrages, des détails curieux et fort honorables sur l'esprit et le caractère

d'Orléans était le plus assidu courtisan de Madame : pour la duchesse, elle la détestait. Il peut se faire qu'on lui prêtât des mots auxquels la duchesse n'avait jamais songé ; souvent, elle en disait qui étaient sanglans. Le roi l'aurait exilée, s'il avait suivi ce que lui dictait son ressentiment : mais il craignait l'éclat, et elle n'en serait devenue que plus méchante. Le duc d'Orléans était, dans ce temps, d'une jalousie extrême envers le comte de Melfort ; et le lieutenant de police ayant dit au roi qu'il avait de fortes raisons de croire que le duc était déterminé à tout, pour se défaire de cet amoureux, et qu'il croyait devoir le prévenir, pour être sur ses gardes, le roi dit : « Il n'oserait, mais il y a quelque chose de mieux : qu'il la fasse surprendre, et il me trouvera disposé à faire enfermer sa maudite femme. Mais quand il se serait défait de cet amant, il y en aura demain un autre, et même en ce moment, elle en a d'autres, tels que le chevalier Colbert et le comte de l'Aigle. » Cependant, Madame me dit que ces deux derniers n'étaient point avérés.

Il arriva en ce temps une aventure dont le lieutenant de police rendit compte au roi. La duchesse

---

de M. le dauphin, fils de Louis XV, et père de Louis XVI, du feu roi Louis XVIII, et de S. M. Charles X. On trouvera ces détails dans les morceaux *historiques*, ainsi qu'une anecdote piquante sur la méchanceté des personnes dont madame la dauphine était entourée.

(*Note des nouv. édit.*)

d'Orléans s'était amusée, un jour, à agacer au Palais-Royal, à huit heures du soir, un jeune Hollandais qu'elle avait trouvé joli. Le jeune homme voulut aller vite en besogne, la prenant pour une fille, et elle en fut très-choquée. Elle appela un suisse, et se fit connaître. On arrêta l'étranger qui s'excusa, en disant qu'elle l'avait attaqué de propos très-libres. Il fut relâché, et le duc d'Orléans fit une sévère réprimande à sa femme.

Le roi dit un jour à Madame devant moi, (car il ne se gênait pas pour parler d'elle, tant il la haïssait) : « Sa mère la connaissait bien; car avant son
» mariage, elle ne permettait pas qu'elle dît autre
» chose que *oui* et *non*. Savez-vous la plaisanterie
» qu'elle a faite sur la nomination de Moras? elle
» lui a envoyé faire son compliment, et deux mi-
» nutes après, elle a rappelé celui qu'elle envoyait,
» en disant, devant tout le monde : *Avant de lui*
» *parler, demandez au suisse s'il est encore en*
» *place.* »

Madame n'était pas haineuse, et malgré les propos de madame la duchesse d'Orléans, elle cherchait à excuser ses torts en conduite, et disait :
« Le plus grand nombre des femmes ont des amans;
» et elle n'a pas tous ceux qu'on lui prête; mais ses
» manières libres et ses discours, qui n'ont point
» de mesure, la décrient dans toute la France. »

Ma camarade est venue toute enchantée, il y a quelques jours, dans ma chambre, à la ville. Elle avait été chez M. de Chenevières, premier commis de la guerre, qui est en grande correspondance avec Voltaire, qu'elle regarde comme un Dieu (1); par parenthèse, elle fut indignée, ces jours-ci, en entendant un marchand d'estampes qui criait : *Voilà Voltaire, ce fameux prussien; le voyez-vous avec son gros bonnet de peau d'ours, pour n'avoir pas froid? à six sols le fameux Prussien*. Quelle profanation, disait-elle ! — Je reviens à mon histoire. M. de Chenevières lui avait montré des lettres de Voltaire, et M. Marmontel avait lu une épître *à sa bibliothèque* (2).

M. Quesnay entra pour un petit moment; elle lui répéta tout cela; et comme il n'avait pas l'air d'y prendre beaucoup de part, elle lui a demandé s'il n'admirait pas les grands poëtes? Comme de grands joueurs de bilboquet, a-t-il répondu, avec ce ton qui rend plaisant tout ce qu'il dit. J'ai cependant fait des vers, dit-il, et je vais vous en dire; c'est sur un M. Rodot, intendant de la marine, qui se plaisait à dire du mal de la médecine et des médecins : je fis ces vers pour venger Esculape et Hippocrate.

---

(1) C'était un homme aimable et de bonne compagnie, qui ne manquait pas d'esprit. Il a fait imprimer, en 1764, un recueil de poésies médiocres, sous le titre de *loisirs de M. de Ch****.

(*Note des nouv. édit.*)

(2) Elle est intitulée *Epître à mes livres*. Elle obtint le prix à l'Académie française.

(*Note du premier édit.*)

> Antoine se médicina
> En décriant la médecine,
> Et de ses propres mains mina
> Les fondemens de sa machine ;
> Très-rarement il opina
> Sans humeur bizarre ou chagrine,
> Et l'esprit qui le domina
> Était affiché sur sa mine.

Qu'en dites-vous, dit le docteur ? Ma camarade les trouva très-jolis, et le docteur me les donna, de sa main, en me priant de ne pas en laisser prendre des copies.

Madame plaisantait ma camarade, sur son bel esprit ; mais elle avait de la confiance en elle quelquefois. Sachant qu'elle écrivait souvent, Madame lui disait : « Vous faites quelque roman qui paraîtra un jour, ou bien le siècle de Louis XV. Je me recommande à vous. » Je n'ai point à me plaindre d'elle. Il m'importe peu qu'elle parle mieux que moi, de prose et de vers.—Elle ne m'a pas dit son véritable nom ; mais un jour, je lui fis cette malice : « Quelqu'un, lui dis-je, soutenait hier que la famille de madame de Mar******** était plus considérée que celle de beaucoup de gentilshommes. Elle tient, dit-on, le premier rang à Cadix ; elle a des alliances très-honorables ; et cependant elle n'a pas cru s'avilir, en étant gouvernante chez Madame. Vous verrez un jour ses enfans ou ses neveux, fermiers-généraux, et donner leurs filles à des ducs. »

J'avais remarqué que Madame, depuis plusieurs jours, se faisait servir du chocolat à triple vanille et ambré, à son déjeuné; qu'elle mangeait des truffes et des potages au céleri : la trouvant fort échauffée, je lui fis un jour des représentations sur son régime, qu'elle eut l'air de ne pas écouter. Alors, je crus en devoir parler à son amie la duchesse de Brancas (1). « Je m'en suis aperçue, me dit-elle, et je vais lui en parler devant vous. » Effectivement après sa toilette, madame de Brancas lui fit part de ses craintes, pour sa santé. « Je viens de m'en entretenir avec elle (en me montrant), dit la duchesse, et elle est de mon avis. » Madame témoigna un peu d'humeur, et puis se mit à fondre en larmes. J'allai aussitôt faire fermer la porte, et revins écouter. « Ma chère amie, dit Madame à madame de Brancas, je suis troublée de la crainte de perdre le cœur de roi, en cessant de lui être agréable. Les hommes mettent, comme vous pouvez le savoir, beaucoup de prix à certaines choses, et j'ai le malheur d'être d'un tempérament très-froid. J'ai imaginé de prendre un régime un peu échauffant, pour réparer ce défaut, et depuis deux jours, cet élixir, dit-elle, me fait assez de bien, ou du moins, j'ai cru m'en apercevoir. » La duchesse de Brancas prit la drogue qui était sur la toilette,

---

(1) La duchesse de Brancas était dame d'honneur de madame la dauphine, et avait vécu dans l'intimité de madame de Pompadour.

et après l'avoir sentie : Fi ! dit-elle, et elle la jeta dans la cheminée. Madame la gronda, et dit : « Je n'aime pas être traitée comme un enfant ; » elle pleura encore, et dit : « Vous ne savez pas ce qui m'est arrivé, il y a huit jours. Le roi, sous prétexte qu'il faisait chaud, s'est mis sur mon canapé, et y a passé la moitié de la nuit. Il se dégoûtera de moi, et en prendra une autre. — Vous ne l'éviterez pas, répondit la duchesse, en suivant votre régime, et ce régime vous tuera ; rendez au roi votre société précieuse de plus en plus, par votre douceur ; ne le repoussez pas dans d'autres momens, et laissez faire le temps ; les chaînes de l'habitude vous l'attacheront pour toujours. » Ces dames s'embrassèrent. — Madame recommanda le secret à madame de Brancas, et le régime fut abandonné.

Peu de temps après, elle me dit : « Le maître est plus content de moi ; et c'est depuis que j'ai parlé à Quesnay, sans lui tout dire. Il m'a dit que, pour avoir ce que je désire, il fallait avoir soin de se bien porter, et tâcher de bien digérer, et faire de l'exercice pour y parvenir. Je crois que le docteur a raison, et je me sens tout autre. J'adore cet homme-là (le roi) ; je voudrais lui être agréable. Mais hélas ! quelquefois il me trouve une macreuse (1) ; je sacrifierais ma vie pour lui plaire. »

Un jour, le maître entra tout échauffé. Je me re-

---

(1) Oiseau aquatique que l'on dit avoir le sang froid.

tirai : mais j'écoutai dans mon poste. « Qu'avez-vous, lui dit Madame? — Ces grandes robes et le clergé, répondit-il, sont toujours aux couteaux tirés; ils me désolent par leurs querelles. Mais, je déteste bien plus les grandes robes. Mon clergé, au fond, m'est attaché et fidèle : les autres voudraient me mettre en tutelle. — La fermeté, lui dit Madame, peut seule les réduire. — Robert de Saint-Vincent (1) est un boute-feu que je voudrais pouvoir exiler; mais ce sera un train terrible. D'un autre côté, l'archevêque est une tête de fer qui cherche querelle. Heureusement qu'il y en a quelques-uns dans le parlement sur qui je puis compter, et qui font semblant d'être bien méchans, mais qui savent se radoucir à propos. Il m'en coûte pour cela quelques abbayes, quelques pensions secrètes. Il y a un certain V*** qui me sert assez bien, tout en paraissant un enragé. — J'en sais des nouvelles, Sire, dit Madame. Il m'a écrit hier, prétendant avoir avec moi une parenté, et il m'a demandé un rendez-vous. — Eh bien ! dit le maître, voyez-le et laissez-le venir; ce sera un prétexte pour lui accorder quelque chose, s'il se conduit bien. » M. de Gontaut entra, et voyant qu'on parlait sérieusement, ne dit rien. Le roi se promenait agité; puis, tout d'un coup, il dit : « Le régent a eu bien tort de leur rendre le droit de faire des remontrances : ils finiront par perdre l'État. Ah ! Sire, dit M. de Gontaut, il est bien

---

(1) Conseiller au parlement, et grand janséniste.

fort, pour que de petits robins puissent l'ébranler. « Vous ne savez pas ce qu'ils font et ce qu'ils pen- » sent, reprit le roi : c'est une assemblée de répu- » blicains : en voilà au reste assez ; les choses » comme elles sont, dureront autant que moi. » Causez-en un peu, Madame, dimanche, avec » M. Berrier. » Madame d'Amblimont et madame d'Esparbès entrèrent : « Ah ! voilà mes petits chats, dit Madame. Tout ce qui nous occupe est du grec pour elles ; mais leur gaieté me rend le calme et me permet de reprendre ensuite les choses sé- rieuses. Vous avez la chasse, Sire, qui vous distrait, et elles m'en tiennent lieu. » Le roi se mit alors à par- ler de la chasse de la journée, et de Lansmatte (1). Il fallait laisser parler le roi sur ces objets, et quelquefois entendre trois ou quatre fois la même histoire, suivant qu'il arrivait d'autres personnes. Jamais Madame ne témoignait d'ennui ; elle l'enga- geait même quelquefois à recommencer.

Un jour, je dis à Madame : « Il me semble que Ma- dame a un redoublement d'amitié pour madame la comtesse d'Amblimont. — Il est bien fondé, me dit-elle. C'est une personne unique peut-être, par sa fidélité à ses amis et par son honnêteté. Écoute, et n'en parle à qui que ce soit : il y a quatre jours

---

(1) Voy. les Mémoires de madame Campan, tom. III, p. 24. On raconte sur Lansmatte, écuyer du roi, plusieurs traits d'une brusquerie originale et piquante.

(*Note des nouv. édit.*)

que, passant pour aller à table, le roi s'est approché d'elle, en faisant semblant de la chatouiller, et il lui a voulu remettre une petite lettre. D'Amblimont, faisant la folle, a mis aussitôt ses deux mains derrière son dos, et le roi a été obligé de ramasser le billet qui était tombé à terre. Gontaut a vu seul tout cela, et, après soupé, s'étant approché de la petite dame, lui a dit : Vous êtes une bonne amie. — J'ai fait ce que je devais; et à ces mots, elle a mis son doigt sur sa bouche, pour lui recommander le silence. Il m'a fait part sur-le-champ de ce trait d'amitié de la petite héroïne, qui ne m'en a pas parlé. » J'admirais la vertu de la petite comtesse, et Madame me dit : « Elle est étourdie, *hurlubrelu*, mais elle a plus d'esprit et d'âme, que les prudes et les dévotes. D'Esparbès n'en ferait pas autant; peut-être elle irait au-devant. Le maître a paru déconcerté, mais il lui fait toujours des agaceries. — Madame, sans doute, lui dis-je, reconnaîtra une action aussi belle. — N'en doutez pas, dit-elle; mais je ne veux pas qu'elle croie que j'en suis instruite. » Le maître, soit par une suite de son goût, soit par la suggestion de Madame, entra, un matin à Choisy, je crois, chez madame d'Amblimont, et lui passa lui-même au cou un collier d'émeraudes et de diamans, de soixante mille livres. Cela vint bien long-temps après ce que j'ai raconté.

Il y avait une grande ottomane dans une petite pièce, auprès de la chambre de Madame, où je me tenais souvent. Un soir, vers minuit, il entra une chauve-souris dans l'appartement où tout le monde était. Aussitôt le roi dit: « Où est le général Crillon? (Il était sorti pour le moment.) C'est le général contre les chauve-souris, dit-il. » Cela donna lieu à répéter, *où étais-tu, Crillon?* et aussitôt il entra, et on lui dit que l'ennemi était là. Il se mit en veste, l'épée à la main, et poursuivit la chauve-souris, qui entra dans le cabinet où j'étais profondément endormie. Je m'éveillai en sursaut, au bruit, et je vis le roi près de moi, et toute sa société. Je sautai vite en bas de l'ottomane, et ce fut l'amusement de toute la soirée.

M. de Crillon était un très-brave homme, très-aimable, mais il avait le tort de se livrer à faire des facéties, qui partaient plutôt de sa gaieté naturelle, que de bassesse de caractère. Il n'en était pas de même d'un très-grand seigneur, chevalier de la Toison-d'or, que Madame aperçut un jour, donnant et serrant la main à Gourbillon, son valet de chambre. Comme c'était l'homme de la cour le plus vain, Madame ne put s'empêcher de le dire au roi, et comme il n'avait ni charge ni emploi à la cour, le roi, depuis ce moment, ne le nommait presque jamais pour souper.

J'avais une parente à Saint-Cyr, qui se maria. Elle était au désespoir d'avoir une de ses parentes femme de chambre de Madame, et souvent elle me faisait des scènes très-mortifiantes pour moi. Madame le sut par Colin (1) son intendant, et elle en

---

(1) Colin était un procureur au Châtelet, qui fut mis à la

parla au roi. « Je ne m'en étonne pas, dit-il, voilà
» comme sont les bégueules de Saint-Cyr. Madame
» de Maintenon s'est bien trompée avec d'excel-
» lentes intentions. Ces filles sont élevées de ma-
» nière qu'il faudrait de toutes en faire des dames
» du palais, sans quoi elles sont malheureuses et
» impertinentes. » Quelque temps après, cette parente se trouva chez moi, avec Colin, qui la connaissait sans en être connu. Il se mit à dire : « Savez-vous que le prince de Chimay a fait une scène
au chevalier d'Henin, de ce qu'il est écuyer de
madame la marquise? » Ma parente, à ces mots,
ouvrit de grands yeux, et dit : « N'a-t-il pas rai-
» son? — Je n'entre pas là dedans, dit Colin,
mais voici ce qu'il a dit : Si vous n'étiez qu'un simple gentilhomme, et pauvre, je ne blâmerais pas
cela, et il s'en trouvera cinq cents pour se disputer la place, comme des demoiselles pour être auprès de votre maîtresse; mais songez que vos parens sont princes de l'empire, et que vous portez
leur nom. — Quoi! Monsieur, dit ma parente,
l'écuyer de madame la marquise est d'une maison
de prince? — De la maison de Chimay, dit-il,
et ils prennent le nom d'Alsace, témoin le cardinal de ce nom. » Colin sortit, enchanté de ce
qu'il avait dit. « Je ne reviens point, me dit ma pa-

---

tête des affaires de la favorite, et qu'elle fit décorer de la
croix de Saint-Louis, par une charge dans l'ordre.

(Note des nouv. édit.)

rente, de ce que je viens d'entendre. Cela est cependant bien vrai, ma cousine, lui dis-je : vous pouvez voir le chevalier d'Henin (c'est le nom de la maison des princes de Chimay) porter le mantelet de Madame sur son bras, et suivre à pied sa chaise auprès de la portière, pour lui mettre son mantelet sur les épaules, en sortant de sa chaise, et ensuite attendre dans l'antichambre, sa sortie, s'il n'y a pas d'autre pièce. » Depuis ce temps ma cousine me laissa tranquille, et même eut recours à moi pour faire donner une compagnie de cavalerie à son mari, qui eut bien de la peine à venir me remercier. Sa femme voulait qu'il remerciât Madame, mais la crainte qu'elle ne lui dît que c'était à la considération de sa cousine la femme de chambre, qu'il commandait une cinquantaine de chevaux, l'en empêcha. C'était au reste une chose bien surprenante, qu'un homme de la maison de Chimay fût au service de quelque dame que ce fût; et le commandeur d'Alsace revint de Malte exprès pour le faire sortir de chez Madame. Il lui fit assigner cent louis de pension par sa famille, et Madame lui fit accorder une compagnie de cavalerie (1). Le chevalier d'Henin avait été page du maréchal de Luxembourg, et l'on ne conçoit pas qu'il ait ainsi placé un homme qui était véritable-

---

(1) On ne peut croire à cette histoire de M. d'Henin.
(*Note des nouv. édit.*)

ment son parent; parce que, presque toutes les grandes maisons se tiennent. — M. de Machault, garde-des-sceaux, avait dans le même temps un écuyer chevalier de Saint-Louis et gentilhomme, le chevalier de Puibusc, qui portait son portefeuille, et marchait à côté de sa chaise.

Soit ambition, soit tendresse, Madame avait pour sa fille (1) une acception qui paraissait venir du plus profond de son cœur. Elle était élevée en princesse, et on ne l'appelait, comme les personnes de cette élévation, que par son nom de baptême. Les plus grands de la cour songeaient à cette alliance; mais Madame avait un projet qui était peut-être fort sensé. Le roi avait eu de madame de Vintimille un fils qui lui ressemblait, et de figure, et de gestes et de manières : il s'appelait le comte du **. Madame le fit venir à Bellevue, et ce fut Colin, son intendant, qui fut chargé de trouver quelque moyen pour engager son gouverneur à l'y conduire. Ils goûtèrent chez le suisse; et Madame, se promenant, eut l'air de les trouver par hasard. Elle demanda le nom de l'enfant, et admira sa beauté. Sa fille arriva au même instant; et Madame les conduisit dans une figuerie où elle savait que le roi devait venir. Il s'y rendit, et demanda

---

(1) Fille de madame de Pompadour et de M. d'Étioles, son mari : elle se nommait Alexandrine.

(Note du premier édit.)

quel était le nom de l'enfant. On le lui dit, et le roi l'entendant eut l'air embarrassé, et Madame dit, le montrant ainsi que sa fille : « Ce serait un beau couple. » Le roi s'amusa avec la demoiselle, sans avoir l'air de faire attention au garçon qui, mangeant des figues et de la brioche qu'on avait apportées de chez le suisse, eut des attitudes, et fit des gestes si semblables à ceux du roi, que Madame en resta dans une surprise extrême. « Ah! dit-elle, Sire voyez............ Eh quoi, dit-il? — Rien, dit Madame, si ce n'est qu'on croit voir son père. — Je ne savais pas, dit en souriant le roi, que vous connaissiez le comte du L** si particulièrement. — Vous devriez l'embrasser, dit-elle, car il est fort joli. — Je commencerai donc par la demoiselle, » dit le roi, et il les embrassa très-froidement et avec un air contraint. J'étais présente ; ayant joint la gouvernante de Mademoiselle, je dis le soir à Madame, que le maître n'avait pas paru fort vif dans ses embrassemens. « Il est comme cela, dit-elle; mais n'est-ce pas que ces deux enfans ont l'air faits l'un pour l'autre? Si c'était Louis XIV, il ferait du jeune enfant un duc du Maine, je n'en demande pas tant : une charge et un brevet de duc pour son fils, c'est bien peu, et c'est à cause que c'est son fils que je le préfère, ma bonne, à tous les petits ducs de la cour. Mes petits-enfans participeraient en ressemblance au grand-père et à la grand'mère, et ce mélange, que j'ai l'espoir de voir, ferait mon bonheur un jour. » Les larmes lui

vinrent aux yeux en disant ces paroles. Hélas!
hélas! six mois s'écoulèrent, et sa fille chérie, l'espoir de ses vieux jours, l'objet des vœux les plus
grands, mourut presque subitement. Madame en
fut inconsolable, et je dois cette justice à M. de
Marigni, qu'il en eut la plus vive douleur. La demoiselle était belle comme un ange, appelée à la
plus haute fortune, et j'ai toujours pensé qu'il avait
le projet d'épouser sa nièce. Un brevet de duc lui
aurait donné le rang, et cela, joint à sa charge et
aux richesses de sa mère, en aurait fait un grand
seigneur. L'âge n'était pas assez distant pour faire
un grand obstacle. On ne manqua pas de dire que
la jeune personne avait été empoisonnée, mais les
morts imprévues de personnes qui fixent l'attention publique, font toujours naître ces bruits. Le
roi marqua de la sensibilité, mais plus au chagrin
de Madame, que pour la perte en elle-même,
quoiqu'il eût bien des fois caressé cet enfant et
l'eût comblé de présens. Je dois encore à la justice,
de dire que M. Marigni, héritier de toute la fortune de Madame, depuis cette mort, était désolé
toutes les fois qu'elle était sérieusement malade.
Madame commença, bientôt après, à faire des projets
pour l'établissement de son frère. Il fut question
de demoiselles de la plus haute naissance, et peut-être l'eût-on fait duc; mais il avait une manière de
penser qui l'éloignait du mariage et de l'ambition.
Dix fois il aurait pu être ministre, et n'y pensa jamais. « C'est un homme, me disait un jour Quesnay,

bien peu connu; personne ne parle de son esprit et de ses connaissances, ni de ce qu'il fait pour l'avancement des arts; aucun, depuis Colbert, n'a fait autant dans sa place; il est d'ailleurs fort honnête homme, mais on ne veut le voir que comme le frère de la favorite; et parce qu'il est gros, on le croit lourd et épais d'esprit. » Ce qu'il disait était très-vrai. M. de Marigni avait voyagé avec d'habiles artistes en Italie, et avait acquis du goût et beaucoup plus d'instruction que n'en avait eu aucun de ses prédécesseurs. Quant à son air épais, il ne l'avait que depuis quelque temps qu'il était trop engraissé, et sa figure auparavant était charmante. Il avait été aussi beau que sa sœur était belle; il ne faisait sa cour à personne, n'avait aucune vanité, et il se bornait à des sociétés où il était à son aise. Il devint un peu plus répandu à la cour, lorsque le roi l'eut fait monter dans ses carosses, croyant qu'il était alors de son devoir de se montrer parmi les courtisans.

Madame me fit appeler un jour et entrer dans son cabinet où était le roi, qui se promenait d'un air sérieux. « Il faut, me dit-elle, que vous alliez passer quelques jours à l'avenue de Saint-Cloud, dans une maison où je vous ferai conduire; vous trouverez là une jeune personne prête à accoucher. » Le roi ne disait rien, et j'étais muette d'étonnement. « Vous serez la maîtresse de la maison, et présiderez, comme une déesse de la fable, à l'accouchement. On a besoin de vous pour que tout se passe suivant la volonté du roi, et secrètement. Vous assisterez au baptême et indiquerez les noms du père et de la mère. » Le roi se mit à rire, et dit : « Le père est un très-honnête homme. » Madame ajouta : « Aimé de tout le monde, et adoré de tous ceux qui le connaissent. » Madame s'avança vers une petite armoire, et en tira une petite boîte qu'elle ouvrit. Elle en sortit une aigrette de diamans, en disant au roi : » Je n'ai pas voulu, et pour cause, qu'elle fût plus belle. — Elle l'est encore trop, » et il embrassa Madame en disant : « Que vous êtes bonne ! » Elle pleura d'attendrissement, et mettant la main sur le cœur du roi : « C'est là que j'en veux, » dit-elle. Les larmes vinrent aussi aux yeux du roi, et je me mis aussi à pleurer, sans trop savoir pourquoi. Ensuite, il me dit : « Guimard vous verra tous les jours pour vous aider et vous conseiller ; et au *grand moment* vous le ferez avertir de se rendre auprès de vous. Mais nous ne parlons pas du parrain et de la marraine ; vous les annoncerez comme devant arriver, et, un moment après, vous aurez l'air de recevoir une lettre qui vous apprendra qu'ils ne peuvent venir. Alors vous ferez semblant d'être embarrassée, et Guimard dira : Il n'y a qu'à prendre les premiers venus ; et vous prendrez la servante de la maison, et un pauvre ou un porteur de chaises, et ne leur donnerez que douze francs pour ne pas attirer l'attention. — Un louis, ajouta Madame, pour ne pas faire d'effet dans un autre sens. — C'est vous qui êtes cause de mon économie dans certaines circonstances, dit le roi. Vous souvenez-vous du fiacre? Je voulais lui donner un louis, et le duc d'Ayen me dit : Vous nous ferez reconnaître, et je lui fis donner un écu de six francs. » Il allait raconter l'histoire; Madame lui fit signe de se taire, et il eut bien de la peine. Elle m'a dit depuis que le roi, dans le temps des fêtes pour le mariage de monseigneur le dauphin, avait été la voir à Paris en fiacre, chez sa mère. Le cocher ne voulait pas avancer, et le roi lui voulait donner un louis. La police en sera instruite demain, dit le duc d'Ayen, et les espions feront des recherches qui nous feront peut-être connaître. « Guimard, dit le roi, vous dira les noms du père et de la mère. Il assistera à la cérémonie qui doit être le soir, et donnera les dragées. Il est bien juste que vous ayez les vôtres, » et il tira cinquante louis qu'il me remit de cette mine gracieuse qu'il savait prendre dans l'occasion, et que n'avait personne autre que lui dans son royaume. Je lui baisai la main en pleurant. « Vous aurez soin de l'accouchée, n'est-ce pas? C'est une très-bonne enfant qui n'a pas inventé la poudre, et je m'en fie à vous pour la discrétion ; mon chancelier vous dira le reste, » dit-il en se tournant vers Madame, et il sortit. « Eh bien? comment trouvez-vous mon rôle, dit-elle? D'une femme supérieure et d'une excellente amie, lui dis-je. — C'est à son cœur que j'en veux, me dit-elle, et toutes ces petites filles qui n'ont point d'éducation, ne me l'enlèveront pas. Je ne serais pas aussi tranquille, si je voyais quelque jolie femme de la cour et de la ville tenter sa conquête. » Je demandai à Madame si la jeune personne savait que c'était le roi qui était le père. « Je ne le crois pas, dit-elle, mais comme il a paru aimer celle-ci, on a craint qu'on ne se soit trop empressé de le lui apprendre; sans cela, on dit à elle et aux autres, dit-elle en levant les épaules, que c'est un seigneur polonais, parent de la reine, et qui a un appartement au château. Cela a été imaginé à cause du cordon bleu que le roi n'a pas souvent le temps de quitter, parce qu'il faudrait changer d'habit, et pour donner une raison de ce qu'il a un logement au château, si près du roi. » C'étaient deux petites chambres du côté de la chapelle, où le roi se rendait de son appartement, sans être vu que d'une sentinelle qui avait ses ordres, et qui ne savait pas qui passait par cet endroit. Le roi allait quelquefois au Parc-aux-Cerfs, ou recevait ces demoiselles à l'appartement dont j'ai parlé.

Je m'arrête ici pour faire mention d'une singulière aventure qui n'est sue que de six ou sept personnes, maîtres ou valets. Dans le temps de l'assassinat du roi, une jeune fille, qu'il avait vue plusieurs fois, et à qui il avait marqué plus de tendresse qu'à une autre, se désespérait de cet affreux événement. La mère abbesse, car on peut appeler ainsi celle qui avait l'intendance du Parc-aux-Cerfs, s'aperçut de la douleur extraordinaire qu'elle témoignait, et fit si bien qu'elle lui fit avouer qu'elle savait que le seigneur polonais était le roi de France. Elle avoua même qu'elle avait fouillé dans ses poches, et qu'elle en avait tiré deux lettres, dont l'une était du roi d'Espagne, et l'autre de l'abbé de Broglie. C'est ce que l'on a su depuis, car ni elle, ni l'abbesse ne savaient les noms. La jeune fille fut grondée, et on appela M. Lebel, premier valet de chambre, qui ordonnait de tout, et qui prit les lettres et les porta au roi, qui fut fort embarrassé pour revoir une personne si bien instruite. Celle dont je parle s'étant aperçue que le roi venait voir sa camarade secrètement, tandis qu'elle était délaissée, guetta l'arrivée du roi, et, au moment où il entrait, précédé de l'abbesse qui devait se retirer, elle entra précipitamment et furieuse dans la chambre où était sa rivale. Elle se jeta aussitôt aux genoux du roi. « Oui, vous êtes le roi, criait-elle, de tout le royaume ; mais ce ne serait rien pour moi si vous ne l'étiez pas de mon cœur ; ne m'abandonnez pas, mon cher Sire, j'ai pensé devenir folle quand on a manqué de vous tuer. » L'abbesse criait : « Vous l'êtes encore. » Le roi l'embrassa, et cela parut la calmer. On parvint à la faire sortir, et quelques jours après on conduisit cette malheureuse dans une pension de folles, où elle fut traitée comme telle pendant quelques jours. Mais elle savait bien qu'elle ne l'était pas, et que le roi avait été bien véritablement son amant. Ce lamentable accident m'a été raconté par l'abbesse, lorsque j'ai eu quelque relation avec elle lors de l'accouchement dont il est question, mais je n'en ai jamais eu ni avant, ni depuis.

Je reviens donc à mon histoire. Madame me dit : «Tenez compagnie à l'accouchée, pour empêcher qu'aucun étranger ne lui parle, pas même les gens de la maison. Vous direz toujours que c'est un seigneur polonais fort riche, et qui se cache à cause de la reine, sa parente, qui est fort dévote. Vous trouverez, dans la maison, une nourrice à qui l'enfant sera remis, et tout le reste regarde Guimard. Vous irez à l'église comme témoin ; et il faudra faire les choses comme le ferait un bon bourgeois. On croit que la demoiselle accouchera dans cinq ou six jours; vous dînerez avec elle, et ne la quitterez pas jusqu'au moment où elle sera en état de retourner au Parc-aux-Cerfs : ce qui, je suppose, sera dans une quinzaine de jours, sans qu'elle coure aucun risque. » Je me rendis le soir même à l'avenue de Saint-Cloud, où je trouvai l'abbesse et Guimard, garçon du château, mais sans son habit bleu. Il y avait de plus une garde, une nourrice, deux vieux domestiques, et une fille moitié servante, moitié femme de chambre. La jeune fille était de la plus jolie figure, mise fort élégamment, mais sans rien de trop marquant. Je soupai avec elle et avec l'abbesse qui s'appelait madame Bertrand. J'avais remis l'aigrette de Madame avant le souper, ce qui avait causé la plus grande joie à la demoiselle, et elle fut fort gaie. Madame Bertrand avait été femme de charge chez M. Lebel, premier valet de chambre du roi, qui l'appelait Dominique, et elle était son confidentissime. La demoiselle causa avec nous après le souper, et me parut fort naïve. Le lendemain j'eus une conversation particulière, et elle me dit : « Comment se porte M. le comte ? » c'était le roi qu'elle appelait ainsi. Il sera bien fâché de n'être pas auprès de moi, me dit-elle, mais il a été obligé de faire un assez long voyage. » Je fus de son avis. « C'est un bien bel homme, me dit-elle, et il m'aime de tout son cœur; il m'a promis des rentes, mais je l'aime sans intérêt, et s'il voulait je le suivrais dans sa Pologne. » Elle me parla ensuite de ses parens et de M. Lebel, qu'elle connaissait sous le nom de Durand. « Ma mère, me dit-elle, était une grosse épicière-droguiste, et mon père n'était pas un homme de rien, ajouta-t-elle, il était des six corps, et c'est, comme tout le monde le sait, ce qu'il y a de mieux; enfin il avait pensé deux fois être échevin. » Sa mère avait, après la mort de son père, essuyé des banqueroutes; mais *M. le comte* était venu à son secours, et lui avait donné un contrat de quinze cents livres de rente, et six mille francs d'argent comptant. Six jours après elle accoucha, et on lui dit, suivant mes instructions, que c'était une fille, quoique ce fût un garçon, et bientôt après on devait lui dire que son enfant était mort, pour qu'il ne restôt aucune trace de son existence pendant un certain temps ; ensuite on le remettrait à la mère. Le roi donnait dix ou douze mille livres de rente à chacun de ses enfans. Ils héritaient les uns des autres, à mesure qu'il en mourait, et il y en avait déjà sept ou huit de morts. Je revins trouver Madame, à qui j'avais écrit tous les jours par Guimard. Le lendemain le roi me fit dire d'entrer ; il ne me dit pas une parole sur ce que j'avais fait, mais me remit une tabatière d'or, fort grande, où étaient deux rouleaux de vingt-cinq louis chaque. Je lui fis ma révérence et m'en allai. Madame me fit beaucoup de questions sur la demoiselle, et riait beaucoup de ses naïvetés et de tout ce qu'elle m'avait dit du seigneur polonais. « Il est dégoûté de la princesse, et je crois qu'il partira dans deux mois pour toujours pour sa Pologne. — Et la demoiselle, lui dis-je ? On la mariera, me dit-elle, en province, avec une dot de quarante mille écus au plus, et quelques diamans. » Cette petite aventure qui me mettait dans la confidence du roi, loin de me procurer plus de marques de bonté de sa part, sembla le refroidir pour moi, parce qu'il était honteux que je fusse instruite de ses amours obscurs. Il était aussi embarrassé des services que lui rendait Madame.

Outre ses petites maîtresses du Parc-aux-Cerfs, le roi avait quelquefois des aventures avec des dames de Paris ou de la cour qui lui écrivaient. Il y eut une madame de M....elle, qui avait un mari jeune et aimable, et deux cent mille livres de rente, et qui voulut absolument être sa maîtresse. Elle parvint à le voir, et le roi, qui savait sa fortune, était persuadé qu'elle était sincèrement amoureuse folle de lui. On ne sait pas ce qui serait arrivé si elle ne fût morte. Madame en était fort embarrassée, et se trouva, par sa mort, délivrée de ses craintes. Une circonstance me valut un redoublement d'amitié de Madame. Un homme riche, qui était dans les sous-fermes, me vint trouver un jour en grand secret, et me dit qu'il avait quelque chose à communiquer à madame la marquise, de très-important; mais qu'il serait fort embarrassé de s'en expliquer avec elle; qu'il préférait de m'en instruire. Je l'assurai de ma discrétion. « Je n'en doute pas, me dit-il, et c'est ce qui m'a fait adresser à vous. » Ensuite il m'apprit ce que je savais, qu'il avait une très-belle femme, dont il était passionnément amoureux; que l'ayant aperçue un jour baisant un petit porte-feuille, il avait cherché à s'en emparer, s'imaginant bien qu'il y avait quelque mystère; qu'il l'avait guettée; qu'un jour qu'elle était sortie précipitamment pour aller chez sa sœur, qui venait d'accoucher dans un appartement au-dessus du sien, il avait eu le temps de trouver le secret du porte-feuille; et que l'ayant ouvert, il avait été bien étonné d'y trouver un portrait du roi, et que dans l'autre partie du porte-feuille il y avait une lettre très-tendre du roi; qu'il en avait pris copie, ainsi que d'une lettre commencée d'elle, par laquelle sa femme demandait au roi instamment de lui procurer le plaisir de le voir; qu'elle en avait trouvé le moyen, qui était de se rendre à Versailles, où elle irait masquée à un bal de la ville; et que le roi pouvait venir masqué. J'assurai M. de*** que je me chargeais de faire part de cette affaire à Madame, qui serait reconnaissante de sa confidence. Il s'empressa d'ajouter : « Dites à madame la marquise que ma femme a beaucoup d'esprit, et qu'elle est très-intrigante. Je l'adore, et je serais au désespoir qu'elle me fût enlevée. » Je ne perdis pas un instant à instruire Madame, et à lui remettre la lettre, et je la prévins du rendez-vous demandé. Elle parut fort sérieuse et pensive; et j'ai su depuis qu'elle avait consulté M. Berrier, lieutenant de police, qui trouva un moyen très-simple, mais très-habilement conçu, pour écarter cette dame. Il demanda à parler au roi le soir même, qui était un dimanche, jour où le lieutenant de police venait à Versailles, et il dit au roi qu'il croyait devoir le prévenir qu'il y avait une dame qui le compromettait dans Paris; qu'on lui avait remis copie d'une lettre qu'on supposait écrite par sa majesté, et il la remit au roi, qui la lut en rougissant, et la déchira en fureur. M. Berrier ajouta que l'on répandait que cette dame devait avoir une entrevue avec lui au bal de Versailles; et dans le moment même le hasard fit qu'on remit au roi la lettre de la dame qui contenait cette demande. M. Berrier en jugea ainsi,

parce que le roi parut surpris en la lisant, et dit :
« Il faut avouer que M. le lieutenant de police est
bien instruit. Je crois, ajouta M. Berrier, devoir
dire à Votre Majesté que cette dame passe pour
fort intrigante. Je crois, dit le roi, que ce n'est pas
sans raison. » Cette aventure fut ainsi coupée dans
sa racine, sans que Madame parût y avoir part. Le
roi ne redoutait rien tant que les bavardages, et il
crut que sa lettre courait tout Paris. M. Berrier fit
épier la dame, qui n'alla point à Versailles. Madame me fit part de ce qui s'était passé; le mari
fut fait fermier-général deux ou trois ans après, et
elle me fit donner six mille francs sur sa place, à
condition que je ne la quitterais jamais.

Madame éprouvait beaucoup de tribulations au
milieu de toutes ses grandeurs. On lui écrivait souvent des lettres anonymes, où on la menaçait de
l'empoisonner et de l'assassiner; et ce qui l'affectait
le plus, c'était la crainte d'être supplantée par une
rivale. Je ne l'ai jamais vue dans un plus grand
chagrin qu'un soir, au retour du salon de Marly.
Elle jeta en rentrant, avec dépit, son manteau, son
manchon, et se déshabilla avec une vivacité extrême; ensuite renvoyant ses autres femmes, elle
me dit à leur sortie : « Je ne crois pas qu'il y ait rien
de si insolent que cette madame de Coislin; je me
suis trouvée ce soir au jeu à une table de brelan
avec elle, et vous ne pouvez vous imaginer ce que
j'ai souffert. Les hommes et les femmes semblaient
se relayer pour nous examiner. Madame de Coaslin

a dit deux ou trois fois en me regardant, *va tout*, de la manière la plus insultante; et j'ai cru me trouver mal, quand elle a dit d'un ton triomphant, j'ai *brelan de rois*. Je voudrais que vous eussiez vu sa révérence en me quittant. — Et le roi, lui dis-je, lui a-t-il fait ses belles mines? — Vous ne le connaissez pas, la bonne; s'il devait la mettre ce soir dans mon appartement, il la traiterait froidement devant le monde et me traiterait avec la plus grande amitié. Telle a été son éducation, car il est bon par lui-même et ouvert. » Les alarmes de Madame durèrent quelques mois, et Madame me dit un jour : « Cette superbe marquise a manqué son coup; elle a effrayé le roi par ses grands airs, et n'a cessé de lui demander de l'argent, et vous ne savez pas que le roi signerait sans y songer, pour un million, et donnerait avec peine cent louis sur son petit trésor. Lebel, qui m'aime mieux qu'une nouvelle à ma place, soit par hasard ou par projet, a fait venir au Parc-aux-Cerfs une petite sultane charmante, qui a refroidi un peu le roi pour l'altière *Vasty*, en l'occupant vivement. On a donné à******* des diamans, cent mille francs, et un domaine. Jannette (1) m'a rendu dans cette circonstance de grands services, en montrant au roi les extraits de la poste sur le bruit que faisait la faveur de madame de Coaslin. Le roi a été frappé d'une lettre d'un vieux conseiller au parlement, du

---

(1) Intendant des postes.

parti du roi, qui mande à un de ses amis : « Il est
» juste que le maître ait une amie, une confidente,
» comme tous tant que nous sommes, quand
» cela nous convient; mais il est à désirer qu'il
» garde celle qu'il a; elle est douce, ne fait de mal
» à personne, et sa fortune est faite. Celle dont
» on parle aura toute la superbe que peut donner
» une grande naissance. Il faudra lui donner un
» million par an, parce qu'elle est, à ce qu'on dit,
» très-dépensière, et faire ducs, gouverneurs de
» province, maréchaux, ses parens, qui finiront
» par environner le roi et faire trembler ses mi-
» nistres. » Madame avait l'extrait de cette lettre
que lui avait remis M. Jannette intendant des postes, qui avait toute la confiance du roi. Il n'avait
pas manqué d'examiner attentivement la mine que
le maître avait faite en lisant cette lettre, et il vit
qu'il avait senti la vérité des raisonnemens du conseiller qui n'était point frondeur. — Madame me
dit quelque temps après: « La fière marquise s'est
conduite comme mademoiselle Deschamps, et elle
est *éconduite* (1). » — Madame avait eu auparavant
d'autres alarmes. Une parente de madame d'Es-

---

(1) Courtisane célèbre par ses agrémens, et surtout par
un trait de patriotisme. Dans un moment où le trésor public
était épuisé, mademoiselle Deschamps envoya toute sa vais-
selle à la Monnaie. Louis XV vantait ce dévouement. Le duc
d'Agen dit à ce sujet un mot spirituel qui n'ôtait rien au mérite de ce sacrifice.

Ce mot est un peu trop *gai* pour que nous osions le citer.

trades, qui avait épousé le marquis de C******, avait fait au roi des avances très-marquées, et il n'en fallait pas tant pour un homme qui se croyait le plus beau du royaume avec raison, et qui était roi (1). Il était bien persuadé que toutes les femmes céderaient au moindre désir qu'il daignerait manifester. Il trouvait donc tout simple qu'on l'aimât. M. de Stainville (2) contribua à empêcher le succès de cette intrigue; et bientôt après la marquise de C******, à qui ses parens faisaient garder les arrêts à Marly dans son appartement, s'étant échappée par une garde-robe pour un rendez-vous, fut surprise avec un jeune homme dans un corridor de Marly. Ce fut l'ambassadeur d'Es-

---

Ceux de nos lecteurs dont il exciterait la curiosité pourront le demander aux hommes qui ont conservé les souvenirs de l'ancienne cour.

(*Note des nouv. édit.*)

(1) La comtesse d'Estrades, parente de M. Le Normand, et complaisante de madame de Pompadour, qui l'avait attirée à la cour, était vendue secrètement au comte d'Argenson. Ce ministre, qui ne dédaignait pas la *Fillon*, parce qu'il en tirait des renseignemens utiles, connaissait par madame d'Estrades tout ce qui se passait à la cour de la favorite, et payait libéralement son ingratitude et sa perfidie. (Voy. *les Mémoires de Marmontel*, Liv. v, pag. 30.)

(*Note des nouv. édit.*)

(2) Depuis duc de Choiseul.

pagne qui, sortant de chez lui avec des flambeaux, fut témoin de ce rendez-vous. — Madame d'Estrades ne fit pas semblant d'avoir eu connaissance de cette intrigue, et continua à vivre avec Madame qu'elle trahissait, comme si elle l'avait aimée tendrement. Elle était l'espionne de M. d'Argenson dans les cabinets, et chez Madame; et quand elle ne pouvait rien découvrir, elle inventait, pour se faire valoir auprès de son amant. Cette madame d'Estrades n'avait eu d'existence que par les bontés de Madame; et toute laide qu'elle était, elle avait tâché de lui enlever le roi. Un jour qu'il s'était un peu grisé à Choisi, la seule fois je crois que cela lui était arrivé, il monta dans une grande et jolie barque, où Madame ne put l'accompagner, étant malade d'une indigestion. Madame d'Estrades guettait cette occasion. Elle entra dans la barque, et au retour, comme il faisait nuit, elle suivit le roi dans un cabinet secret, et fit plus que des avances au roi qu'on croyait dormant sur un lit de repos. Elle raconta le soir à Madame, qu'elle était entrée dans ce cabinet pour ses affaires; que le roi l'y avait suivie, et qu'il avait voulu la violer. Elle pouvait dire tout ce qu'elle voulait, car le roi ne savait ni ce qu'il avait dit, ni ce qu'il avait fait. Je finirai cet article, par la courte histoire d'une demoiselle. J'avais été un jour à la comédie de la ville à Compiègne, et Madame m'ayant fait des questions sur la pièce, me demanda s'il y avait beaucoup de monde, et si je n'avais pas vu une belle demoiselle. Je lui répondis qu'effectivement dans la loge près de la mienne, il y avait une jeune personne qui était entourée de tous les jeunes gens de la cour. Elle sourit, et me dit : « C'est mademoiselle Dorothée ; elle a été ce soir au souper du roi (1), et ira demain à la chasse. Vous êtes étonnée de me voir si instruite, et j'en sais encore plus. Elle a été amenée ici par un gascon qu'on appelle Dubarré ou Dubarri, qui est le plus mauvais sujet qu'il y ait en France. Il fonde ses espérances sur les charmes de mademoiselle Dorothée, auxquels il ne croit pas que puisse résister le roi. Elle est effectivement très-belle. On me l'a fait voir dans mon petit jardin, où on l'avait menée sous prétexte de se promener. C'est la fille d'un porteur d'eau de Strasbourg, et son cher amant, pour début, demande d'être ministre à Cologne. — Est-ce que Madame aurait été inquiète d'une créature comme celle-là? — Tout est possible, dit-elle, mais je crois que le roi n'oserait donner un tel scandale, et heureusement que Lebel, pour l'acquit de sa conscience, a dit au roi que l'amant de la belle Dorothée était rongé d'un vilain mal, et il a ajouté : Votre Majesté ne guérit pas de cela comme des écrouelles. Il n'en a pas fallu davantage pour écarter la demoiselle. »

Je vous plains bien, Madame, lui dis-je un jour,

---

(1) Au grand couvert, le public était admis à voir souper la famille royale.

tandis que tout le monde vous envie.—Ah! me répondit-elle, ma vie est comme celle du chrétien, un combat perpétuel : il n'en était pas ainsi des personnes qui avaient su gagner les bonnes grâces de Louis XIV. Madame de La Vallière s'est laissé tromper par madame de Montespan, mais c'est sa faute, ou, pour mieux dire, le produit de sa bonté. Elle était sans soupçon dans les premiers temps, parce qu'elle ne pouvait croire son amie perfide. Madame de Montespan a été ébranlée par madame de Fontanges, et supplantée par madame de Maintenon; mais sa hauteur, ses caprices, avaient aliéné le roi. Elle n'avait pas, au reste, des rivales comme les miennes : mais aussi leur bassesse fait ma sûreté, et je n'ai en général à craindre que des infidélités, et la difficulté de trouver des occasions pour savoir les rendre passagères. Le roi aime le changement, mais aussi il est retenu par l'habitude; il craint les éclats, et déteste les intrigantes. La petite maréchale (1) me disait un jour : C'est votre escalier que le roi aime, il est habitué à le monter et à le descendre. Mais s'il trouvait une autre femme à qui il parlerait de sa chasse et de ses affaires, cela lui serait égal au bout de trois jours. »

J'écris au hasard, sans ordre ni date, comme je me souviens, et je vais vous parler de M. l'abbé de Bernis, que j'aimais beaucoup parce qu'il était

---

(1) Madame la maréchal de Mirepoix.

bon, et qu'il me traitait avec amitié. Un jour Madame finissait de s'habiller, et M. le comte de Noailles demanda à lui parler en particulier. Je sortis. — M. le comte avait en entrant l'air très-effaré, et j'entendis la conversation, n'y ayant que la portière entre nous. « Il vient de se passer, Madame, lui dit-il, quelque chose dont je ne puis me dispenser de rendre compte au roi, mais dont j'ai cru devoir vous prévenir, parce que cela regarde un de vos amis, que j'aime et considère infiniment. M. l'abbé de Bernis a eu envie de chasser ce matin : il est sorti avec trois ou quatre de ses gens portant des fusils, et il a été chasser dans le petit parc, endroit où M. le dauphin n'irait pas sans demander au roi la permission. Les gardes surpris d'entendre tirer sont accourus, et ont été bien étonnés de voir M. de Bernis. Ils lui ont très-respectueusement demandé sa permission, et étonnés de voir qu'il n'en avait pas, ils l'ont prié de cesser, en disant que s'ils faisaient leur devoir, ils devraient l'arrêter; mais qu'ils allaient m'en rendre compte aussitôt, comme étant capitaine des chasses de Versailles. Ils ont ajouté que le roi devait avoir entendu les coups de fusil, et qu'ils le priaient de se retirer. M. l'abbé s'est excusé sur son ignorance, et a assuré que je le lui avais permis. Monsieur le comte, ont-ils dit, n'a pu le permettre que pour des endroits bien plus éloignés, et dans le grand parc. » M. le comte de Noailles s'est beaucoup fait valoir sur son empressement à prévenir Madame qui lui a dit de lui laisser le soin d'en rendre compte au maître, et qu'elle le priait de n'en pas parler.—M. de Marigni, qui n'aimait pas M. l'abbé, me vint voir le soir, et j'eus l'air d'apprendre de lui cette histoire : « Il faut, disait-il, qu'il ait perdu la tête pour chasser sous les fenêtres du roi, » et il s'étendit beaucoup sur les airs qu'il se donnait. — Madame arrangea cela de son mieux, mais le roi fut très-choqué; et vingt fois, depuis la disgrâce de M. l'abbé de Bernis, se trouvant dans ce canton, il a dit : « Ce sont ici les plaisirs de M. l'abbé. » Le roi ne l'a jamais goûté, et Madame m'a dit après sa disgrâce, une nuit que je la gardais malade, qu'elle avait vu, au bout de huit jours de son ministère, qu'il n'était pas propre à sa place. « Si cet évêque cafard, ajoutait-elle en parlant de l'évêque de Mirepoix, n'eût pas empêché le roi de lui donner une pension de deux mille écus qu'il m'avait promise, jamais il n'aurait été ambassadeur, je lui aurais fait par les suites donner une vingtaine de mille livres de rente, peut-être la place de maître de la chapelle, et il aurait été plus heureux, et je n'aurais pas eu à le regretter. » Je pris la liberté de lui dire que je ne le croyais pas, et qu'il avait de bons restes qu'on ne lui ôterait pas; que son exil finirait, et qu'il se trouverait cardinal avec deux cent mille livres de rente. Elle me dit : « Cela est vrai : mais je songe au chagrin qu'il a eu, et à l'ambition qui le ronge; enfin, je songe à moi qui aurais joui de sa société, et vieilli avec un ancien et aimable ami, s'il n'eût pas été ministre.» Le roi le renvoya avec colère, et fut tenté de ne pas lui donner le chapeau.—M. Quesnay me dit quelques mois après, qu'il avait voulu se faire premier ministre; qu'il avait fait un mémoire pour représenter que, dans les temps difficiles, il fallait qu'il y eût, pour le bien des affaires, un point central (c'est son mot) où tout aboutisse. Madame ne voulait pas se charger du mémoire : il insista, malgré qu'elle lui eût dit *vous vous perdez.* Le roi jeta les yeux dessus, répéta, *point central :* c'est-à-dire qu'il veut être premier ministre. Madame l'excusa, et lui dit, que cela pouvait regarder le maréchal de Belle-Isle. «Ne va-t-il pas être cardinal? dit le roi, et voilà une belle finesse : il sait bien que par sa dignité, il forcera les ministres à s'assembler chez lui, et M. l'abbé sera le *point central.* Quand il y a un cardinal au conseil, il finit par être le chef. Louis XIV n'a jamais voulu, par cette raison, y faire entrer le cardinal de Janson qu'il estimait beaucoup. M. le cardinal de Fleury m'a dit la même chose. Il avait eu quelque envie d'avoir pour successeur le cardinal de Tencin; mais sa sœur était si intrigante, que le cardinal de Fleury me conseilla de n'en rien faire, et je me conduisis de manière à lui ôter tout espoir, et à désabuser les autres. M. d'Argenson m'a pénétré, et a fini par lui ôter toute considération.» — Voilà ce que le roi avait dit, à ce que me confia mon ami Quesnay, qui était, par parenthèse, un grand génie à ce que tout le monde dit, et un homme fort gai. Il aimait à causer avec moi de la campagne; j'y avais été élevée, et il me faisait parler des herbages de Normandie et du Poitou, de la richesse des fermiers et de la manière de cultiver. C'était le meilleur homme du monde, et qui était éloigné de la plus petite intrigue. Il était bien plus occupé à la cour, de la meilleure manière de cultiver la terre, que de tout ce qui s'y passait. L'homme qu'il estimait le plus, était M. de La Rivière, conseiller au parlement, qui a été intendant de la Martinique; il le regardait comme l'homme du plus grand génie, et croyait que c'était le seul homme propre à administrer les finances.

Madame la comtesse d'Estrades, qui devait tout ce qu'elle était à Madame n'était occupée qu'à lui faire des tracasseries, dont elle était assez habile pour dérober les preuves; mais elle ne pouvait empêcher qu'on ne la soupçonnât. Sa liaison intime avec M. d'Argenson donnait de l'ombrage à Madame, et depuis quelque temps elle était plus réservée avec elle; mais elle fit une chose qui irrita Madame et le roi avec juste raison. Le roi, qui écrivait beaucoup, lui écrivit une assez longue lettre où il lui parlait d'une assemblée de chambres au parlement; et il y avait joint une lettre de M. Berrier. Madame était malade, et mit ces lettres sur une petite table près de son lit. M. de Gontaut entra, et parla de fadaises comme à son ordinaire. Madame d'Amblimont vint aussi et resta très-peu de temps. Comme j'allais reprendre une lecture qui avait été interrompue, madame d'Estrades entra et se mit auprès du lit de Madame, à qui elle parla quelque temps; ensuite elle sortit, et Madame m'ayant fait appeler, me demanda l'heure qu'il était, et me dit : Le roi va bientôt venir, faites fermer ma porte. Je rentrai, et Madame me dit de lui donner la lettre du roi qui était sur sa table avec quelques papiers. Je les lui remis, et lui dis qu'il n'y avait rien autre chose. Elle fut fort inquiète ne trouvant pas la lettre du roi; et après avoir compté les personnes qui étaient entrées : Ce n'est point la petite comtesse, ni Gontaut, qui ont pris la lettre du roi, ce ne peut être que la comtesse d'Estrades, et cela est trop fort.» Le roi vint, il se mit en colère, à ce que me dit Madame, et il exila, deux jours après, madame d'Estrades, qui, certainement, avait pris la lettre, parce que l'écriture du roi lui avait sans doute inspiré de la curiosité. Cet événement fit beaucoup de peine à M. d'Argenson, qui lui était attaché par amour pour l'intrigue, à ce que disait Madame. Cela redoubla la haine de ce ministre contre elle, et Madame lui attribua d'avoir favorisé la publication d'un libelle, où elle était représentée comme une vieille maîtresse réduite au vilain rôle de fournir de nouveaux objets à son amant. On la désignait comme surintendante du Parc-aux-Cerfs, qu'on disait coûter des millions. — Madame a cherché à couvrir quelques faiblesses du roi, et n'a jamais connu aucune des sultanes de ce sérail. Il n'y en avait au reste que deux en général, et très-souvent une seule. Lorsqu'elles se mariaient, on leur donnait des bijoux et une centaine de mille francs. Quelquefois le Parc-aux-Cerfs était vacant cinq ou six mois de suite.

J'étais surprise de voir depuis quelque temps la duchesse de Luynes, dame d'honneur de la reine, venir en secret chez Madame. Ensuite elle y vint sans se cacher; et un soir Madame s'étant mise au lit, m'appela et me dit : « Ma chère bonne, vous allez être bien contente, la reine me donne une place de dame du palais; demain je lui serai présentée; il faut me faire bien belle. » J'ai su que le roi n'était pas aussi aise qu'elle; il craignait le scandale, et qu'on ne crût qu'il avait forcé la reine à cette nomination. Mais il n'en était rien. On représenta à cette princesse que c'était de sa part un acte héroïque d'oublier le passé; que tout scandale serait effacé, quand on verrait Madame tenir à la cour par une place honorable; et que ce serait la meilleure preuve qu'il n'y avait plus que de l'amitié entre le roi et sa favorite. — La reine la reçut très-bien. — Les dévots se flattèrent d'être protégés par Madame, et chantèrent, pendant quelque temps, ses louanges. Plusieurs amis du dauphin venaient en particulier voir Madame, excepté le chevalier Du Muy, et quelques-uns obtinrent des grades. Le roi avait pour eux le plus grand mépris, et ne leur accordait rien qu'en rechignant. Un jour il dit d'un homme de grand nom qui voulait être capitaine des gardes : C'est un espion double, qui serait payé de deux côtés. — Ce moment est celui où j'ai vu Madame le plus satisfaite. Les dévotes venaient chez elle sans scrupule, et ne s'oubliaient pas dans l'occasion ; madame de Lu**** avait donné l'exemple. — Le docteur riait de ce changement de décoration, et s'égayait aux dépens des dévotes. Cependant, lui disais-je, elles sont conséquentes, et peuvent être de bonne foi. — Oui, disait-il, mais il ne faut pas qu'elles demandent rien.

Un jour j'étais chez le docteur Quesnay pendant que Madame était à la comédie. Le marquis de Mirabeau (1) y vint, et la conversation fut quelque temps ennuyante pour moi, n'y étant question que du *produit net ;* enfin, on parla d'autres choses.

---

(1) L'auteur de l'*Ami des Hommes*, un des coryphées de la secte économique, et le père du célèbre *Mirabeau*.

Après la mort de Quesnay, *ce grand-maître de l'ordre,* tous les suffrages lui donnèrent le marquis de Mirabeau pour successeur. Mirabeau ne manquait ni d'une certaine étendue dans l'esprit, ni de connaissances, ni même de patriotisme ; mais il écrit en enthousiaste, en homme plutôt illuminé qu'éclairé. Le phébus, le néologisme, les tours bizarres sont les habitudes de son style ; et lorsque son sujet paraît exiger un ton au-dessus du simple document, Mirabeau s'élève au plus pompeux galimatias. (V. *l'Éloge de Quesnay, dans les Éphémérides du Citoyen,* vol. de janvier 1775.)

L'*Ami des Hommes* fut l'ennemi de toute sa famille. Il bat-

— Mirabeau dit : J'ai trouvé mauvais visage au roi ; il vieillit. — Tant pis, mille fois tant pis, dit Quesnay, ce serait la plus grande perte pour la France s'il venait à mourir ; et il leva les yeux au ciel en soupirant profondément. — Je ne doute pas que vous n'aimiez le roi, et avec juste raison, dit Mirabeau, et je l'aime aussi ; mais je ne vous ai jamais vu si passionné. — Ah ! dit Quesnay, je songe à ce qui s'en suivrait. — Eh bien ! le dauphin est vertueux. — Oui, et plein de bonnes intentions, et il a de l'esprit ; mais les cagots auront un empire absolu sur un prince qui les regarde comme des oracles. Les jésuites gouverneront l'État, comme sur la fin de Louis XIV ; et vous verrez le fanatique évêque de Verdun premier ministre, et La Vauguyon tout-puissant sous quelque autre titre. Les parlemens alors n'auront qu'à se bien tenir ; ils ne seront pas mieux traités que mes amis les philosophes. — Mais ils vont trop loin aussi, dit Mirabeau, pourquoi attaquer ouvertement la religion ? — J'en conviens, dit le

---

tait ses gens et ne les payait pas. Les pièces du procès qu'il soutint contre sa femme, en 1775, prouvent que ce philosophe possédait au plus haut degré toutes les qualités anticonjugales.

On lit dans un recueil d'anecdotes que Mirabeau, son fils aîné, écrivit deux factums contradictoires, et se fit payer des deux parties. A supposer la chose possible, c'eût été de sa part sans doute plutôt une plaisanterie qu'une bassesse.

(*Note des nouv. édit.*)

docteur; mais comment n'être pas indigné du fanatisme des autres, ne pas se ressouvenir de tout le sang qui a coulé pendant deux cents ans? — Il ne faut donc pas les irriter de nouveau, et ne pas amener en France le temps de Marie en Angleterre. — Mais ce qui est fait est fait, et je les exhorte souvent à se modérer : je voudrais qu'ils suivissent l'exemple de notre ami Duclos. — Vous avez raison, répondit Mirabeau ; il me disait il y a quelques jours : Ces philosophes en feront tant, qu'ils me forceront à aller à vêpres et à la grand'-messe. Mais enfin le dauphin est vertueux, instruit, et a de l'esprit. — Ce sont les premiers temps de son règne que je crains, dit Quesnay, où les imprudences de nos amis lui seront présentées avec la plus grande force, où les jansénistes et les molinistes feront cause commune, et seront appuyés fortement de la dauphine. J'avais cru que M. Du Muy était modéré, qu'il tempérait la fougue des autres; mais je lui ai entendu dire que Voltaire méritait les derniers supplices. Soyez persuadé, Monsieur, que les temps de *Jean Hus*, de *Jérôme de Prague*, reviendront, mais j'espère que je serai mort. J'approuve bien Voltaire de sa chasse aux Pompignans : le marquis bourgeois, sans le ridicule dont il l'a inondé, aurait été précepteur des enfans de France; et joint à son frère George, ils auraient tant fait qu'on aurait élevé des bûchers (1).

---

(1) Rien cependant n'est plus injuste que cette supposi-

— Ce qui devrait vous rassurer sur le dauphin, dit Mirabeau, c'est que malgré la dévotion de Pompignan, il le tourne en ridicule. Il y a quelque temps que l'ayant rencontré, et trouvant qu'il avait l'air bouffi d'orgueil, il dit à quelqu'un (1) qui me l'a redit : *Et l'ami Pompignan pense être quelque chose.* » Je mis par écrit cette conversation en rentrant chez moi.

Un jour je trouvai Quesnay au désespoir. « Mirabeau, me dit-il, est à Vincennes pour son ouvrage sur l'impôt. Ce sont les fermiers-généraux qui l'ont dénoncé, et qui l'ont fait arrêter; sa femme doit aller aujourd'hui se jeter aux pieds de madame de Pompadour. » Quelques momens après, j'entrai chez Madame pour sa toilette, et le docteur y vint. Madame lui dit : « Vous devez être affligé de la disgrâce de votre ami Mirabeau, et j'en suis fâchée aussi, car j'aime son frère. » Quesnay répondit : « Madame, je suis bien loin de lui
» croire de mauvaises intentions, il aime le roi et
» le peuple. — Oui, dit-elle, son *Ami des hommes* lui a fait beaucoup d'honneur. » En ce moment entra le lieutenant de police, et Madame lui dit : « Avez-

---

tion. M. de Pompignan, homme vertueux, charitable et animé par le véritable esprit de la religion, était incapable de toute espèce de persécution.

(*Note du premier édit.*)

(1) C'était au président Hénaut, qui se trouva auprès du dauphin lorsqu'il le dit.

(*Note du premier édit.*)

vous vu le livre de M. de Mirabeau? — Oui, Madame, mais ce n'est pas moi qui l'ai dénoncé. — Qu'en pensez-vous, lui dit Madame? — Je crois qu'il aurait pu dire une grande partie de ce qu'il a dit en termes plus ménagés; il y a entre autres deux phrases au commencement : *Votre Majesté a vingt millions d'hommes plus ou moins, elle ne peut en obtenir des services qu'à prix d'argent, et il n'y a point d'argent pour payer leurs services.* — Quoi! il y a cela, docteur, dit Madame? — Cela est vrai, ce sont les premières lignes, et je conviens qu'elles sont imprudentes; mais en lisant l'ouvrage, on voit qu'il se plaint de ce que le patriotisme s'éteint dans les cœurs, et qu'il voudrait le ranimer. » Le roi entra, nous sortîmes, et j'écrivis sur la table de Quesnay ce que je venais d'entendre. Je revins ensuite pour continuer la toilette, et Madame me dit : « Le roi est fort en colère contre Mirabeau, mais j'ai tâché de l'adoucir, et le lieutenant de police a fait de même. Cela va redoubler les craintes de Quesnay. Savez-vous ce qu'il m'a dit un jour? Le roi lui parlant chez moi, et le docteur ayant l'air tout troublé, après que le roi fut sorti, je lui dis : Vous avez l'air embarrassé devant le roi, et cependant il est si bon! Madame, m'a-t-il répondu, je suis sorti à quarante ans de mon village, et j'ai bien peu d'expérience du monde, auquel je m'habitue difficilement. Lorsque je suis dans une chambre avec le roi, je me dis : Voilà un homme qui peut me faire couper la tête; et cette idée me trouble.

— Mais la justice et la bonté du roi ne devraient-elles pas vous rassurer ? — Cela est bon pour le raisonnement, dit-il, mais le sentiment est plus prompt (1), et il m'inspire de la crainte avant que je me sois dit tout ce qui est propre à l'écarter. » J'écrivis cela pour ne pas l'oublier, et me fis redire les mots.

Une lettre anonyme fut adressée au roi et à Madame, et comme l'auteur n'avait pas envie qu'elle manquât son but, il en avait envoyé une copie au lieutenant de police, cachetée, avec cette adresse : *pour le roi;* une avec ces mots : *à madame de Pompadour,* et une autre à M. de Marigni. Cette lettre affecta beaucoup Madame et le roi, et plus encore je crois M. de Choiseul, qui en avait reçu une semblable. Je me suis mis aux genoux de M. de Marigni pour me la laisser copier, afin de la montrer au docteur. La voici :

« Sire, c'est un serviteur zélé qui écrit à Votre Majesté. La vérité est toujours amère, surtout pour les rois. Habitués à la flatterie, ils ne voient les objets que revêtus de couleurs propres à leur plaire. J'ai beaucoup réfléchi et lu, et voici ce que mes méditations me portent à exposer à Votre

---

(1) Ce sentiment si vif et si prompt peut avoir lieu chez les princes asiatiques, maîtres de la vie et des biens de leurs sujets; mais jamais chez un *roi de France,* qui ne pouvait ôter la vie à quelqu'un que par la voie judiciaire.

(*Note du premier édit.*)

Majesté. On l'a accoutumée à être invisible, et on lui a inspiré une timidité qui l'empêche de parler : ainsi toute communication directe est interrompue entre le maître et ses sujets. Renfermé dans l'intérieur de votre palais, vous devenez de jour en jour plus semblable aux empereurs d'Orient; mais voyez, Sire, leur sort!... « J'ai des troupes, » dira Votre Majesté : c'est aussi leur appui; mais quand on le fonde sur elles, quand on n'est en quelque sorte que le roi des soldats, ils sentent leur force et en abusent. Vos finances sont dans le plus grand désordre, et la plupart des États ont péri par cette cause. L'esprit patriotique soutenait les anciens États, et unissait toutes les classes pour le salut d'un pays. L'argent en tient lieu dans ce temps; il est devenu le moteur universel, et vous en manquez. L'esprit de la finance infecte toutes les parties, et domine à la cour; tout devient alors vénal, et tous les rangs se confondent. Vos ministres sont sans génie et sans capacité, depuis le renvoi de MM. d'Argenson et de Machault. Vous seul, en quelque sorte, ne pouvez pas juger de leur incapacité, parce qu'ils vous apportent le travail de commis habiles, qu'ils s'attribuent. On administre au jour le jour; mais il n'y a point d'esprit de gouvernement. Les changemens qu'on fait dans la partie militaire dégoûtent les troupes, font retirer d'excellens officiers; un feu séditieux s'allume dans le sein des parlemens; vous prenez le parti de les corrompre, et le remède est pire que le mal. C'est

introduire le vice dans le sanctuaire de la justice,
et gangrener les parties nobles de l'État. Un parlement corrompu aurait-il bravé les fureurs de la
Ligue, pour conserver la couronne au légitime
souverain? Oubliant les maximes de Louis XIV,
qui savait quel était le danger de confier le ministère à de grands seigneurs, vous y avez élevé
M. de Choiseul; mais c'est peu, vous lui avez donné
trois ministères : ce qui est un plus grand fardeau
que celui de la place de premier-ministre, parce
que celui-ci ne fait que surveiller, et que les secrétaires d'État sont chargés de tous les détails. Le
public a pénétré ce ministre resplendissant. Ce
n'est qu'un petit-maître sans talens et sans instruction, qui a un peu de phosphore dans l'esprit. Il
est une chose encore bien digne de remarque, Sire,
c'est la guerre ouverte qu'on fait à la religion. Il ne
peut plus y avoir de nouvelles sectes, parce que
la croyance est en général trop ébranlée, pour
qu'on s'occupe de quelque différence de sentimens
sur quelques-uns de ses articles. Mais les encyclopédistes, sous prétexte d'éclairer les hommes, sapent les fondemens de la religion. Tous les genres
de liberté se tiennent; les philosophes et les protestans tendent au républicanisme, ainsi que les
jansénistes. Les philosophes attaquent le tronc de
l'arbre, les autres quelques branches; mais leurs
efforts, sans être concertés, l'abattront un jour.
Joignez-leur les économistes qui ont pour objet la
liberté politique, comme les autres celle du culte,

et le gouvernement peut se trouver, dans vingt ou trente ans, miné dans toutes ses parties, et crouler avec fracas. Si Votre Majesté, frappée de ce tableau trop vrai, me demande le remède, je dirai qu'il faut ramener le gouvernement à ses principes, et se presser avant tout de remédier à l'état des finances, parce que les embarras dans lesquels se trouve un État en dette, entraînent de nouveaux impôts, qui, après avoir foulé le peuple, l'indisposent et le portent au soulèvement. Je dirai qu'il serait nécessaire que Votre Majesté se rendît plus populaire; qu'elle manifestât son contentement des services, ou son mécontentement des fautes et des prévarications, et de l'oubli de ses devoirs; qu'on sache enfin que les récompenses et les punitions, les choix et les destitutions, émanent d'elle. Alors on lui saura gré des grâces, et on craindra d'encourir ses reproches; alors on aura un sentiment personnel pour elle, au lieu qu'on rapporte tout le bien et le mal à ses ministres. C'est une preuve de la confiance naturelle des peuples pour le roi, que cette exclamation : *Ah! si le roi savait!* ils aiment à croire qu'il remédierait à tout s'il était instruit. Mais d'un autre côté, quelles idées se font-ils des rois, faits pour être instruits de tout, et pour surveiller tout ce qui se passe, qui cependant ignorent ce qu'il leur importe le plus de savoir, s'ils veulent remplir leurs fonctions? *Rex, roi, regere*, régir, conduire : ces mots indiquent quels sont leurs devoirs. Que dirait-on d'un père qui se déchargerait du soin de ses enfans, comme d'un fardeau? Un temps viendra, Sire, où les peuples s'éclaireront, et ce temps peut-être approche........ Reprenez les rênes de votre État; tenez-les d'une main ferme, et faites qu'on ne dise pas de vous : *Fæminas et scorta volvit animo, et hæc principatûs præmia putat :* Il ne songe qu'à des femmes, des sociétés de libertins, et il croit que c'est là ce que la royauté offre de plus précieux.

» Je continuerai, Sire, si je vois que mes avis sincères aient produit quelque changement. J'entrerai dans de plus grands détails; sinon, je me tairai. »

Je viens de parler d'une lettre anonyme au roi; on ne peut se figurer combien elles étaient fréquentes. On s'empressait, ou de dire des vérités dures, ou des mensonges alarmans, enfin de nuire à d'autres personnes; en voici un exemple concernant Voltaire, très-grand courtisan de Madame, quand il était en France. Voici la lettre qu'on écrivit à son sujet, et qui est bien postérieure à la première.

« Madame,

» M. de Voltaire vient de vous dédier sa tragédie de Tancrède : ce devrait être un hommage inspiré par le respect et la reconnaissance; mais c'est une insulte, et vous en jugerez comme le public si vous la lisez avec attention. Vous verrez que ce grand écrivain sent apparemment que l'objet de ses louanges n'en est pas digne, et qu'il cherche à s'en excuser aux yeux du public. Voici ses termes : « J'ai vu, dès votre enfance, les grâces et les talens se développer. J'ai reçu de vous dans tous les temps des témoignages d'une bonté toujours égale. *Si quelque censeur pouvait désapprouver l'hommage que je vous rends, ce ne pourrait être qu'un cœur né ingrat.* Je vous dois beaucoup, Madame, et je dois le dire. »

» Que signifient au fond ces phrases, si ce n'est que Voltaire sent qu'on doit trouver extraordinaire qu'il dédie son ouvrage à une femme que le public juge peu estimable; mais que le sentiment de la reconnaissance doit lui servir d'excuse? Pourquoi supposer que cet hommage trouvera des censeurs, tandis que l'on voit paraître chaque jour des épitres dédicatoires adressées à des caillettes sans nom ni état, ou à des femmes d'une conduite répréhensible, sans qu'on y fasse attention? »

M. de Marigni, et Colin, intendant de Madame, ainsi que Quesnay, trouvèrent que l'auteur anonyme était très-méchant, qu'il blessait Madame, et voulait nuire à Voltaire; mais qu'au fond il avait raison. Voltaire fut dès ce moment perdu dans l'esprit de Madame et dans celui du roi, et il n'a certainement jamais pu en deviner la cause (1). Le roi

---

(1) On connaît les jolis vers dans lesquels Voltaire, parlant de Louis XV, dit à madame de Pompadour :

Soyez tous deux sans ennemis,
Et tous deux gardez vos conquêtes.

qui admirait tout ce qui avait rapport au siècle de Louis XIV, se rappelant que les Boileau, les Racine, avaient été accueillis par lui, et qu'on leur attribuait une partie de l'éclat de ce règne, était flatté qu'il y eût sous le sien un Voltaire; mais il le craignait, et ne l'estimait pas. Il ne put s'empêcher de dire : « Au reste, je l'ai aussi bien traité que Louis XIV a traité Racine et Boileau; je lui ai donné, comme Louis XIV à Racine, une charge de gentilhomme ordinaire et des pensions; ce n'est pas ma faute s'il a fait des sottises, et s'il a la pré-

---

Voltaire pouvait-il ignorer que ces vers avaient été jugés inconvenans, même injurieux pour la majesté royale, et que les princesses, filles de Louis XV, avaient déterminé leur père à s'en offenser? Madame du Hausset ignorait-elle que, si madame de Pompadour ne plaida point pour l'exilé, c'est qu'elle en voulait elle-même à Voltaire pour une petite témérité qu'il s'était permise, et que voici : Voltaire était entouré d'hommes jaloux de l'amitié que lui témoignait la favorite. Bien loin de les ménager, il s'amusait à leur déplaire. Aussi ne manquait-on pas de relever, en son absence, des mots hardis ou familiers. Le grand poëte assistait un jour au dîner de la marquise. Elle mangeait une caille qu'elle trouvait *grassouillette*; ce fut son expression. Voltaire s'approcha d'elle, et lui dit assez haut pour être entendu :

« *Grassouillette*, entre nous me semble un peu caillette :
» Je vous le dis tout bas, belle Pompadourette. »

Cette confidence un peu leste fut présentée par les courtisans comme une impertinence, et Voltaire s'aperçut, dès le lendemain, d'un refroidissement très-marqué.

Laujon était présent. L'auteur de cette note tient ce fait de lui-même. (*Note des nouv. édit.*)

tention d'être chambellan, d'avoir une croix et de souper avec un roi. Ce n'est pas la mode en France; et comme il y a un peu plus de beaux-esprits et plus de grands seigneurs qu'en Prusse, il me faudrait une bien grande table pour les réunir tous. Et puis il compta sur ses doigts : Maupertuis, Fontenelle, La Mothe, Voltaire, Piron, Destouches, Montesquieu, le cardinal de Polignac. — Votre Majesté oublie, lui dit-on, d'Alembert et Clairaut. — Et Crébillon, dit-il, et la Chaussée. — Et Crébillon le fils, dit quelqu'un, il doit être plus aimable que son père; et il y a encore l'abbé Prévôt, l'abbé d'Olivet. — Hé bien! dit le roi, depuis vingt-cinq ans tout cela aurait dîné ou soupé avec moi. »

Madame me raconta cette conversation, que j'écrivis le soir. M. de Marigni m'en parla aussi, et me dit : « La fantaisie de Voltaire a toujours été d'être ambassadeur, et il a fait ce qu'il a pu pour qu'on le crût chargé d'affaires politiques, quand il a été pour la première fois en Prusse. »

Le peuple apprit l'assassinat du roi avec des transports de fureur, et avec le plus grand désespoir; on l'entendait de l'appartement de Madame, crier sous les fenêtres. Il y avait des attroupemens, et Madame craignait le sort de madame de Châteauroux. Ses amis venaient à chaque instant lui donner des nouvelles. Son appartement était au reste comme une église où tout le monde croyait avoir le droit d'entrer. On venait voir la mine qu'elle faisait, sous prétexte d'intérêt; et Madame ne faisait que pleurer et s'évanouir. Le docteur Quesnay ne la quittait pas, ni moi non plus. M. de Saint-Florentin vint la voir plusieurs fois, et le contrôleur-général, ainsi que M. Rouillé ; mais M. de Machault n'y vint point. Madame la duchesse de Brancas était aussi très-souvent chez nous. M. l'abbé de Bernis n'en sortait que pour aller chez le roi, et avait les larmes aux yeux en regardant Madame. Le docteur Quesnay voyait le roi cinq ou six fois par jour. « Il n'y a rien à craindre, disait-il à Madame ; si c'était tout autre, il pourrait aller au bal. » Mon fils, le lendemain, alla, comme la veille, voir ce qui se passait au château, et il vint nous dire que le garde-des-sceaux était chez le roi. Je l'envoyai attendre ce qu'il ferait à la sortie. Il revint tout courant au bout d'une demi-heure me dire que le garde-des-sceaux était retourné chez lui, suivi d'une foule de peuple. Madame, à qui je le dis, s'écria, fondant en larmes : *Et c'est là un ami !* M. l'abbé de Bernis lui dit : « Il ne faut pas se presser de le juger, dans un moment comme celui-ci. Je retournai dans le salon une heure après, lorsque M. le garde-des-sceaux entra. Je le vis passer avec sa mine froide et sévère. Il me dit : « Comment se porte madame Pompadour ?.... » Je lui répondis : « Hélas ! comme vous pouvez l'imaginer ; » et il entra dans le cabinet de Madame. Tout le monde sortit, il y resta une demi-heure ; M. l'abbé revint, et Madame sonna ; j'entrai chez elle où il me suivit. Elle était en larmes : « Il faut que je m'en aille, dit-elle, mon cher abbé. » Je lui fis prendre de l'eau de fleur d'orange dans un gobelet d'argent, parce que ses dents claquaient. Ensuite elle me dit d'appeler son écuyer; il entra et elle lui donna assez tranquillement ses ordres, pour faire tout préparer à son hôtel à Paris, et dire à tous ses gens d'être prêts à partir, et à ses cochers de ne pas s'écarter. Elle s'enferma ensuite pour conférer avec l'abbé de Bernis, qui sortit pour le conseil. Sa porte fut ensuite fermée, excepté pour les dames de son intime société, M. de Soubise, M. de Gontaut, les ministres et quelques autres; plusieurs dames venaient s'entretenir chez moi et se désespéraient; elles comparaient la conduite de M. de Machault avec celle de M. de Richelieu à Metz : Madame leur en avait fait des détails qui faisaient l'éloge du duc, et qui étaient autant de satires de la conduite du garde-des-sceaux. « Il croit ou feint de croire, disait-elle, que les prêtres exigeront mon renvoi avec scandale; mais Quesnay et tous les médecins disent qu'il n'y a pas le plus petit danger. » Madame m'ayant fait appeler, je vis entrer chez elle madame la maréchale de Mirepoix, qui, dès la porte, s'écria : « Qu'est-ce donc, Madame, que toutes ces malles ? Vos gens disent que vous partez. — Hélas! ma chère amie, le maître le veut, à ce que m'a dit M. de Machault. — Et son avis à lui, quel est-il, dit la maréchale? — Que je parte sans différer. » — Pendant ce temps je déshabillais seule Madame, qui avait voulu être plus à son aise sur sa chaise longue. — « Il veut être le maître, dit la maréchale, votre garde-des-sceaux, et il vous trahit : qui quitte la partie, la perd. » Je sortis ; M. de Soubise entra, M. l'abbé ensuite, et M. de Marigni. Celui-ci, qui avait beaucoup de bontés pour moi, vint dans ma chambre une heure après ; j'étais seule. « Elle reste, dit-il, mais *motus* (1) ; on fera semblant qu'elle s'en va, pour ne pas animer ses ennemis. C'est la petite maréchale qui l'a décidée, mais son garde (elle appelait ainsi M. de Machault) le paiera. » Quesnay entra, et avec son air de singe, ayant entendu ce qu'on disait, récita une fable d'un renard qui étant à manger avec d'autres animaux, persuada à l'un que ses ennemis le cherchaient, pour hériter de sa part en son absence. Je ne revis Madame que bien tard, au moment de son coucher. Elle était plus calme ; les choses allèrent de mieux en mieux chaque jour, et le Machault, infidèle ami, fut renvoyé. Le roi revint à son ordinaire chez Madame. J'appris par M. de Marigni que M. l'abbé avait été un jour chez M. d'Argenson, pour l'engager à vivre amicalement avec Madame, et qu'il en avait été reçu très-froidement. « Il est fier, me dit-il, du renvoi de Machault, qui laisse le champ vide à celui qui a le plus d'expérience et d'esprit ; et je crains que cela

---

(1) C'est un mot latin employé vulgairement pour signifier de garder le silence, comme l'on dit aussi *tacet*.

(*Note du premier édit.*)

n'entraîne un combat à mort. » Le lendemain, Madame ayant demandé sa chaise, je fus curieuse de savoir où elle allait, parce qu'elle sortait peu, si ce n'était pour aller à l'église, ou chez des ministres. On me dit qu'elle était allée chez M. d'Argenson. Elle rentra une heure au plus après, et avait l'air de fort mauvaise humeur. Ensuite elle s'appuya devant la cheminée, les yeux fixes sur le chambranle. M. de Bernis entra. J'attendais qu'elle ôtât son manteau et ses gants, ayant les mains dans son manchon. M. l'abbé resta quelques minutes à la regarder, ensuite lui dit : « Vous avez l'air d'un mouton qui rêve. » Elle sortit de sa rêverie en jetant son manchon sur un fauteuil, et dit : « C'est un loup qui fait rêver le mouton. » Je sortis; le maître entra peu de temps après, et j'entendis que Madame sanglotait. M. l'abbé entra chez moi, et me dit d'apporter des gouttes d'Hoffman; le roi arrangea lui-même la potion avec du sucre et la lui présenta de l'air le plus gracieux. Elle finit par sourire, et baisa les mains du roi. » Je sortis, et le surlendemain j'appris de grand matin l'exil de M. d'Argenson. C'était bien sa faute, et c'est le plus grand acte de crédit que Madame ait fait. Le roi aimait beaucoup M. d'Argenson, et la guerre sur mer et sur terre exigeait que l'on ne renvoyât pas ces deux ministres. C'est ce que tout le monde disait dans le moment.

Bien des gens parlent de la lettre du comte d'Argenson à madame d'Esparbès; la voici suivant la

version la plus exacte : « L'indécis est enfin décidé.
» Le garde-des-sceaux est renvoyé. Vous allez
» revenir, ma chère comtesse, et nous serons les
» maîtres du tripot. »

Ce qu'il y a de plus secret, c'est qu'on prétend que c'est d'Arboulin, que Madame appelle *boubou*, qui a donné de l'argent, le jour même du renvoi du garde-des-sceaux, au courrier de confiance du comte, et qu'il lui a remis cette lettre — Cela est-il bien vrai? — Je n'en jurerais pas, mais on dit que cela est dans le style du comte, et d'ailleurs qui aurait aussitôt inventé cette lettre? Ce qu'il y a de sûr, c'est que le roi a paru trop en colère pour n'avoir pas d'autre sujet de mécontentement, que le refus du comte de se réconcilier avec Madame. Personne n'ose marquer de l'attachement pour le ministre disgracié. J'ai demandé à ces dames ce qu'elles savaient et à mes amis; ils ne savent rien, et je conçois pourquoi Madame ne leur fait pas en ce moment ses confidences, mais avec le temps elle sera moins réservée. Tout cela m'inquiète peu, parce qu'elle se porte bien et qu'elle paraît contente.

Une chose qui fait honneur au roi, c'est ce qu'il a dit à un seigneur que Madame n'a pas nommé. Il se frottait les mains d'un air joyeux, en disant: *Je viens de voir partir les bagages de M. d'Argenson.* Ce seigneur était un courtisan assidu du comte, et le roi l'entendant, s'approcha de Madame en levant les épaules, et dit : *Et le coq chanta.*

C'est ce qui est, je crois, dans l'Évangile quand Pierre renia Notre Seigneur. J'avoue que cela m'a fait grand plaisir de la part du roi, et montre bien qu'il n'est pas la dupe de ceux qui l'entourent, et qu'il hait la trahison, car c'en est une.

Madame me fit appeler hier à sept heures pour lui lire quelque chose, ces dames étaient à Paris, et M. de Gontaut malade. « Le roi, me dit-elle, restera ce soir long-temps au conseil, c'est encore pour les affaires du parlement. » M'ayant fait cesser la lecture, je voulus sortir, elle me dit : Restez. Elle se leva, on lui apporta une lettre, et elle répondit avec un air d'impatience et de mauvaise humeur. Enfin au bout de quelque temps elle s'ouvrit, ce qui ne lui arrivait que lorsqu'elle était fort chagrine; et comme aucun des confidens n'était là, elle me dit : « C'est de Monsieur mon frère qui n'aurait pas osé me dire cela, il me l'écrit. J'avais arrangé pour lui un mariage avec la fille d'un homme titré, il paraissait s'y prêter, et je m'étais engagée. Aujourd'hui il me mande qu'il a pris des informations; que le père et la mère sont d'une hauteur insupportable; que la fille est fort mal élevée; et qu'il sait à n'en pas douter, qu'ayant eu quelque connaissance du mariage dont il est question, elle s'était exprimée avec le dernier mépris; qu'il en est sûr, et qu'on m'a encore moins ménagée que lui; enfin, qu'il me prie de rompre le mariage. Mais il m'a laissé aller trop avant, et voilà des ennemis irréconciliables qu'il me fait. Ce sont quelques-uns de ses complaisans, qui lui ont mis cela dans la tête, parce qu'ils ne voudraient pas qu'il changeât de vie, et que la plupart ne seraient pas admis chez sa femme. » Je tâchai d'adoucir Madame, et je trouvai, sans le dire, que son frère avait raison. Elle persista à dire que c'étaient des mensonges, et traita, le dimanche suivant, son frère très-froidement. Il ne me dit rien alors, et il m'aurait fort embarrassée. Madame raccommoda tout, en facilitant par des grâces le mariage de la demoiselle avec un homme de la cour. La conduite qu'elle tint deux mois après son mariage, fit dire à Madame que son frère avait bien eu raison.

Je vis madame du Chiron, mon amie, et elle me dit : « Pourquoi madame la marquise est-elle si opposée aux Jésuites ? Je vous assure qu'elle a tort, et toute puissante qu'elle est, elle peut s'en trouver mal. » Je lui répondis que je n'en savais rien. « Cela est très-certain, et elle ne sent pas qu'un mot de plus ou de moins peut décider de son sort. — Comment l'entendez-vous, lui dis-je ? — Eh bien ! je vais m'ouvrir, répondit-elle. Vous savez ce qui est arrivé à l'assassinat du roi, on a voulu la faire sortir aussitôt du château. Les Jésuites n'ont en vue que le salut de leurs pénitens, mais ils sont hommes, et la haine, sans qu'ils le sachent, peut agir dans leur cœur, et leur inspirer une rigueur plus grande que les circonstances ne l'exigent absolument. Une disposition favorable peut au contraire engager le confesseur à de grands ménagemens, et le plus court intervalle suffit pour sauver une favorite et surtout quand il peut se trouver quelque prétexte honnête pour son séjour à la cour. » Je convins de tout ce qu'elle disait; mais je lui dis que je n'oserais toucher cette corde. J'y fis réflexion ensuite, et je vis par là combien les jésuites étaient intrigans, ce que je savais déjà; je crus néanmoins, malgré ce que j'avais répondu, devoir en faire part à Madame sans aucune réflexion, mais pour l'acquit de ma conscience. « Votre amie madame du Chiron, me dit-elle, est affiliée, à ce que je vois, aux jésuites, et ne vous parle pas d'elle-même ; elle est détachée par quelque révérend père, et je saurai par lequel. » On mit des espions, à ce que je suppose, à ses trousses, et on sut que c'était un père de Saci, à ce que je crois, et surtout un père Frey, qui gouvernaient ladite dame. » Quel dommage, me dit Madame, que l'abbé Chauvelin ne puisse savoir cela; » c'était l'ennemi le plus redoutable des révérends pères. Madame du Chiron m'a toujours regardée comme janséniste, pour n'avoir pas voulu épouser, comme elle, les intérêts des révérends pères (1).

Madame n'est occupée que de l'abbé de Bernis qu'elle croyait devoir suffire à tout : elle en parle

---

(1) Voyez dans les morceaux historiques les détails relatifs à la destruction des jésuites.

sans cesse. A propos de cet abbé, il faut que je dise quelque chose de singulier qui ferait croire aux sorciers. Un an ou quinze mois avant sa disgrâce, Madame étant à Fontainebleau, elle se mit devant un petit secrétaire pour écrire; il y avait au-dessus un portrait du roi. En fermant le secrétaire, après avoir écrit, le portrait tomba, et frappa assez fortement sa tête. Les personnes qui en furent témoins s'alarmèrent, et on envoya chercher M. Quesnay. Il se fit expliquer la chose, et ordonna des calmans et une saignée. Comme elle venait d'être faite, entra madame de Brancas qui vit du trouble et du mouvement, et Madame sur sa chaise longue. Elle demanda ce que c'était, et on le lui dit. Après avoir témoigné à Madame ses regrets, et l'avoir rassurée, elle lui dit : « Je demande en grâce à Madame et au roi, qui venait d'entrer, d'envoyer aussitôt un courrier à M. l'abbé de Bernis, et que madame la marquise veuille bien lui écrire une lettre dans laquelle, sans autre détail, elle lui demandera de lui marquer ce que lui a dit sa sorcière, et qu'il ne craigne pas de l'inquiéter. » La chose fut faite, et ensuite madame de Brancas dit que la Bontemps lui avait prédit dans du marc de café, où elle voyait tout, que la tête de sa meilleure amie était menacée, mais qu'il n'en arriverait rien de fâcheux. Le lendemain l'abbé écrivit que madame Bontemps lui avait dit aussi : « Vous étiez presque noir en venant au monde, » et que cela était vrai, et qu'on a attribué cette couleur, qui avait duré quelque temps, à un tableau qui était devant le lit de sa mère, et qu'elle regardait souvent ce tableau qui représentait Cléopâtre se tuant au moyen d'une piqûre d'aspic que lui apportait un Maure dans des fleurs. Il dit encore qu'elle lui avait dit : « Vous avez bien de l'argent avec vous, mais il ne vous appartient pas; » qu'effectivement il avait deux cents louis pour remettre au duc de la Vallière. Enfin il marquait que, regardant dans la tasse, elle avait dit : « Je vois une de vos amies, la meilleure, une grande dame, menacée d'un accident. » Qu'il devait avouer, malgré sa philosophie, qu'il avait pâli; qu'elle s'en était aperçue, avait regardé de nouveau, et avait dit : « Sa tête sera un peu menacée, mais il n'y paraîtra pas une demi-heure après. » Il n'y avait pas moyen de douter du fait, et il parut fort étonnant au roi qui fit prendre des informations sur la sorcière, mais que Madame empêcha d'être poursuivie par la police.

Il venait souvent, chez Madame, un homme qui était bien aussi étonnant qu'une sorcière. C'est le comte de Saint-Germain qui voulait faire croire qu'il vivait depuis plusieurs siècles (1). Un jour

---

(1) Saint-Germain était un adepte, digne prédécesseur de Cagliostro. Celui-ci se promettait de vivre cinq cents ans. Le comte de Saint-Germain s'en donnait déjà 2000, et selon lui ce n'était encore qu'un à-compte. Il s'attribuait même la faculté de transmettre le don d'une longue vie. Prenant un jour son do-

Madame lui dit devant moi, à la toilette : « Comment était fait François Ier ? c'est un roi que j'aurais aimé. —Aussi était-il très-aimable, » dit Saint-Germain ; et il dépeignit ensuite sa figure et toute sa personne, comme l'on fait d'un homme qu'on a bien considéré. « C'est dommage qu'il fût trop ardent. Je lui aurais donné un bien bon conseil qui l'aurait garanti de tous ses malheurs..... mais il ne l'aurait pas suivi, car il semble qu'il y ait une fatalité pour les princes qui ferment leurs oreilles, c'est-à-dire celles de leur esprit, aux meilleurs avis, surtout dans les momens critiques.—Et le connétable, dit Madame, qu'en dites-vous ?—Je ne puis en dire trop de bien et trop de mal, répondit-il.—La cour de François Ier était-elle fort belle ?—Très-belle, mais

---

mestique à témoin d'un fait qui remontait assez haut : « Je n'en ai
» pas connaissance, répondit celui-ci ; monsieur le comte oublie
» qu'il n'y a que cinq cents ans que j'ai l'honneur de le servir. »

Saint-Germain, ainsi que tous les charlatans de cette espèce, se parait d'une magnificence théâtrale et d'une science encore plus trompeuse. La fantasmagorie le servait au mieux ; et comme il évoquait, par des effets de catoptrique, des ombres demandées et presque toujours reconnues, sa correspondance avec l'autre monde était une chose prouvée par beaucoup de gens. Il joua le même rôle à Londres, à Venise, en Hollande ; mais il regretta constamment Paris, où jamais on ne chicana ses miracles.

Saint-Germain passa ses derniers jours auprès du prince de Hesse-Cassel, et mourut à Plewig en 1784, au milieu de ses enthousiastes étonnés qu'il eût subi la loi commune.

(*Note des nouv. édit.*)

celle de ses petits-fils la surpassait infiniment; et du temps de Marie-Stuart, et de Marguerite de Valois, c'était un pays d'enchantement, le temple des plaisirs; ceux de l'esprit s'y mêlaient. Les deux reines étaient savantes, faisaient des vers, et c'était un plaisir de les entendre. » Madame lui dit en riant : « Il semble que vous ayez vu tout cela. — J'ai beaucoup de mémoire, dit-il, et j'ai beaucoup lu l'histoire de France. Quelquefois je m'amuse non pas à *faire croire*, mais à *laisser croire*, que j'ai vécu dans les plus anciens temps.—Mais enfin vous ne dites pas votre âge, et vous vous donnez pour fort vieux. La comtesse de Gergy qui était, il y a cinquante ans, je crois ambassadrice à Venise, dit vous y avoir connu tel que vous êtes aujourd'hui.—Il est vrai, Madame, que j'ai connu, il y a long-temps, madame de Gergy. — Mais, suivant ce qu'elle dit, vous auriez plus de cent ans à présent?—Cela n'est pas impossible, dit-il en riant; mais je conviens qu'il est encore plus possible que cette dame, que je respecte, radote. — Vous lui avez donné, dit-elle, un élixir surprenant par ses effets; elle prétend qu'elle a long-temps paru n'avoir que vingt-quatre ans. Pourquoi n'en donneriez-vous pas au roi?—Ah! Madame, dit-il avec une sorte d'effroi, que je m'avise de donner au roi une drogue inconnue, il faudrait que je fusse fou. » Je rentrai chez moi pour écrire cette conversation. Quelques jours après, il fut question entre le roi, Madame, quelques scigneurs, et le comte de Saint-Germain, du secret qu'il avait de faire disparaître les taches des diamans. Le roi se fit apporter un diamant médiocre en grosseur, qui avait une tache. On le fit peser, et le roi dit au comte : « Il est estimé six mille livres, mais il en vaudrait dix sans la tache. Voulez-vous vous charger de me faire gagner quatre mille francs? » Il l'examina bien, et dit : « Cela est possible, et dans un mois je le rapporterai à Votre Majesté. —Le comte, un mois après, rapporta au roi le diamant sans tache; il était enveloppé dans une toile d'amiante qu'il ôta. Le roi le fit peser, et à quelque petite chose près, il était aussi pesant. Le roi l'envoya à son joaillier, sans lui rien dire, par M. de Gontaut, qui rapporta neuf mille six cents livres; mais le roi le fit redemander pour le garder par curiosité. Il ne revenait pas de sa surprise, et il disait que M. de Saint-Germain devait être riche à millions, surtout s'il avait le secret de faire avec de petits diamans de gros diamans. Il ne dit ni oui, ni non; mais il assura très-positivement qu'il savait faire grossir les perles, et leur donner la plus belle eau. Le roi le traitait avec considération, ainsi que Madame. C'est elle qui m'a raconté ce que je viens de dire. M. Quesnay m'a dit, au sujet des perles : C'est une maladie des huîtres, et il est possible d'en savoir le principe. Ainsi M. de Saint-Germain peut grossir les perles; mais il n'en est pas moins un charlatan, puisqu'il a un élixir de longue vie, et qu'il donne à entendre qu'il a plusicurs siècles : le maître au reste en est entêté, et en parle quelquefois comme étant d'une illlustre naissance.

Je l'ai vu plusieurs fois, il paraissait avoir cinquante ans; il n'était ni gras, ni maigre; avait l'air fin, spirituel, était mis très-simplement, mais avec goût; il portait aux doigts de très-beaux diamans, ainsi qu'à sa tabatière et à sa montre. Il vint, un jour où la cour était en magnificence, chez Madame, avec des boucles de souliers et de jarretières de diamans fins, si belles, que Madame dit qu'elle ne croyait pas que le roi en eût d'aussi belles. Il passa dans l'anti-chambre pour les défaire, et les apporter pour les voir de plus près; et en comparant les pierres à d'autres, M. de Gontaut qui était là, dit qu'elles valaient au moins deux cent mille francs. Il avait ce même jour une tabatière d'un prix infini, et des boutons de manche de rubis qui étaient étincelans. On ne savait pas d'où cet homme était si riche, si extraordinaire, et le roi ne souffrait pas qu'on en parlât avec mépris et raillerie. On l'a dit bâtard d'un roi de Portugal.

Je sus par M. de Marigni que les parens de la bonne petite maréchale (1) lui avaient fait une grande querelle sur la bassesse prétendue de sa conduite avec Madame; elle recevait, disait-on, les noyaux de cerises que Madame mangeait quelquefois en voiture, dans ses belles petites mains,

---

(1) De Mirepoix.

et elle se mettait sur le devant de la voiture, Madame étant seule sur le fond. La vérité est, qu'en allant à Crécy par une chaleur affreuse, chacune de ces dames avait voulu être seule sur un côté de la voiture, et cela pour avoir moins chaud ; et pour ce qui est des cerises, des villageoises en ayant apporté à ces dames, elles en mangèrent pour se rafraîchir pendant qu'on changeait de chevaux, et la maréchale ayant prêté son mouchoir, qui leur servit à toutes deux, elle jeta par la portière les noyaux qu'elles y avaient jetés en les mangeant. Les gens qui relayaient en même temps, avaient arrangé cela à leur manière.

J'avais, comme vous savez, un très-joli appartement à l'hôtel, où j'allais presque toujours à couvert. J'avais reçu deux ou trois personnes de Paris, qui m'avaient dit des nouvelles ; et Madame m'ayant fait appeler, je me rendis auprès d'elle, et la trouvai avec M. de Gontaut. Je ne pus m'empêcher de lui dire en entrant : « Madame doit être fort contente de la belle action de M. le marquis de *******. » Madame me dit d'un ton sec : « Taisez-vous, et écoutez ce que j'ai à vous dire. » Rentrée dans ma petite chambre, je reçus la visite de madame la comtesse d'Amblimont, et je lui racontai la mauvaise réception que m'avait faite Madame. « Je vois ce que c'est, me dit-elle, et cela n'a aucun rapport à vous ; je vais vous expliquer la chose. Le marquis de******* a raconté à tout Paris, qu'il y a quelques jours se rendant à pied et seul chez lui pendant la nuit, il avait entendu des cris dans une rue sombre et voûtée à moitié, qu'on appelle *Férou;* qu'il avait mis l'épée à la main, et était entré dans cette rue, où il avait vu à la lueur de la lanterne une très-belle femme, et bien mise, à qui l'on faisait violence; qu'il s'était approché, et que la femme lui avait dit : « Soyez mon libérateur; » qu'il avait fondu sur les assassins, dont deux, l'épée à la main, s'étaient battus contre lui, tandis qu'un autre tenait la femme dont il s'efforçait de fermer la bouche; qu'il en avait blessé un au bras, et que comme on entendit que des gens passaient au bout de la rue, et qu'on craignit qu'ils n'y entrassent, ils s'étaient enfuis; qu'il s'était alors approché de la dame qui lui avait dit que ce n'étaient pas des voleurs, mais de grands scélérats, dont l'un était amoureux fou d'elle; que la dame s'était confondue en témoignages de reconnaissance; qu'elle lui avait demandé de ne pas la suivre, après l'avoir conduite jusques à un fiacre; qu'elle n'avait pas voulu dire son nom, mais qu'elle lui avait fait accepter une petite bague pour signe de souvenir, et qu'elle lui avait promis de le voir et de lui tout dire s'il voulait lui donner son adresse; qu'il avait obéi à la dame qui est charmante, et qui l'avait embrassé à plusieurs reprises dans l'effusion de sa reconnaissance. — Voilà qui est très-beau, dit madame la comtesse d'Amblimont; mais écoutez le reste. Le marquis de******** s'est présenté le lendemain partout, avec un taffetas noir près du poignet, où il dit avoir reçu une *estafilade*. Il a raconté son histoire à tout le monde, et chacun a fait ses commentaires. Il a été au dîner de M. le Dauphin qui lui a parlé de sa bravoure et de la belle inconnue, et lui a dit en avoir fait compliment à M. le duc de C*******. J'oubliais de vous dire que le soir même, me dit madame d'Amblimont, il était entré chez madame d'Estillac, vieille joueuse, où l'on ne se couche qu'à quatre heures du matin; qu'il avait surpris tout le monde par le désordre où il était, sa bourse étant tombée, et ayant un pan de son habit percé, et sa main droite étant en sang; qu'on s'était empressé d'y mettre une compresse, et de lui faire prendre du vin de Rota. Il y a quatre jours que M. le duc de C******* a soupé chez le roi, et s'est trouvé auprès de M. de Saint-Florentin. Il lui a parlé de l'aventure de son parent, et lui a demandé s'il avait fait quelques perquisitions sur la dame. M. de Saint-Florentin a répondu sèchement que non; et M. de C******* lui ayant fait encore quelques questions, il a remarqué qu'il avait les yeux baissés sur son assiette, qu'il répondait d'un air embarrassé et seulement par monosyllabes. Il lui en a demandé la raison, et M. de Saint-Florentin lui a dit qu'il souffrait de le voir ainsi dans l'erreur. — Comment, a répondu M. de C*******, pouvez-vous le savoir, si cela est? — Rien n'est plus aisé à vous prouver, dit M. de Saint-Florentin. Vous sentez bien que j'ai ordonné, aussitôt que j'ai été instruit du combat de M. le marquis de*******, de faire des recherches; et il s'est trouvé que la nuit où s'est passé, dit-on, cet événement, il y avait dans cette petite rue une escouade du guet en embuscade, pour attendre un filou qui devait sortir d'un tripot; qu'elle y a resté jusqu'à près de quatre heures, et n'a pas entendu le moindre bruit. M. de C******* est devenu furieux en écoutant ce récit dont M. de Saint-Florentin avait dû rendre compte au roi. Il fera dire, on l'a déjà fait dire, à son parent de se rendre à son département. Voyez, d'après cela, ma chère bonne, si vous avez dû être bien reçue, lorsque vous êtes venue la gueule enfarinée faire votre compliment à madame la marquise. Cette aventure, me dit-elle en outre, a donné lieu au roi de raconter qu'il y a quinze ans environ, M. le comte d'E******, étant ce qu'on appelle *enfant d'honneur* auprès de M. le dauphin, et âgé de quatorze ans environ, rentra un soir, sa bourse arrachée, ses manchettes déchirées, chez M. le dauphin, et raconta qu'étant allé se promener à la pièce d'eau des Suisses un peu tard, il avait été attaqué par deux voleurs; qu'il n'avait rien voulu leur donner; qu'il s'était mis en défense l'épée à la main; que l'un avait une épée, l'autre un gros bâton, dont il avait reçu plusieurs coups; mais qu'il en avait blessé un au bras; qu'en ce moment ils avaient entendu du bruit et s'étaient enfuis. Mais malheureusement pour le comte, on sut qu'il y avait eu du monde dans l'endroit, et à l'heure dont il parlait, et qu'on n'avait rien entendu. On excusa le comte d'après son âge, M. le dauphin lui ayant fait avouer la vérité, et on regarda cela comme une envie d'enfant de faire parler de soi.

Le roi n'aimait pas le roi de Prusse, qu'il savait faire des plaisanteries sur la vie qu'il menait, et sur sa maîtresse. Il n'aurait tenu qu'à ce prince, à ce que j'ai entendu dire, que le roi de France eût été son plus ferme allié et son ami, autant que les souverains peuvent l'être entre eux ; mais les railleries de Frédéric l'avaient ulcéré, et furent cause du traité de Versailles (1). Il entra un jour chez Madame, avec un papier à la main, et lui dit : « Le roi de Prusse est certainement un grand homme, il aime les gens à talens, et comme Louis XIV, il veut faire retentir l'Europe de ses bienfaits envers les savans des pays étrangers. » Madame, et M. de Marigni qui était présent, attendaient. « Voici, dit-il, une lettre de lui, adressée à milord Maréchal, pour lui ordonner de faire part à un homme *supérieur* de mon royaume, d'une pension qu'il lui accorde (2); » et jetant les yeux sur la let-

---

(1) Mai 1758.

(2) George Keith, plus connu sous le nom de *Milord Maréchal*, était le fils aîné de William Keith, comte maréchal d'Écosse. Partisan déclaré des Stuarts, il ne cessa de combattre pour eux que lorsque leur cause, tout-à-fait désespérée, faisait courir à leurs défenseurs des dangers inutiles. Chassés de leur patrie, qui n'était plus la sienne, Milord Maréchal habita tour à tour la France, la Prusse, l'Espagne et l'Italie,

tre, il lut ces mots : « Vous saurez qu'il y a un
» homme à Paris, du plus grand mérite, qui ne
» jouit pas des avantages d'une fortune propor-
» tionnée à ses talens et à son caractère; je pour-
» rais servir d'yeux à l'aveugle déesse, et réparer au
» moins quelques-uns de ses torts; et je vous prie
» d'offrir par cette considération...... Je me flatte
» qu'il acceptera cette pension en faveur du plaisir
» que j'aurai d'avoir obligé un homme qui joint la
» beauté du caractère aux talens les plus *sublimes*
» de l'esprit. » Le roi s'arrêta, et dans ce moment arrivèrent MM. de Gontaut et d'Ayen auxquels il recommença la lettre; et il ajouta, « elle m'a
été remise par le ministre des affaires étrangères,
à qui l'a confiée milord Maréchal, pour que je per-

---

préférant à tous les pays les délicieuses campagnes et le ciel
de Valence.

Il connut J.-J. Rousseau, lui témoigna de l'affection, et
tâcha d'en être aimé ; mais le philosophe, à la fois trop sensible
et trop ombrageux, pouvait-il aimer long-temps un homme
qui le menaçait de ses bienfaits?

Milord Maréchal mourut au mois de mai de l'année 1778.

C'était Milord Maréchal qui disait à madame Geoffrin, en
parlant de son frère, feld-maréchal de l'armée prussienne,
mort au champ d'honneur : « Mon frère me laisse le plus bel
» héritage, » il venait de mettre à contribution toute la Bo-
hême, « et sa succession ne s'élève pas à soixante-dix ducats. »

Il existe un éloge de *Milord Maréchal* par d'Alembert;
c'est de tous ses ouvrages celui que Linguet a le plus cruellement déchiré. (Voy. Annales politiques, 1778.)

(*Note des nouv. édit.*)

mette au *génie sublime* d'accepter ce bienfait. « Mais, dit le roi, à combien croyez-vous que ce monte ce bienfait ? » Les uns dirent, *six, huit, dix* mille livres. « Vous n'y êtes pas, dit le roi, à *douze cents livres.* » Pour des talens sublimes, dit le duc d'Ayen, ce n'est pas beaucoup. Mais les beaux-esprits feront retentir dans toute l'Europe cette lettre, et le roi de Prusse aura le plaisir de faire du bruit à peu de frais. » Le chevalier de Courten (1), qui avait été en Prusse, entra, et entendant raconter cette histoire, il dit : « J'ai vu bien mieux ; en passant par je ne sais quel village en Prusse, je suis descendu à la poste, en attendant des chevaux ; et le maître de la poste, qui était un capitaine prussien, m'a montré plusieurs lettres de la main de Frédéric, adressées à son oncle, homme de naissance, qu'il traitait de son ami, lui promettant d'avoir soin de ses neveux ; et ce qu'il a accordé à l'aîné, cruellement blessé, est la place de maître de poste qu'il occupait. » M. de Marigni raconta cette histoire chez Quesnay, et il ajouta que l'homme de génie était d'Alembert, et que le roi lui avait permis d'accepter la pension. Sa sœur avait, dit-il, insinué au roi de donner le double à d'Alembert, et de lui défendre d'accepter la pension. Mais il n'avait pas voulu, parce qu'il regar-

---

(1) Le chevalier de Courten était un officier suisse, homme d'esprit.

dait d'Alembert comme un impie. M. de Marigni prit copie de la lettre, qu'il me confia.

Un certain seigneur eut l'air, pendant un temps, de faire les yeux doux à madame Adélaïde qui ne s'en apercevait pas; mais comme il y a des Argus à la cour, on ne manqua pas d'en faire rapport au roi qui crut s'en être aperçu. J'ai su qu'il entra un jour en colère chez Madame, et qu'il lui dit: « Croiriez-vous qu'il y a dans ma cour un homme assez insolent pour oser lever les yeux sur mes filles ? » Jamais Madame ne l'avait vu si en colère, et on fit donner l'avis à ce grand seigneur de feindre qu'il avait besoin d'aller dans ses terres où il resta deux mois. Madame a dit, long-temps après, qu'elle pensait qu'il n'y avait point de supplices auxquels le roi n'eût condamné un homme qui aurait séduit une de ses filles. Madame Adélaïde, à l'époque dont il s'agit, était charmante, et joignait à la plus aimable figure une grâce infinie et beaucoup de talens.

Un courrier ayant apporté une lettre à Madame, elle fondit en larmes; c'était la nouvelle de Rosbach, que lui mandait M. de Soubise, avec des détails. J'entendis Madame dire au maréchal de Belle-Isle, en s'essuyant les yeux : « M. de Soubise est inconsolable; il ne cherche point à s'excuser, il ne voit que le désastre qui l'accable. — Cependant, dit M. de Belle-Isle, M. de Soubise aurait beaucoup de choses à dire en sa faveur, et je l'ai dit au roi. — Il est bien beau à vous, M. le maréchal, de ne pas laisser accabler un malheureux; le public est déchaîné contre lui, que lui a-t-il fait? — Il n'y a pas, dit M. de Belle-Isle, un plus honnête homme et plus obligeant. Je ne fais que mon devoir en rendant justice à la vérité et à un homme pour qui j'ai la plus profonde estime. Le roi vous expliquera, Madame, que M. de Soubise a été forcé de donner la bataille par le prince de Saxe Hildbourgshausen (1), dont les troupes ont fui les premières et entraîné les Français. » Madame aurait embrassé le vieux maréchal, si elle l'eût osé, tant elle était contente.

M. de Soubise ayant gagné une bataille (2), fut fait maréchal de France; Madame était enchantée du succès de son ami. Mais soit qu'il ne fût pas important, soit ressentiment de la part du public, personne n'en parlait, si ce n'est les amis de Madame. On lui cacha cette défaveur; et à sa toilette ayant dit à Colin, son intendant : « N'êtes-vous pas bien aise de la victoire de M. de Soubise, qu'en dit-on dans le public? Il a bien pris sa revanche? » Colin, embarrassé, ne savait que répondre; enfin elle le pressa, et il dit qu'il avait été malade et n'avait vu personne depuis huit jours.

M. de Marigni entra un jour chez moi de mauvaise humeur; je lui en demandai le sujet. « Je

---

(1) Feld-maréchal de l'armée de l'empire. — Novembre 1757.

(2) Celle de Lutzelberg, en octobre 1758.

viens, dit-il, de faire des représentations à ma sœur pour qu'elle ne place pas à la marine M. le Normand-de-Mezi. C'est amasser, lui ai-je dit, des charbons de plus sur sa tête; une favorite ne doit point multiplier contre elle les points d'attaque. » Le docteur entra, il le lui répéta. « Vous valez, dit le docteur à M. de Marigni, votre pesant d'or pour le sens et la capacité dans votre place et pour votre modération; mais on ne vous rendra point justice........ Votre avis est excellent; il n'y aura pas un vaisseau de pris que Madame n'en soit responsable au public, et vous êtes bien sage de ne pas songer au ministère pour vous-même. »

Un jour que j'étais à Paris, j'allai dîner chez le docteur qui s'y trouvait aussi; il avait assez de monde, contre son ordinaire, et entre autres un jeune maître des requêtes d'une belle figure, qui portait un nom de terre que je ne me rappelle pas, mais qui était fils du prévôt des marchands, Turgot. On parla beaucoup administration, ce qui d'abord ne m'amusa pas; ensuite il fut question de l'amour des Français pour leur roi. M. Turgot prit la parole et dit : « Cet amour n'est point aveugle, c'est un sentiment profond et un souvenir confus de grands bienfaits. La nation, et je dirai plus, l'Europe et l'humanité, doivent à un roi de France (j'ai oublié le nom) (1) la liberté; il a établi les communes, et donné à une multi-

---

(1) Philippe-le-Long.

tude immense d'hommes une existence civile. Je sais qu'on peut dire avec raison qu'il a servi son intérêt en les affranchissant; qu'ils lui ont payé des redevances, et qu'enfin il a voulu par-là affaiblir la puissance des grands et de la noblesse; mais qu'en résulte-t-il? que cette opération est à la fois utile, politique et humaine. » Des rois en général, on passa à Louis XV, et le même M. Turgot dit que son règne serait à jamais célèbre pour l'avancement des sciences, le progrès des lumières et de la philosophie. Il ajouta qu'il manquait à Louis XV ce que Louis XIV avait de trop, une grande opinion de lui-même; qu'il était instruit, que personne ne connaissait mieux que lui la topographie de la France; qu'au conseil, son avis était toujours le plus juste; qu'il était fâcheux qu'il n'eût pas plus de confiance en lui-même, ou ne plaçât pas sa confiance dans un premier ministre approuvé de la nation. Tout le monde fut de son avis. Je priai M. Quesnay d'écrire ce qu'avait dit le jeune Turgot, et je le montrai à Madame. Elle fit à ce sujet l'éloge de ce maître des requêtes; et en ayant parlé au roi, il dit : « C'est une bonne race. »

Un jour que j'avais été me promener, je vis en revenant beaucoup de gens aller et venir, se parler en particulier; et il était aisé de juger qu'il s'était passé quelque chose d'extraordinaire. Je demandai à quelqu'un de ma connaissance ce que c'était. « Hélas, me dit-il les larmes aux yeux, des assassins, qui ont formé le projet de tuer le roi, ont blessé en plusieurs endroits un garde-du-corps qui les a entendus dans un corridor obscur : on l'a porté à l'infirmerie; et comme il a désigné la couleur de l'habit de ces deux hommes, on les cherche partout, et on a arrêté des gens qui sont vêtus de cette couleur. » Je vis Madame avec M. de Gontaut, et je m'empressai d'entrer. Elle trouva sa porte assiégée d'une multitude de gens, et fut effrayée; mais en entrant elle trouva chez elle M. le comte de Noailles. « Qu'est-ce donc, lui dit-elle, M. le comte? » Il lui dit qu'il était venu pour lui parler, et ils entrèrent dans son cabinet. La conférence ne fut pas longue; j'étais restée dans le salon avec l'écuyer de Madame, le chevalier de Sosent, Gourbillon, son valet de chambre, et quelques personnes étrangères. On raconta beaucoup de circonstances; mais le genre de blessures n'étant que des égratignures, quelques contradictions échappées au garde-du-corps, faisaient croire que c'était un imposteur qui avait imaginé une fable pour obtenir quelque grâce. La soirée ne se passa pas sans en avoir la preuve, et, je crois, de son propre aveu. Le roi vint le soir chez Madame; il parla de cet événement avec beaucoup de sang-froid, et dit: «Le monsieur qui a voulu me tuer était un scélérat fou; celui-ci est un vil gueux. » Il n'appelait jamais Damiens lorsqu'il en parlait, ce qui n'a duré que quelque temps pendant son procès, que ce monsieur. J'ai entendu dire qu'il avait proposé de l'enfermer dans un cachot; mais que l'horreur du forfait avait fait insister les juges à ce qu'il subît tous les tourmens de ses pareils. Beaucoup de personnes, et des femmes même, ont eu la curiosité barbare d'assister à cette exécution, entre autres madame de P******, femme d'un fermier-général, et très-belle. Elle avait loué une croisée ou deux douze louis, et l'on jouait dans la chambre en l'attendant. Cela fut raconté au roi, et il mit les deux mains sur ses yeux, en disant : *Fi la vilaine !* On m'a dit qu'elle et d'autres avaient cru faire leur cour par-là, et signaler leur attachement pour la personne du roi.

Deux choses me furent racontées par M. Duclos, lors de l'assassinat du roi : la première est la singulière arrivée de M. le comte de Sponheim qui était le duc de Deux-Ponts, et héritier du Palatinat et de la Bavière. Il passait pour être l'ami du roi, et faisait de longs séjours en France. Il venait très-souvent chez Madame; le roi le traitait avec beaucoup de considération et lui témoignait de l'amitié. M. Duclos nous raconta que le duc de Deux-Ponts, ayant appris à Deux-Ponts l'assassinat du roi, était aussitôt monté en voiture pour se rendre à Versailles; mais, dit-il, admirez l'esprit de *courtisanerie* d'un prince qui peut devenir demain électeur de Bavière et du Palatinat : il ne trouve pas que ce soit assez, et à dix lieues de Paris, il prend de grosses bottes, monte un cheval de poste, et arrive claquant son fouet dans la cour du château. Si ce n'était pas de la charlatanerie, et que ce fût une impatience réelle, il aurait monté à cheval à vingt lieues d'ici. « Je ne pense pas comme vous, dit un monsieur que je ne connaissais pas; l'impatience prend souvent à la fin d'une entreprise, et l'on emploie le moyen le plus prompt qui est en notre pouvoir. D'ailleurs, il se peut faire que M. le duc de Deux-Ponts ait voulu, en se montrant ainsi à cheval, servir le roi qu'il aime, en faisant voir aux Français combien le roi est aimé et honoré dans les pays étrangers. » Duclos reprit la parole, et dit : « Et M. de C******, savez-vous son histoire? Le premier jour que le roi a reçu du monde, il s'est tant poussé, qu'il est entré un des premiers avec un assez mauvais habit noir; et le roi l'ayant regardé s'est mis à rire et a dit : « Voyez donc C******, qui a la moitié de la basque de son habit emportée. » M. de C****** a regardé comme s'il n'en savait rien, et a dit: « Sire, il y a tant de monde qui s'empresse de voir Votre Majesté, qu'il faut faire le coup de poing pour avancer; et c'est sans doute là ce qui a fait déchirer mon habit. — Heureusement qu'il ne vaut pas grand'chose, a dit M. le marquis de Souvré, et vous n'en auriez pas pu choisir un plus mauvais pour le sacrifier. »

On avait donné à Madame un fort bon conseil, c'était de faire envoyer à Constantinople, en qualité d'ambassadeur, M. le Normand, son mari. Cela aurait diminué une partie du scandale qu'il y avait à voir Madame avec le titre de marquise à la cour, et son mari, fermier-général à Paris. Mais il était tellement attaché à la vie de Paris, à ses habitudes à l'Opéra, qu'on ne put jamais le déterminer. Madame chargea un M. d'Arboulin, qui avait été de sa société avant qu'elle fût à la cour, de négocier cette affaire. Il s'adressa à une mademoiselle Rem qui avait été danseuse à l'Opéra, et qui était la maîtresse de M. le Normand (1). Il lui fit les plus belles promesses; mais elle était comme lui, et préférait la vie de Paris. Elle ne voulut point s'en mêler.

Dans le temps qu'on jouait la comédie aux petits appartemens, j'obtins, par un singulier moyen, une lieutenance de roi pour un de mes parens; et cela prouve bien le prix que mettent les plus grands aux plus petits accès à la cour. Madame n'aimait rien demander à M. d'Argenson; et pressée par ma famille qui ne pouvait concevoir qu'il me fût difficile, dans la position où j'étais, d'obtenir pour un bon militaire un petit commandement, je pris le parti d'aller trouver M. le comte d'Argenson. Je lui exposai ma demande, et lui remis un mémoire. Il me reçut froidement, et me dit des choses vagues. Je sortis, et M. le marquis de V****, qui

---

(1) M. le Normand épousa cette demoiselle *Rem*, s'il faut en croire une épigramme qui courut, et que voici :

Pour réparer *miseriam*
Que Pompadour fit à la France,
Le Normand, plein de conscience,
Vient d'épouser *rempublicam*.

(*Note des nouv. édit.*)

était dans son cabinet, et qui avait entendu ma demande, me suivit. « Vous désirez, me dit-il, un commandement; il y en a un de vacant, qui m'est promis pour un de mes protégés; mais si vous voulez faire un échange de grâce, et m'en faire obtenir une, je vous le céderai. Je voudrais être *exempt de police*, et vous êtes à portée de me procurer cette place. » Je lui dis que je ne concevais pas la plaisanterie qu'il faisait. « Voici ce que c'est, dit-il; on va jouer le Tartuffe dans les cabinets, il y a un rôle d'exempt qui consiste en très-peu de vers. Obtenez de madame la marquise de me faire donner ce rôle, et le commandement est à vous. » Je ne promis rien, mais je racontai l'histoire à Madame, qui me promit de s'en charger. La chose fut faite, j'obtins mon commandement, et M. de V*** remercia Madame comme si elle l'eût fait faire duc.

Le roi était souvent importuné par les parlemens, et il tint à leur sujet un bien étrange propos, que répéta devant moi M. de Gontaut au docteur Quesnay. « Hier, le roi, dit-il, se promenait dans le salon avec un air soucieux. Madame de Pompadour lui demanda s'il avait de l'inquiétude sur sa santé, parce qu'il est depuis quelque temps un peu indisposé. Il a répondu : Non, mais je suis bien ennuyé de toutes ces remontrances. — Que peut-il en arriver, a dit Madame, qui doive inquiéter sérieusement Votre Majesté? N'est-elle pas le maître des parlemens, comme de tout son royaume?

—Cela est vrai, a dit le roi; mais sans ces conseillers et ces présidens, je n'aurais pas été frappé par ce *monsieur* (il appelait toujours ainsi son assassin).—Ah! Sire, s'est écriée madame de Pompadour. —Lisez le procès, a-t-il dit, ce sont les propos de ces messieurs qu'il nomme, qui ont bouleversé sa tête. — Mais, a dit Madame, j'ai souvent songé que si on pouvait envoyer à Rome M. l'archevêque....(1)—Trouvez quelqu'un qui fasse cette affaire-là, a-t-il dit, et je lui donnerai ce qu'il voudra.» Quesnay dit que le roi avait raison dans tout ce qu'il avait dit. L'archevêque fut exilé peu de temps après, et le roi était sérieusement affligé d'avoir été réduit à prendre ce parti. «Quel dommage, disait-il souvent, qu'un aussi honnête homme soit aussi opiniâtre!—Et aussi borné, dit un jour quelqu'un. — Taisez-vous, » lui dit brusquement le roi. M. l'archevêque était très-charitable, et d'une extrême libéralité, mais souvent il faisait des pensions, sans discernement (2). Il en avait accordé

---

(1) M. de Beaumont.

(2) Une surprise assez plaisante, faite à sa bonté naturelle, est celle-ci. Madame *la Caille*, qui jouait les duègnes à l'Opéra-Comique, lui fut adressée comme une mère de famille qui méritait sa protection. Le prélat lui demanda ce qu'il pouvait faire pour elle. » Monseigneur, lui dit l'actrice, deux » mots de votre main à M. le maréchal de Richelieu, le por- » teraient à m'accorder une demi-part. » M. de Beaumont à qui la langue du théâtre était peu familière, pensa que *demi-part* signifiait une portion plus généreuse dans les aumônes

une de cent louis à une jolie femme très-pauvre, et qui portait un beau nom qui ne lui appartenait pas. La crainte qu'elle ne donnât dans le vice l'avait engagé à lui faire une aumône aussi forte; et la femme jouait l'hypocrite à merveille; et sortie de l'archevêché en grandes coiffes, elle se divertissait avec plus d'un amant. Les grands ont la mauvaise habitude de parler devant leurs gens fort indiscrètement. M. de Gontaut dit un jour ces mots couverts, à ce qu'il croyait, au duc de…. : « Qu'on avait si bien pris ses mesures qu'on viendrait à bout de persuader à M. l'archevêque d'aller à Rome avec le chapeau de cardinal; et que s'il voulait on lui donnerait un coadjuteur. » On avait trouvé un prétexte très-plausible pour amener cette proposition, et la faire trouver flatteuse à l'archevêque et conforme à ses sentimens. L'affaire avait été adroitement entamée, et le succès paraissait certain. Le roi n'avait pas l'air de rien savoir vis-à-vis l'archevêque. Le négociateur agissait comme d'après son idée, pour le bien des affaires. C'était un ami de l'archevêque, et qui était sûr d'être bien récompensé. Un valet-de-chambre du duc de Gontaut,

---

de M. le maréchal; et le billet fut écrit de la manière la plus pressante. Le maréchal répondit : « Qu'il remerciait M. l'archevêque de son intérêt pour le Théâtre-Italien et pour la dame *la Caille*, sujet assez utile à ce spectacle : que néanmoins, elle avait la voix fausse; mais que celle de M. l'archevêque la recommandait mieux qu'un grand talent, et que la demi-part était accordée. » (*Note des nouv. édit.*)

fort joli garçon, avait parfaitement saisi le sens de ce qu'il avait dit mystérieusement. Il était un des amans de la dame aux cent louis, à qui il entendait parler quelquefois de l'archevêque, dont elle se disait parente. Il crut bien faire de l'avertir qu'on travaillait auprès de lui, pour le déterminer à résider à Rome uniquement pour l'éloigner de Paris. La dame ne manqua pas d'avertir l'archevêque, craignant de perdre sa pension s'il partait. Cet avis cadrait si bien avec la négociation entamée, que l'archevêque n'eut aucun doute sur sa vérité. Il se refroidit peu à peu dans ses conversations avec le négociateur qu'il regarda comme un traître, et il finit par se brouiller avec lui. Ces détails n'ont été sus que long-temps après. L'amant de la dame ayant été mis à Bicêtre, on trouva dans ses papiers des lettres d'elle qui mirent sur la voie, et on lui fit avouer le reste. Pour ne pas compromettre le duc de Gontaut, il fut dit au roi que le valet-de-chambre avait su l'affaire par une lettre qu'il avait prise dans l'habit de son maître. Le roi se donna le plaisir d'humilier l'archevêque, en conséquence des renseignemens qu'il avait pris sur la conduite de la dame sa protégée. Elle fut trouvée coupable d'escroqueries faites de concert avec son cher amant; mais avant de la punir, le lieutenant de police fut chargé de voir Monseigneur, et de lui rendre compte de la conduite de sa parente et de sa pensionnaire. L'archevêque n'eut aucune objection à faire d'après les preuves qu'on lui donna ; il dit, sans s'émouvoir, qu'elle n'était point sa parente ; et levant les mains au ciel : « C'est une malheureuse, dit-il, qui m'a ravi le bien des pauvres par ses impostures. Mais Dieu sait qu'en lui donnant une pension aussi forte, je n'ai point agi légèrement. J'avais dans ce temps l'exemple d'une jeune femme qui m'avait demandé dix-huit cents francs, me promettant de vivre très-sagement, ce qu'elle avait fait jusque-là : je la refusai, et elle me dit en sortant : Je tournerai à gauche, Monseigneur, puisque le chemin m'est fermé à droite. La malheureuse n'a que trop tenu parole ; elle a trouvé moyen d'avoir chez elle un pharaon qu'on tolère ; et à la plus mauvaise conduite, elle joint l'infâme métier de corruptrice de la jeunesse ; sa maison est le repaire de tous les vices. Jugez, d'après cela, Monsieur, dit-il, s'il n'était pas prudent à moi de faire à la femme dont il s'agit une pension convenable à l'état où je la croyais née, afin d'empêcher que jeune, jolie, spirituelle, elle n'abusât de ces dons, ne se perdît et n'en entraînât d'autres. » Le lieutenant de police dit au roi qu'il avait été touché de la candeur et de la noble simplicité du prélat : « Je n'ai jamais douté, dit le roi, de ses vertus, mais je voudrais qu'il se tînt tranquille. » Le même archevêque fait une pension de douze cents livres au plus mauvais sujet de Paris ; c'est un poëte (1) qui a fait des poëmes abominables ;

---

(1) Robbé de Beauveset, célèbre ou du moins connu par

la pension est donnée à condition que ses poëmes ne seront point imprimés. Je tiens ce fait de M. de Marigni à qui il les a récités un jour qu'il soupait avec lui, et quelques gens de la cour, pour leur débiter son horrible poëme. Il fit sonner de l'or qui était dans sa poche: « C'est de mon bon archevêque, dit-il; je lui tiens parole, mon poëme ne sera point imprimé pendant ma vie, mais je le lis.... » puis il se mit à rire. « Que dirait ce bon prélat s'il savait que j'eusse partagé mon quartier avec une charmante petite danseuse des Italiens? C'est donc l'archevêque qui m'entretient? m'a-t-elle dit; que cela est drôle. » Le roi le sut, et en fut scandalisé. « On est bien embarrassé pour faire le bien, » dit-il.

Le roi entra un jour chez Madame qui finissait de s'habiller; j'étais seule avec elle. « Il vient de m'arriver une singulière chose, dit-il; croiriez-vous qu'en rentrant dans ma chambre à coucher, sortant de ma garde-robe, j'ai trouvé un monsieur face à face de moi? — Ah Dieu! Sire, dit Madame effrayée. — Ce n'est rien, reprit-il; mais

---

des vers impies ou licencieux. Sa vie crapuleuse répondait au cynisme de ses écrits. Il s'amenda, vers le milieu de sa vie, touché des représentations du comte d'Autré, personnage très-dévot qui cessa de l'être après qu'il eut converti Robbé. « J'ai fait, pour mon salut, disait-il, ce qu'on fait » pour la milice; j'ai mis un homme à ma place. »

Robbé mourut, à Saint-Germain, en 1794. Ses poésies salissent plusieurs recueils, mais n'ont jamais été rassemblées.

(*Note des nouv. édit.*)

j'avoue que j'ai eu une grande surprise : cet homme a paru tout interdit. Que faites-vous ici, lui ai-je dit d'un ton assez poli? Il s'est mis à genoux en me disant : Pardonnez-moi, Sire, et avant tout faites-moi fouiller. Il s'est hâté lui-même de vider ses poches; il a ôté son habit, tout troublé, égaré; enfin il m'a dit qu'il était cuisinier de..... et ami de Beccari qu'il était venu voir, et que s'étant trompé d'escalier, et toutes les portes s'étant trouvées ouvertes, il était arrivé jusqu'à la chambre où il était et dont il serait bien vite sorti. J'ai sonné, et Guimard est entré, et a été fort surpris de mon tête-à-tête avec un homme en chemise. Il a prié Guimard de passer avec lui dans une autre pièce, et de le fouiller dans les endroits les plus secrets. Enfin le pauvre diable est rentré et a remis son habit. Guimard me dit : C'est certainement un honnête homme qui dit la vérité, et dont on peut, au reste, s'informer. Un autre de mes garçons du château est entré, et s'est trouvé le connaître. Je réponds, m'a-t-il dit, de ce brave homme, qui fait d'ailleurs mieux que personne du bœuf à l'écarlate. Voyant cet homme si interdit qu'il ne savait trouver la porte, ni se tenir en place, j'ai tiré de mon bureau cinquante louis. Voilà, Monsieur, pour calmer vos alarmes. Il est sorti après s'être prosterné. » Madame se récria sur ce qu'on pouvait ainsi entrer dans la chambre du roi. Il parla d'une manière très-calme de cette étrange apparition, mais on voyait qu'il se contraignait, et que, comme de raison, il avait été effrayé. Madame approuva beaucoup la gratification; et elle avait d'autant plus de raison, que cela n'était nullement la coutume du roi. M. de Marigni, me parlant de cette aventure que je lui avais racontée, me dit qu'il aurait parié mille louis contre le don des cinquante louis, si tout autre que moi lui eût raconté ce trait. « C'est une chose singulière, m'ajouta-t-il, que toute la race des Valois ait été libérale à l'excès; et il n'en est pas tout-à-fait de même de celle des Bourbons, accusée d'être un peu avare. Henri IV a passé pour être avare (1). Il donnait à ses maîtresses, parce qu'il était faible avec elles, et il jouait avec l'âpreté d'un homme dont la fortune dépend du jeu. Louis XIV donnait par faste. — C'est une chose bien étonnante (me dit aussi M. de Marigni) que celle qui aurait pu malheureusement arriver. Le roi pouvait être assassiné dans sa chambre sans que personne en eût eu connaissance, et sans qu'on eût pu savoir par qui. » Madame fut plus de quinze jours affectée de cela. Elle eut, dans ce temps-là à peu près, une querelle avec son frère, et tous deux avaient raison. On lui offrait pour lui la fille d'un des plus

---

(1) On ne peut pas dire que Henri IV fût avare. Quant au jeu, l'on peut dire que l'impatience, les regrets qu'on y montre, tiennent souvent à l'amour-propre, enfin à d'autres principes que l'avarice. On a vu des hommes qui étaient ce qu'on appelle *mauvais joueurs*, montrer dans toutes les autres occasions la plus grande libéralité.

(*Note du premier édit.*)

grands seigneurs de la cour, et le roi consentait à le faire duc à brevet et même héréditaire. Elle avait raison de vouloir élever son frère, mais celui-ci disait qu'il aimait avant tout sa liberté, et qu'il n'en ferait le sacrifice que pour une personne qu'il aimerait. C'était un véritable philosophe épicurien, qui était très-capable, à ce que disaient ceux qui le connaissaient et qui en jugeaient sans envie. Il n'a tenu qu'à lui d'avoir la survivance de M. de Saint-Florentin, et la marine à la retraite de M. de Machault; il dit à sa sœur à cette époque : « Je vous épargne bien des chagrins, en vous privant d'une petite satisfaction; le public serait injuste envers moi, quelque bien que je fisse dans ma place. Quant à celle de M. de Saint-Florentin, il peut vivre vingt-cinq ans, et cela ne m'avancerait de rien; les maîtresses sont assez haïes par elles-mêmes, sans qu'elles s'attirent encore la haine qu'on porte aux ministres. » C'est M. Quesnay qui m'a raconté cette conversation.

Le roi eut encore une maîtresse qui inquiéta Madame, c'était une femme de qualité dont le mari était l'un des courtisans les plus assidus. Il était né sans bien, et sa femme était peu riche. Un homme attaché au roi, et qui avait occasion de visiter les habits qu'il quittait, me demanda un jour un rendez-vous, et me dit qu'il était fort attaché à Madame, parce qu'elle était bonne et utile au roi; que le roi ayant changé d'habit, comme il le serrait, il était tombé une lettre; qu'il avait eu la curiosité de la lire, et qu'elle était de la comtesse de....., qui avait déjà cédé à ses désirs; il me rapporta ensuite les termes dans lesquels elle exigeait le renvoi de Madame dans quinze jours, et au moment cinquante mille écus d'argent comptant, un régiment pour un de ses parens, un évêché pour un autre, etc. Je répondis à cette personne que j'en ferais part à Madame qui se conduisit avec une grandeur d'ame singulière. Elle me dit : « Je devrais instruire le roi de la trahison de son domestique, qui peut user des moyens qu'il a par sa place pour dérober et abuser de secrets importans; mais il me répugne d'être l'auteur de la perte d'un homme; cependant je ne puis le laisser auprès du roi, et voici ce que je vais faire. Dites-lui qu'il y a un emploi de dix mille livres de rente vacant en province; qu'il le demande au ministre des finances et qu'il emploie ses protections quelconques, et qu'il lui sera accordé; mais que s'il en parle, on instruira le roi de sa conduite. Par ce moyen, je crois avoir fait tout ce que mon attachement et mon devoir me prescrivent : je débarrasse le roi d'un serviteur infidèle sans le perdre. C'est un hasard que je trouve heureux, dit-elle, qui m'a fait le matin être instruite de la vacance de cet emploi, et j'en dédommagerai celui qui s'est adressé à moi pour l'obtenir. » Je m'acquittai des ordres de Madame dont j'admirai la délicatesse et l'adresse. Elle ne fut pas inquiète de la dame quand elle vit ses prétentions. « Elle va

trop vite, me dit-elle, et elle versera en chemin. »
La dame mourut.

« Voilà ce que c'est que la cour. Tout est corrompu, du grand au petit, disais-je un jour à Madame qui me parlait de quelques faits qui étaient à ma connaissance. — Je t'en dirais bien d'autres, me répondit-elle, mais la petite chambre où tu te tiens souvent t'en apprend assez. » C'était un petit réduit près de la chambre de Madame, où je ne recevais personne, et d'où l'on entendait une partie de ce qui se disait. Le lieutenant de police entrait quelquefois par cette chambre secrètement, et y attendait. Trois ou quatre personnes considérables y passaient aussi dans le plus grand mystère, et plusieurs dévots qui étaient, dans le fond, du parti opposé à Madame. Mais ils ne se contentaient pas de petits objets; l'un demandait un gouvernement, celui-là l'entrée au conseil, un autre une place de capitaine des gardes; et celui-ci l'aurait obtenue, si la maréchale de Mirepoix ne l'eût demandée pour son frère le prince de Beauvau. Le chevalier du Muy n'était pas du nombre de ces infidèles; la charge de connétable ne l'aurait pas déterminé à faire une avance à Madame, encore moins à trahir son maître le dauphin. Ce prince était d'une lassitude extrême de son rôle; importuné sans cesse par des ambitieux qui faisaient les Catons et les dévots, il agissait quelquefois par prévention contre un ministre, mais bientôt il retombait dans l'inaction et dans l'ennui. Le roi disait quelquefois : « Mon fils est paresseux, et son caractère est polonais, vif et changeant; il n'a aucun goût; la chasse, les femmes, la bonne chère ne lui sont de rien; il croit peut-être que s'il était à ma place, il serait heureux; dans les premiers temps il changerait tout, aurait l'air de recréer tout, et bientôt après il serait peut-être ennuyé de l'état de roi, comme il l'est du sien; il est fait pour vivre en philosophe avec des gens d'esprit. » Le roi ajoutait : « Il aime le bien, il est véritablement vertueux, et a des lumières. »

M. de Saint-Germain (1) dit un jour au roi : Pour estimer les hommes, il ne faut être ni confesseur, ni ministre, ni lieutenant de police. Le roi lui dit : « Et roi. — Ah! dit-il, Sire, vous avez vu le brouillard qu'il faisait il y a quelques jours, on ne voyait pas à quatre pas. Les rois, je parle en général, sont environnés de brouillards encore plus épais, que font naître autour d'eux les intrigans, les ministres infidèles; et tous s'accordent dans toutes les classes pour lui faire voir les objets sous un aspect différent du véritable. » J'ai entendu ceci de la bouche du fameux comte de Saint-Germain étant auprès de Madame qui était incommodée et dans son lit. Le roi y vint, et le comte, qui était très-bien venu, avait été reçu. Il y avait M. de Gontaut, madame de Brancas et l'abbé de Bernis. Je me souviens que le même jour, le comte étant sorti,

---

(1) Le charlatan qui avait pris ce nom.

le roi tint un propos qui fit de la peine à Madame. Il était question du roi de Prusse, et le roi dit : « C'est un fou qui risquera le tout pour le tout, et qui peut gagner la partie, quoique sans religion, sans mœurs et sans principes. Il veut faire du bruit, et il en fera : Julien-l'Apostat en a bien fait. — Jamais, dit Madame lorsqu'il fut sorti, je ne l'ai vu si animé ; mais enfin la comparaison de Julien-l'Apostat n'est pas mauvaise, vu l'irréligion du roi de Prusse. S'il se tire d'affaire avec tous les ennemis qu'il a, il sera dans l'histoire un grand homme. » M. de Bernis lui dit : « Madame est juste dans ses jugemens, car elle n'a pas lieu, ni moi non plus qui l'approuve, de s'en louer. »

Madame n'eut jamais tant de crédit, que lorsque M. de Choiseul fut entré dans le ministère. Du temps de l'abbé de Bernis, elle s'occupait à le maintenir, et il ne se mêlait que des affaires étrangères, dont il n'était pas fort instruit, à ce que l'on disait. Madame avait fait le traité de Vienne, dont, à la vérité, l'abbé lui avait donné la première idée. Le roi parlait souvent à Madame sur cet objet, à ce que m'ont dit plusieurs personnes, mais je n'ai jamais entendu rien par moi-même à ce sujet, sinon que Madame donnait les plus grands éloges à l'impératrice, et à M. le prince de Kaunitz qu'elle avait beaucoup connu. Elle disait que c'était une tête carrée, une tête ministérielle ; et un jour qu'elle s'exprimait ainsi, quelqu'un chercha à donner des ridicules au prince sur sa coiffure, et sur les quatre valets de chambre qui, avec des soufflets, faisaient voler la poudre dont Kaunitz ne recueillait en courant que la partie superfine. Madame dit: « C'est Alcibiade qui fait couper la queue à son chien, pour donner à parler aux Athéniens, et détourner leur attention des choses qu'il voulait leur cacher. »

Jamais le public n'a été plus déchaîné contre Madame, qu'après la nouvelle de la bataille de Rosbach. C'était tous les jours des lettres anonymes pleines des plus grossières injures, des vers sanglans, des menaces de poison, d'assassinat. Elle fut long-temps plongée dans la plus vive douleur, et ne dormant qu'avec des calmans. La protection qu'elle accordait au prince de Soubise excitait tout le mécontentement, et le lieutenant de police avait bien de la peine à calmer les esprits sur son compte. Le roi prétendait que ce n'était pas sa faute. M. du Verney (1) était l'homme de confiance de Madame pour ce qui concernait la guerre, à laquelle on dit qu'il s'entendait parfaitement bien, quoique n'étant pas militaire. Le vieux maréchal de Noailles l'appelait, avec mépris, le général des farines, et le maréchal de Saxe dit un jour à Madame, que du Verney en savait plus que ce vieux maréchal. Du Verney vint un jour chez Madame, où se trouva le roi, le ministre de la guerre, et deux maréchaux; et il

---

(1) Frère de M. de Montmartel, homme de beaucoup de talens.

donna un plan de campagne qui fut généralement applaudi. Ce fut lui qui fit nommer M. de Richelieu pour commander l'armée à la place du maréchal d'Estrées. Il vint chez Quesnay deux jours après, et j'étais chez lui. Le docteur se mit à parler guerre, et je me souviens qu'il dit : « Les militaires font un grand mystère de leur art, mais pourquoi les jeunes princes ont-ils tous de grands succès? c'est qu'ils ont l'activité et l'audace. Pourquoi les souverains qui commandent leurs troupes, font-ils de grandes choses? c'est qu'ils sont maîtres de hasarder. » Ce discours me fit impression.

Le premier médecin du roi vint un jour chez Madame; il parla de fous et de folie. Le roi y était, et tout ce qui concernait les maladies de tous genres l'intéressait. Le premier médecin dit qu'il connaissait, six mois à l'avance, les symptômes de la folie. Le roi dit : « Y a-t-il des gens à la cour qui doivent devenir fous? — J'en connais un qui sera imbécille avant trois mois, dit-il. » Le roi le pressa de le lui dire. Il s'en défendit quelque temps; enfin il dit : « C'est M. de Séchelles, contrôleur-général. — Vous lui en voulez, dit Madame, parce qu'il ne vous a pas accordé ce que vous lui demandiez. — Cela est vrai, dit-il; mais cela ne peut m'engager qu'à dire une vérité désagréable, et non pas à inventer. C'est affaiblissement; il veut à son âge faire le galant, et je me suis aperçu que la liaison de ses idées lui échappe. » Le roi se mit à rire; mais trois mois après il vint chez Madame, et lui dit : « Séchelles a radoté en plein conseil; il faut lui donner un successeur. » Madame me raconta cette histoire en allant à Choisy. Quelque temps après, le premier médecin du roi vint voir Madame, et lui parla en particulier. « Vous aimez M. Berryer, lui dit-il, et je suis fâché d'être dans le cas d'avertir madame la marquise, qu'il sera fou ou cataleptique avant peu. Ce matin je l'ai vu à la chapelle où il s'était assis sur une de ces petites chaises qui sont très-basses, et qui ne servent qu'à se mettre à genoux. Ses genoux lui touchaient au menton. J'ai été chez lui au sortir de la messe; il avait les yeux égarés, et son secrétaire lui ayant dit quelque chose, il dit du ton le plus emphatiquement ridicule: *Taisez-vous, plume. Une plume est faite pour écrire, et non pour parler* (1). Madame, qui aimait le garde-des-sceaux, fut très-fâchée, et pria le premier médecin de ne point parler de ses découvertes. Quatre jours après il tomba en catalepsie, après avoir déraisonné. C'est une maladie dont je ne connais pas même le nom que je me suis fait donner par écrit. On demeure dans la position où l'on est au moment de l'attaque; une jambe en l'air, si on l'a, et les yeux ouverts, etc. Cette der-

---

(1) Le docteur pouvait se tromper, et le ministre avoir raison; car le mot *plume*, appliqué à un secrétaire qui ne quitte jamais sa plume, se dit souvent par plaisanterie.

(*Note du premier édit.*)

nière histoire, à la mort du ministre, fut connue de toute la cour.

Lorsque le fils du maréchal de Belle-Isle fut tué à l'armée, Madame engagea le roi à aller voir le maréchal. Il eut quelque peine à s'y déterminer, et Madame lui dit avec une espèce de colère, mêlée de douceur, et comme de plaisanterie :

> . . . . Barbare dont l'orgueil
> Croit le sang d'un sujet trop payé d'un coup-d'œil.

Le roi se mit à rire, et dit: « D'où sont ces beaux vers ? — De Voltaire, dit Madame. — Je suis un barbare, dit le roi, qui lui ai donné une charge de gentilhomme ordinaire, et une pension. » Le roi se rendit chez le maréchal, suivi de toute sa cour; et il ne parut que trop vrai que cette visite si solennelle, consolât le maréchal de la perte de son fils, du seul héritier de son nom (1). Quand le maréchal mourut, on le transporta sur une mauvaise civière, couvert d'une mauvaise couverture, à son hôtel. Je le rencontrai; les porteurs riaient et chantaient. Je crus que c'était quelque domestique, et ayant demandé qui c'était, je fus fort surprise d'apprendre que c'était un homme comblé d'honneurs et de richesses. Telle est la cour, les morts ont tort, ils ne sauraient trop tôt disparaître. Le roi dit : « Voilà donc M. Fouquet mort. » Le duc d'Agen dit : « Il n'était plus Fouquet; Votre Majesté lui avait permis

---

(1) Le maréchal fit le roi son héritier en partie.

de quitter ce nom dont cependant le plus beau de son nez était fait. » Le roi leva les épaules. Il avait effectivement obtenu des lettres-patentes enregistrées, pour ne pas signer Fouquet, étant ministre. C'est ce que j'appris à cette occasion. M. de Choiseul eut la guerre à sa mort ; sa faveur allait en croissant de jour en jour. Madame le considérait plus qu'elle n'avait fait d'aucun ministre, et ses manières avec elle étaient les plus aimables du monde, respectueuses et galantes. Il n'était pas un jour sans la voir. M. de Marigni ne pouvait pas souffrir M. de Choiseul, mais il n'en parlait qu'avec ses amis intimes. Un jour il se trouva chez Quesnay où j'arrivais ; ils parlaient de M. de Choiseul. « Ce n'est qu'un petit-maître, dit le docteur, et s'il était plus joli, fait pour être un favori d'Henri III. » Le marquis de Mirabeau entra, et M. de la Rivière (1). « Ce royaume, dit Mirabeau, est bien mal ; il n'y a ni sentimens énergiques, ni argent pour les suppléer. — Il ne peut être régénéré (2),

---

(1) Mercier de la Rivière, conseiller au parlement, ancien intendant de la Martinique, auteur d'un gros livre qui fit grand bruit en paraissant, et qui porte pour titre : *De l'Ordre naturel et essentiel des sociétés politiques.*

(*Note des nouv. édit.*)

(2) Ce royaume *ne peut être régénéré,* mots remarquables, surtout quand on les rapproche de ceux qui suivent, et qui semblent tristement prophétiques : *le peuple français n'y va pas de main morte.*

(*Note des nouv. édit.*)

dit la Rivière, que par une conquête comme à la Chine, ou par quelque grand bouleversement intérieur; mais malheur à ceux qui s'y trouveront : le peuple français n'y va pas de main morte. » Ces paroles me firent trembler, et je m'empressai de sortir. M. de Marigni en fit de même, sans avoir l'air d'être affecté de ce qu'on disait. « Vous avez entendu, me dit-il; mais n'ayez pas peur, rien n'est répété de ce qui se dit chez le docteur : ce sont d'honnêtes gens, quoique un peu chimériques; ils ne savent pas s'arrêter, cependant ils sont, je crois, dans la bonne voie. Le malheur est qu'ils passent le but. » J'écrivis cela en rentrant.

Le comte de Saint-Germain étant venu chez Madame qui était incommodée, et qui restait sur sa chaise longue, lui fit voir une petite boîte qui contenait des topazes, des rubis, des émeraudes. Il paraît qu'il y en avait pour des trésors. Madame m'avait appelée pour voir toutes ces belles choses. Je les regardai avec ébahissement, mais je faisais signe par derrière à Madame que je croyais tout cela faux. Le comte ayant cherché quelque chose dans un porte-feuille, grand deux fois comme un étui à lunettes, il en tira deux ou trois petits papiers qu'il déplia, fit voir un superbe rubis, et jeta de côté sur la table avec dédain une petite croix de pierres blanches et vertes. Je la regardai, et dis : « Cela n'est pas tant à dédaigner. » Je l'essayai, et j'eus l'air de la trouver fort jolie. Le comte me pria aussitôt de l'accepter; je refusai, il insista. Madame refusait aussi pour moi. Enfin il pressa tant et tant, que Madame, qui voyait que cela ne pouvait guères valoir plus de quarante louis, me fit signe d'accepter. Je pris la croix, fort contente des belles manières du comte; et Madame, quelques jours après, lui fit présent d'une boîte émaillée sur laquelle était un portrait de je ne sais plus quel sage de la Grèce, pour faire comparaison avec lui. Je fis, au reste, voir la croix, qui valait quinze cents francs. Il proposa à Madame de lui faire voir quelques portraits en émail de Petitot, et Madame lui dit de revenir après dîner pendant la chasse. Il montra ses portraits, et Madame lui dit : « On parle d'une histoire charmante que vous avez racontée il y a deux jours en soupant chez M. le Premier, et dont vous avez été témoin il y a cinquante ou soixante ans. » Il sourit, et dit : « Elle est un peu longue. — Tant mieux, dit Madame, » et elle parut charmée. M. de Gontaut et les dames arrivèrent, et on fit fermer la porte. Ensuite Madame me fit signe de m'asseoir derrière un paravent. Le comte fit beaucoup d'excuses sur ce que son histoire ennuierait peut-être. Il dit que quelquefois on racontait passablement, et qu'une autre fois ce n'était plus la même chose.

« Le marquis de Saint-Gilles était au commencement de ce siècle, ambassadeur d'Espagne à la Haye, et il avait connu particulièrement dans sa jeunesse le comte de Moncade, grand d'Espagne, et l'un des plus riches seigneurs de ce pays. Quelques mois après son arrivée à la Haye, il reçut une lettre du comte qui, invoquant son amitié, le priait de lui rendre le plus grand des services. « Vous savez, lui disait-il, mon cher marquis, le chagrin que j'avais de ne pouvoir perpétuer le nom de Moncade; il a plu au ciel, peu de temps après que je vous eus quitté, d'exaucer mes vœux et de m'accorder un fils; il a manifesté de bonne heure des inclinations dignes d'un homme de sa naissance, mais le malheur a fait qu'il est devenu amoureux à Tolède de la plus fameuse actrice de la troupe de comédiens de cette ville. J'ai fermé les yeux sur cet égarement d'un jeune homme qui ne m'avait jusques-là donné que de la satisfaction. Mais ayant appris que la passion le transportait au point de vouloir épouser cette fille, et qu'il lui en avait fait la promesse par écrit, j'ai sollicité le roi pour la faire enfermer. Mon fils, instruit de mes démarches, en a prévenu l'effet, et s'est enfui avec l'objet de sa passion. J'ignore depuis plus de six mois où il a porté ses pas, mais j'ai quelque lieu de croire qu'il est à la Haye. » Le comte conjurait ensuite le marquis, au nom de l'amitié, de faire les perquisitions les plus exactes pour le découvrir et l'engager à revenir auprès de lui. «Il est juste, disait le comte, de faire un sort à la fille, si elle consent à rendre le billet de mariage qu'elle s'est fait donner, et je vous laisse le maître de stipuler ses intérêts ainsi que de fixer la somme nécessaire à mon fils pour se rendre dans un état convenable à Madrid. Je ne sais si vous êtes père, disait le comte en finissant; et si vous l'êtes, vous pourrez vous faire une idée de mes inquiétudes. » Le comte joignait à cette lettre un signalement exact de son fils et de sa maitresse. Le marquis n'eut pas plutôt reçu cette lettre, qu'il envoya dans toutes les auberges d'Amsterdam, de Rotterdam et de la Haye; mais ce fut en vain, il ne put rien découvrir. Il commençait à désespérer de ses recherches, lorsque l'idée lui vint d'y employer un jeune page français fort éveillé. Il lui promit une récompense s'il réussissait à découvrir la personne qui l'intéressait si vivement, et il lui donna son signalement. Le page parcourut plusieurs jours tous les lieux publics sans succès; enfin, un soir, à la comédie, il aperçut dans une loge un jeune homme et une femme qu'il considéra attentivement; et ayant remarqué que, frappés de son attention, le jeune homme et la femme se retiraient au fond de la loge, le page ne douta pas du succès de ses recherches. Il ne perdit pas de vue la loge, considérant attentivement tous les mouvemens qui s'y faisaient. Au moment où la pièce finit, il se trouva sur le passage qui conduisait des loges à la porte, et il remarqua que le jeune homme, en passant devant lui et considérant sans doute l'habit qu'il portait, avait cherché à se cacher, en mettant son mouchoir sur sa bouche. Il le suivit sans affectation jusques à l'auberge appelée le *Vicomte de Turenne*, où il le vit entrer avec la femme; et sûr d'avoir trouvé ce qu'il cherchait, il courut bien vite l'apprendre à l'ambassadeur. Le marquis de Saint-Gilles se rendit aussitôt, couvert d'un manteau, et suivi de son page et de deux domestiques, au *Vicomte de Turenne*. Arrivé à cette auberge, il demanda au maître de la maison où était la chambre d'un jeune homme et d'une femme qui logeaient depuis quelque temps chez lui. Le maître de l'auberge fit d'abord quelques difficultés de l'en instruire, s'il ne les demandait pas par leur nom. Le page lui dit de faire attention qu'il parlait à l'ambassadeur d'Espagne, qui avait des raisons pour parler à ces personnes. L'aubergiste dit qu'elles ne voulaient point être connues, et qu'elles avaient défendu qu'on laissât entrer chez elles ceux qui, en les demandant, ne les nommeraient pas; mais par considération pour l'ambassadeur il indiqua la chambre, et le conduisit tout au haut de la maison dans une des plus vilaines chambres. Il frappa à la porte qu'on tarda quelque temps à ouvrir; enfin après avoir frappé assez fort de nouveau, la porte s'ouvrit à moitié, et à l'aspect de l'ambassadeur et de sa suite, celui qui avait entr'ouvert la porte, voulut la refermer, disant qu'on se trompait. L'ambassadeur poussa fortement la porte, entra et fit signe à ses gens d'attendre en dehors, et resté seul dans la chambre, il vit un jeune homme, d'une très-jolie figure, dont les traits étaient parfaitement semblables à ceux spécifiés dans le signalement. Avec lui était une jeune femme, belle, très-bien faite, et également ressemblante par la couleur de ses cheveux, la taille et le tour du visage, à celle qui lui avait été décrite par son ami le comte de Moncade. Le jeune homme parla le premier, et se plaignit de la violence qu'on avait employée pour entrer chez un étranger qui est dans un pays libre, et qui y vivait sous la protection des lois. L'ambassadeur lui répondit, en s'avançant vers lui pour l'embrasser : « Il n'est pas question ici de feindre, mon cher comte, je vous connais, et je ne viens point ici pour vous faire de la peine, ni à cette jeune dame, qui me paraît fort intéressante. » Le jeune homme répondit qu'on se trompait, qu'il n'était pas comte, mais fils d'un négociant de Cadix ; que cette jeune dame était son épouse, et qu'ils voyageaient pour leur plaisir. L'ambassadeur jetant les yeux sur la chambre, fort mal meublée, dans laquelle était un seul lit, et sur le bagage très-mesquin qui était çà et là : « Est-ce ici, mon cher enfant, permettez-moi ce titre qu'autorise ma tendre amitié pour M. votre père, est-ce ici que doit demeurer le fils du comte de Moncade ? » Le jeune homme se défendait toujours de rien entendre à ce langage. Enfin, vaincu par les instances de l'ambassadeur, il avoua en pleurant, qu'il était le fils de Moncade, mais qu'il ne retournerait jamais auprès de son père, s'il fallait abandonner une jeune femme qu'il adorait. La femme, fondant en larmes, se jeta aux genoux de l'ambassadeur, en lui disant qu'elle ne voulait pas être cause de la perte du comte de Moncade, et sa générosité, ou plutôt son amour triomphant de son propre intérêt, elle consentait, pour son bonheur, disait-elle, à se séparer de lui. L'ambassadeur admire un si noble désintéressement. Le jeune homme s'en désespère, fait des reproches à sa maîtresse, et ne veut point dit-il, l'abandonner, et faire tourner contre elle-même, contre une personne si estimable, la générosité sublime de son cœur. L'ambassadeur lui dit que l'intention du comte de Moncade n'est point de la rendre malheureuse, et il annonce qu'il est chargé de lui donner une somme convenable pour qu'elle puisse retourner en Espagne, ou vivre dans tel endroit qu'elle voudra. La noblesse de ses sentimens, et la vérité de sa tendresse, lui inspirent, dit-il, le plus grand intérêt, et l'engagent à porter aussi haut qu'il soit possible, pour le moment, la somme qu'il est autorisé à lui donner; et, en conséquence, il lui promet dix mille florins, environ trente mille francs, qui lui seront comptés au moment qu'elle aura remis l'engagement de mariage qui lui a été fait; et que le comte de Moncade aura pris un appartement chez l'ambassadeur, et promis de retourner en Espagne. La jeune femme a l'air de ne pas faire attention à la somme, ne songe qu'à son amant, à la douleur de le quitter; qu'au sacrifice cruel auquel la raison et son propre amour l'obligent de souscrire. Tirant ensuite, d'un petit porte-feuille, la promesse de mariage signée du comte : « Je connais trop son cœur, dit-elle, pour en avoir besoin; » elle la baise avec une espèce de transport plusieurs fois, et la remet à l'ambassadeur qui reste surpris de tant de grandeur d'ame. Il promet à la jeune femme de s'intéresser à jamais à son sort, et assure le comte que son père lui pardonne. Il recevra à bras ouverts, dit-il, l'enfant prodigue revenant au sein de sa famille désolée : le cœur d'un père est une mine inépuisable de tendresse. Quel sera le bonheur de son ami, affligé depuis si long-temps, quand il apprendra cette nouvelle, et combien il se trouve lui-même heureux d'être l'instrument de sa félicité! Tels sont en partie les discours de l'ambassadeur, dont le jeune homme paraît vivement touché. L'ambassadeur craignant que l'amour ne reprenne, pendant la nuit, tout son empire, et ne triomphe de la généreuse résolution de la dame, presse le jeune comte de le suivre à son hôtel. Les pleurs, les cris de douleur que cette cruelle séparation occasione, sont difficiles à exprimer, et touchent sensiblement le cœur de l'ambassadeur qui promet sa protection à la jeune dame. Le petit bagage du comte ne fut pas embarrassant à porter, et il se trouva installé, le soir, dans le plus bel appartement de l'ambassadeur, comblé de joie d'avoir rendu à l'illustre maison de Moncade, l'héritier de ses grandeurs, et de tant de magnifiques domaines dont elle était en possession. Le lendemain de cette heureuse journée, le jeune comte voit arriver, à son lever, tailleurs, marchands d'étoffes, de dentelles, etc., et il n'a qu'à choisir. Deux valets de chambre et trois laquais sont dans son antichambre, et choisis par l'ambassadeur parmi ce qu'il y a de plus intelligent et de plus honnête dans cette classe; ils se présentent pour être à son service. L'ambassadeur montre au jeune comte la lettre qu'il vient d'écrire à son père, dans laquelle il le félicite d'avoir un fils dont les sentimens et les qualités répondent à la noblesse de son sang, et il lui annonce son prompt retour. La jeune dame n'est point oubliée; il avoue devoir en partie à sa générosité la soumission de son amant, et ne doute pas que le comte n'approuve le don qu'il lui a fait de dix mille florins. Cette somme fut remise le même jour à cette noble et intéressante personne qui ne tarda pas à partir. » Les préparatifs pour le voyage du comte étaient faits, une garde-robe magnifique, une excellente voiture furent embarquées à Rotterdam, sur un vaisseau faisant voile pour la France, et sur lequel fut arrêté le passage du comte qui, de ce pays, devait se rendre en Espagne. On remit au jeune comte une assez grosse somme d'argent à son départ, et des lettres de change considérables sur Paris, et les adieux de l'ambassadeur et de ce jeune seigneur furent des plus touchans. L'ambassadeur attendait avec impatience la réponse du comte de Moncade, et se mettant à sa place, jouissait du plaisir de son ami. Au bout de quatre mois il reçut cette réponse si vivement attendue, et l'on essaierait vainement de peindre la surprise de l'ambassadeur en lisant ces paroles : « Le ciel ne m'a jamais, mon cher marquis, accordé la satisfaction d'être père, et comblé de biens et d'honneurs, le chagrin de n'avoir pas d'héritiers, et de voir finir en moi une race illustre, a répandu la plus grande amertume sur ma vie. Je vois avec une peine extrême que vous avez été trompé par un jeune aventurier qui a abusé de la connaissance qu'il a eue de notre ancienne amitié. Mais votre excellence n'en doit pas être la dupe. C'est bien véritablement le comte de Moncade que vous avez voulu obliger, il doit acquitter ce que votre généreuse amitié s'est empressée d'avancer pour lui procurer un bonheur qu'il aurait senti bien vivement. J'espère donc, M. le marquis, que votre excellence ne fera nulle difficulté d'accepter la remise contenue dans cette lettre, de trois mille louis de France dont elle m'a envoyé la note. » La manière dont le comte de Saint-Germain faisait parler le jeune aventurier, sa maîtresse et l'ambassadeur firent pleurer et rire tour à tour. L'histoire est vraie dans tous les points, et l'aventurier surpasse en adresse Gusman d'Alfarache, à ce que dirent les personnes qui l'écoutèrent. Madame eut l'idée d'en faire faire une comédie, et le comte lui envoya l'histoire par écrit, telle que je l'ai copiée ici.

M. Duclos allait chez le docteur, et pérorait avec sa chaleur ordinaire. Je l'entendis qui disait à deux ou trois personnes : « On est injuste envers les grands, les ministres et les princes ; rien de plus ordinaire, par exemple, que de parler mal de leur esprit ; j'ai bien surpris, il y a quelques jours, un de ces petits messieurs de la brigade des infaillibles, en lui disant que je lui prouverais qu'il y a eu plus de gens d'esprit dans la maison de Bourbon, depuis cent ans, que dans toute autre. — Vous avez prouvé cela? dit quelqu'un en ricanant? Oui, dit Duclos, et je vais vous le répéter. Le Grand Condé n'était pas un sot à votre avis, et la duchesse de Longueville est citée comme une des femmes les plus spirituelles. M. le régent est un homme qui avait peu d'égaux en tout genre d'esprit et de connaissances ; le prince de Conti, qui fut élu roi de Pologne, était célèbre par son esprit, et ses vers valent ceux de La Fare et de Saint-Aulaire ; M. le duc de Bourgogne était instruit et très-éclairé. Madame la duchesse, fille de Louis XIV, avait infiniment d'esprit ; faisait des épigrammes et des couplets. M. le duc du Maine n'est connu généralement que par sa faiblesse, mais personne n'avait plus d'agrément dans l'esprit. Sa femme était une folle, mais qui aimait les lettres, se connaissait en poésie, et dont l'imagination était brillante et inépuisable. En voilà assez, je crois, dit-il ; et comme je ne suis point flatteur, et que je crains tout ce qui en a l'apparence, je ne parle point des vivans. » On fut étonné de cette énumération, et chacun convint de la vérité de ce qu'il avait dit. Il ajouta : « Ne dit-on pas tous les jours d'Argenson la bête (1), parce qu'il a un air de bonhomie et un ton bourgeois? Mais je ne crois pas qu'il y ait eu beaucoup de ministres aussi instruits et aussi éclairés. » Je pris une plume sur la table du docteur, et je demandai à M. Duclos de me dicter tous les noms qu'il avait cités, et le petit éloge qu'il en avait fait. « Si vous montrez cela à madame la marquise, dites-lui bien comment cela est venu, et que je ne l'ai pas dit pour que cela lui revienne et aille peut-être ailleurs. Je suis historiographe, et je rendrai justice, mais aussi je la *ferai* souvent. — J'en serai garant, dit le docteur, et notre maître sera peint tel qu'il est. Louis XIV a aimé les vers, protégé les poëtes ; cela était peut-être bon dans son temps, parce qu'il faut commencer par quelque chose ; mais ce

---

(1) Il s'agit ici de René-Louis d'Argenson qui fut ministre des affaires étrangères. René-Louis est auteur des *Considérations sur le gouvernement*, et de plusieurs autres écrits où bien des publicistes puisent, à tout moment, ce qu'ils croient avoir pensé. Cet homme, plein d'idées, et qui savait les exprimer, n'en était pas moins surnommé d'*Argenson la bête*. Mais on a prétendu qu'il affectait cet air simple et même un peu niais. « Ce n'est pas toujours une bêtise que d'avoir l'air
» bête, » dit Walter Scott dans les Puritains.

Si, comme nous l'espérons, nous pouvons publier un jour les Mémoires inédits qu'a laissés René d'Argenson, ils justifieront bien l'opinion de Duclos, sur ce ministre, et sur la contre-vérité qu'exprimait son surnom.

(*Note des nouv. édit.*)

siècle-ci sera bien plus grand ; et il faut convenir que Louis XV envoyant au Mexique et au Pérou des astronomes pour mesurer la terre, présente quelque chose de plus imposant que d'ordonner des opéra. Il a ouvert les barrières à la philosophie, malgré les criailleries des dévots, et l'Encyclopédie honorera son règne. » Duclos, pendant ce temps, hochait de la tête. Je m'en allai, et je tâchai d'écrire tout chaud ce que j'avais entendu. Je fis copier, par un valet de chambre qui avait une belle main, ce qui concernait les princes, et je le remis à Madame. Mais elle me dit : « Quoi ! vous voyez Duclos ? est-ce que vous voulez faire le bel esprit, ma chère bonne ? cela ne vous va pas. — Aussi en suis-je bien éloignée ; » et je lui dis comment je l'avais trouvé par hasard chez le docteur où il allait passer une heure quand il venait à Versailles. Elle me dit : « Le roi sait que c'est un honnête homme. »

Madame était malade, et le roi venait la voir plusieurs fois par jour ; je sortais lorsqu'il entrait, mais étant restée pendant quelques minutes, pour lui donner un verre d'eau de chicorée, j'entendis le roi qui parlait de madame d'Egmont, et Madame leva les yeux au ciel en disant : « Ce nom me rappellera toujours une chose bien triste et bien barbare, mais ce n'est pas ma faute. » Ces mots me restèrent dans l'esprit, et surtout le ton dont ils avaient été prononcés. Comme je restai auprès de Madame, jusqu'à trois heures après minuit, à lui lire une partie de ce temps, il me fut aisé de tâcher à satisfaire ma curiosité. Je pris le moment où la lecture était interrompue, pour lui dire : « Madame avait un air consterné quand le roi a prononcé le nom d'Egmont. » Elle leva à ces mots les yeux au ciel, et dit : « Vous penseriez bien comme moi, si vous saviez ce dont il s'agit. — Il faut donc que cela soit bien touchant, répondis-je, car je ne crois pas que cela regarde Madame. — Non, dit-elle, mais après tout, comme je ne suis pas la seule au fait de cette histoire, et que je vous connais discrète, je vais vous la raconter. Le dernier comte d'Egmont avait épousé la fille du duc de Villars, mais la duchesse n'avait jamais habité avec son mari, et la comtesse d'Egmont est fille du chevalier d'Orléans (1). A la mort de son mari, jeune, belle, aimable, et héritière d'une immense fortune, elle était l'objet des vœux de tout ce qu'il y avait de plus distingué à la cour. Le directeur de la mère de la comtesse d'Egmont entra un jour chez elle, et lui demanda un entretien particulier ; alors il lui révéla qu'elle était le fruit d'un adultère, dont sa mère faisait depuis vingt-cinq ans pénitence. Elle ne pouvait, dit le directeur, s'opposer à votre premier mariage dont elle a gémi : Dieu n'a pas permis que vous ayez eu des enfans ; mais si vous vous remariez, vous courez, Madame, le hasard de faire passer dans une famille étrangère des biens immenses qui

---

(1) Fils légitimé du régent, grand-prieur de France.

ne vous appartiennent pas, et qui sont le produit du crime. Madame d'Egmont écouta ce détail avec terreur. Sa mère entra au même instant, fondant en larmes, et demanda à genoux à sa fille de s'opposer à sa damnation éternelle. Madame d'Egmont tâchait de rassurer sa mère et elle-même, et lui dit: « Que faire? » Le directeur lui répondit: « Vous consacrer entièrement à Dieu, et effacer ainsi le péché de votre mère. » La comtesse, qui était tout effrayée, promit ce qu'on exigeait, et forma le projet d'entrer aux Carmélites. J'en fus instruite, et je parlai au roi de la barbarie que la duchesse et le directeur exerçaient sur cette malheureuse femme; mais on ne savait comment l'empêcher. Le roi, plein de bonté, engagea la reine à lui offrir une place de dame du palais, fit parler fort adroitement à la duchesse par ses amis, pour qu'elle détournât sa fille d'entrer aux Carmélites. Tout fut inutile, et la malheureuse victime fut sacrifiée. »

Madame avait la fantaisie de consulter une sorcière appelée madame Bontemps, qui avait prédit à M. l'abbé de Bernis sa fortune, comme je l'ai écrit, et qui lui avait dit des choses surprenantes. M. de Choiseul, à qui elle en parla, lui dit qu'elle lui avait aussi prédit de belles choses. « Je le sais, dit Madame, et vous lui avez en revanche promis un carrosse; mais elle marche toujours à pied, la pauvre sorcière. » Voilà ce que Madame me dit, en me demandant comment elle pourrait se déguiser pour la voir sans être connue. Je n'osai lui rien proposer, crainte de ne pas réussir; mais je parlai deux jours après à son chirurgien, de l'art qu'avaient les pauvres de faire paraître des ulcères et de changer leurs traits. Il me dit que cela était facile. Je laissai tomber la chose, et quelques momens après je lui dis : « Si l'on pouvait changer ses traits, on se divertirait bien au bal de l'Opéra. Qu'est-ce qu'il faudrait changer dans moi, pour me rendre méconnaissable? — D'abord, me dit-il, la couleur de vos cheveux, ensuite le nez, et puis mettre une tache dans quelque endroit du visage, ou un petit porreau et quelques poils. » Je me mis à rire, et je lui dis : « Faites-moi arranger tout cela pour le bal prochain; il y a vingt ans que je n'y ai été; mais je meurs d'envie d'embarrasser quelqu'un, et de lui dire des choses qu'il n'y a que moi qui puisse lui dire. Un quart-d'heure après, je reviendrai me coucher. — Il faut, me dit-il, qu'on prenne la mesure de votre nez? ou bien prenez-la avec de la cire, et on fera le nez; et vous avez le temps de faire arranger une petite perruque blonde ou brune. » Je rendis compte à Madame de ce que m'avait dit le chirurgien; elle en fut enchantée. Je pris la mesure de son nez et du mien, et je les portai au chirurgien, qui, deux jours après, me donna les deux nez, avec une verrue pour Madame, pour mettre sous l'œil gauche, et de quoi peindre les sourcils. Les nez étaient très-délicatement faits, d'une vessie, je crois, et cela, avec le reste, rendait la figure méconnaissable sans qu'il y eût rien de choquant. Tout cela fait, il ne s'agissait plus que de faire avertir la sorcière, et l'on attendit un petit voyage à Paris que Madame devait faire pour voir sa maison. Ensuite, je fis parler, par une personne avec qui je n'avais aucun rapport, à une femme de chambre de la duchesse de Ruffec, pour qu'elle obtînt un rendez-vous de la sorcière. Elle fit des difficultés, à cause de la police; on lui promit le secret, et on lui indiqua l'endroit où elle devait se rendre. Rien n'était plus opposé au caractère de Madame, qui était très-timide, que de pareilles choses. Mais sa curiosité était portée à l'extrême, et d'ailleurs tout fut arrangé pour qu'il n'y eût pas le moindre risque. Madame avait mis M. de Gontaut dans sa confidence, ainsi que son valet de chambre. Cet homme louait près de son hôtel deux chambres pour sa nièce, alors malade à Versailles. Nous sortîmes le soir, suivies du valet de chambre, homme sûr, et du duc, à pied; il n'y avait tout au plus que deux cents pas de chemin. Nous trouvâmes en arrivant deux petites pièces où il y avait du feu; les deux hommes se tinrent dans l'une et nous dans l'autre. Madame s'était mise sur une chaise longue, avec un bonnet de nuit qui lui cachait sans affectation la moitié du visage, et moi j'étais auprès du feu, appuyée sur une table, sur laquelle étaient deux chandelles. Auprès, étaient sur des chaises des hardes de peu de valeur. Madame la sorcière sonna, et ce fut une petite servante qui lui ouvrit, et qui alla attendre avec ces messieurs. On avait préparé des tasses à café et une cafetière ; et j'avais eu soin de faire mettre sur un petit buffet de petits gâteaux et du vin de Malaga, parce que je savais que madame Bontemps s'en aidait. Sa figure d'ailleurs l'indiquait. « Cette dame-là est donc malade? » dit-elle en voyant Madame languissamment couchée. Je lui dis que cela ne durerait pas ; mais qu'il y avait huit jours qu'elle gardait sa chambre. Elle fit chauffer un peu le café, et prépara les deux tasses qu'elle essuya bien, en disant que rien d'impur ne devait se mêler à son opération. J'eus l'air d'être bien aise de boire un coup pour donner un prétexte à notre oracle de se désaltérer, ce qu'elle fit sans qu'on la priât beaucoup. Quand elle eut bu deux ou trois petits verres, car j'avais eu soin de n'en pas avoir de grands, elle versa son café dans une des deux grandes tasses. « Voilà la vôtre, me dit-elle, et voici celle de votre amie ; laissons-les reposer. » Ensuite elle jeta un coup-d'œil sur nos mains, et nous envisagea ; puis elle tira de sa poche un miroir, et nous y fit regarder, et nous regarda dedans. Après cela, elle prit un verre de vin ; de-là elle entra en enthousiasme en regardant ma tasse et tous les linéamens que faisait le marc du café qu'elle avait versé. Elle dit d'abord : *Cela est bien : du bien-être...., mais voici du noir, des chagrins... Un homme devient un grand consolateur.... Voyez dans ce coin, des amis qui vous* prêtent de l'appui... Eh! quel est celui-là qui les poursuit?... Mais le bon droit l'emporte; après la pluie le beau temps... Grand voyage heureux... Tenez, voyez-vous ces espèces de petits sacs? C'est de l'argent qui a été compté; et en voilà qui le sera aussi, à vous s'entend... Bien, bien... Voyez-vous ce bras? Oui, c'est un bras fort qui soutient quelque chose : une femme voilée, je la vois, c'est vous... Je connais tout cela moi, c'est comme une langue que j'entends... On ne vous attaque plus.... je le vois, parce qu'il n'y a plus de nuages-là, dit-elle en montrant un endroit plus clair...... Mais, mais, je vois de petites lignes qui partent de l'endroit principal. Ce sont des fils, filles, neveux, et c'est couci, couça... Elle eut l'air d'être accablée d'un effort, et dit : *Voilà tout. Vous avez eu du bien d'abord, ensuite du mal. Vous avez eu un ami qui a tant fait qu'il vous en a tiré. Vous avez eu des procès ; enfin la fortune s'est raccommodée avec vous, et cela ne changera plus...* Elle but un coup; à vous, dit-elle, Madame ; et elle fit les mêmes cérémonies pour la tasse. Ensuite elle dit : *Ni beau, ni laid, j'entrevois là un ciel serein; et puis toutes ces choses qui semblent monter, ces lignes qui s'élèvent, ce sont des applaudissemens... Voici un homme grave qui étend les bras, voyez-vous? regardez bien...* Cela est vrai, dit Madame avec surprise) (parce que cela avait cette apparence). *Il montre là un carré ; c'est un grand coffre-fort ouvert... Beau temps... Mais voilà des nuages dorés d'azur, qui vous environnent. Voyez-vous ce vaisseau en pleine mer? Comme le vent est favorable! Vous êtes dessus, et vous arrivez dans un pays superbe dont vous devenez la reine... Ah! que vois-je! Regardez un vilain homme tortu, bossu, qui vous poursuit...; mais il en sera pour un pied de nez... J'en vois un très-grand qui vous soutient dans ses bras... Tenez, regardez, c'est une espèce de géant... Voilà bien de l'or, de l'argent, quelques nuages par-ci par-là.... Mais vous n'avez rien à craindre... Le vaisseau sera quelquefois agité, mais ne périra pas... Dixi.* Madame dit : « Quand est-ce que je mourrai, et de quelle maladie ? » *Je ne parle jamais de cela, dit-elle, voyez plutôt... le destin ne le veut pas.... et je vais vous faire voir qu'il brouille tout,* en lui montrant plusieurs tas de marc de café confus. « A la bonne heure pour l'époque, dit Madame, mais le genre de mort ? » La sorcière regarda et dit : *Vous aurez le temps de vous reconnaître.* Je donnai seulement deux louis, afin de ne rien faire de remarquable. La sorcière nous quitta après nous avoir recommandé le secret, et nous rejoignîmes M. de Gontaut, à qui nous racontâmes tout. Il rit beaucoup et dit : « C'est comme les nuages, on peut y lire tout ce qu'on veut. »

Il y avait dans mon horoscope quelque chose de frappant pour moi, c'était le consolateur, parce qu'un de mes oncles avait pris soin de moi, et nous avait rendu les plus grands services. Ensuite j'avais eu un grand procès; et enfin l'argent qui m'était arrivé par la protection et les bienfaits de Madame. Quant à Madame, son mari était assez bien dépeint avec le coffre-fort; ensuite le pays dont elle devient la reine, paraissait indiquer son état à la cour; mais ce qu'il y avait de plus remarquable, c'était l'homme tortu et bossu dans lequel Madame crut reconnaître M. le duc de la V******, qui était très-mal fait. Madame était enchantée de son équipée, et de son horoscope, qu'elle trouvait très-juste. Elle envoya chercher le surlendemain M. de Saint-Florentin à qui elle recommanda la sorcière, pour qu'il ne lui fût pas fait de mal. Il lui répondit qu'il savait pourquoi elle lui faisait cette recommandation, et se mit à rire. Madame lui ayant demandé la raison, il lui raconta son voyage avec une singulière exactitude (1); mais il ne savait rien de ce qui s'était dit, ou du moins il en fit semblant. Il promit à Madame que pourvu, qu'elle ne fît rien dont on eût à se plaindre, on ne la poursuivrait pas pour son métier, surtout si elle l'exerçait fort secrètement. Il ajouta : « Je la connais, et j'ai eu, comme un autre, la curiosité de la consulter. C'est la femme d'un soldat aux gardes, qui a un certain esprit et le défaut de s'enivrer; il y a quatre ou cinq ans qu'elle s'est emparée de l'esprit de madame la duchesse de Ruffec à qui elle a persuadé qu'elle lui procurerait un élixir de beauté, pour la remet-

---

(1) Il était ministre de Paris, et le lieutenant de police lui rendait compte.

tre comme elle était à vingt-cinq ans. Les drogues nécessaires pour le composer coûtent fort cher à la duchesse; et tantôt elles sont mal choisies, tantôt le soleil, auquel elles ont été exposées, n'était pas assez fort; tantôt il fallait une certaine constellation qui n'a pas eu lieu. Quelquefois aussi elle prétend démontrer à la duchesse qu'elle est embellie, et elle se laisse aller à le croire. Mais ce qu'il y a de plus singulier, c'est l'histoire de la fille de la sorcière, qui était belle comme un ange, et que la duchesse a élevée chez elle. La Bontemps prédit à sa fille, en présence de la duchesse, qu'elle épouserait un homme qui aurait soixante mille livres de rente. Cela n'était guère vraisemblable pour la fille d'un soldat aux gardes, et cependant cela est arrivé. La petite Bontemps a épousé un fou appelé le président Beaudouin; mais ce qu'il y a de tragique, c'est qu'elle avait ajouté qu'elle mourrait en couches de son premier enfant, et qu'elle est réellement morte en couches à dix-neuf ans, frappée sans doute vivement de la prédiction de sa mère, à laquelle l'événement si extraordinaire de son mariage donnait toute confiance. » Madame dit au roi la curiosité qu'elle avait eue, et il en rit, en disant qu'il aurait voulu que la police l'eût fait arrêter; mais il ajouta une chose très-sensée : « Il faudrait, dit-il, pour bien juger de la vérité ou de la fausseté de pareilles prédictions, en rassembler une cinquantaine; on verrait que ce sont presque toujours les mêmes phrases, qui tantôt manquent leur application, et tantôt se rapportent à l'objet; mais que des premières on n'en parlait pas, et qu'on parlait beaucoup des autres.»

Je l'ai entendu dire, et il est certain que M. de Bridge a vécu dans la société intime de Madame, quand elle était madame d'Étioles. Il montait à cheval avec elle, et comme c'est un si bel homme, qu'il en a conservé le nom de *bel homme*, il était fort simple qu'on le crût l'amant d'une très-belle femme. J'ai entendu dire quelque chose de plus fort; c'est que le roi avait dit à M. de Bridge: «Convenez-en avec moi, que vous avez été son amant; elle me l'a avoué, et j'exige cette preuve de votre sincérité. » M. de Bridge a répondu au roi que madame la marquise était la maîtresse de dire, pour s'amuser sans doute, ou pour tout autre motif, ce qu'il lui plairait, mais que lui ne pouvait pas mentir; qu'il avait été son ami, qu'elle était charmante, et avait beaucoup de talens; qu'il se plaisait dans sa société, et qu'il n'y avait rien par-delà l'amitié, dans le commerce qu'il avait eu avec elle. Il ajouta que son mari était de toutes les parties, qu'il avait les yeux d'un jaloux, et qu'il n'aurait pas souffert qu'il eût été si souvent avec elle, s'il eût eu quelque soupçon. Le roi persista, et lui dit qu'il avait tort de cacher une chose dont il était sûr. On a prétendu aussi que l'abbé de Bernis avait été l'amant favorisé. Il est un peu fat ledit abbé; il était d'une belle figure, et poëte; Madame était l'objet de ses vers galans, et l'abbé recevait quelquefois avec un sourire, qui laissait à penser quoiqu'il niât la chose, les complimens de ses amis sur sa bonne fortune (1). On a dit quelque temps à la cour qu'elle aimait le prince de Beauvau; c'est un homme fort galant, qui a grand air, qui joue gros jeu au salon; il est le frère de la petite Maréchale; et tout cela fait que Madame le traite bien, mais sans rien de marqué. Elle sait d'ailleurs qu'il aime une femme très-aimable.

Il est bien simple qu'on parle de M. de Choiseul. Madame l'aime plus que tous ceux que je viens de citer; mais il n'est point son amant. Une dame que je connais bien, et que je n'ai pas voulu dénoncer à Madame, a fait un conte de toute fausseté à ce sujet. Elle a prétendu, ou du moins j'ai lieu de le croire, qu'un jour ayant entendu le roi qui arrivait, j'avais couru à la porte du cabinet de Madame; que j'avais toussé d'une certaine manière, et que le roi s'étant heureusement amusé à causer avec quelques dames un moment, on avait eu le temps de tout rajuster; et que Madame était sortie avec moi et avec M. de Choiseul, comme si nous avions été tous les trois ensemble. Il est très-vrai que j'entrai très-naturellement pour remettre quelque chose à Madame, sans savoir si le roi arrivait;

---

(1) Voyez un article biographique sur le cardinal de Bernis, lettre (*f*). Ce morceau *inédit* est d'autant plus curieux, qu'il est écrit par M. Loménie de Brienne, archevêque de Toulouse et ministre sous Louis XVI. (*Note des nouv. édit.*)

qu'elle sortit avec M. de Choiseul qui avait un papier à la main; et que je sortis quelques minutes après. Le roi demanda à M. de Choiseul ce que c'était que le papier qu'il tenait, et il dit que c'étaient des remontrances du parlement. Trois ou quatre dames ont vu ce que je dis; et comme, à l'exception d'une très-méchante, les deux ou trois autres étaient honnêtes et dévouées à Madame, mon soupçon n'a pu tomber que sur celle que j'indique, et que je veux bien ne pas nommer, parce que son frère m'a toujours bien traitée. Madame avait la tête vive et le cœur sensible; mais elle était froide à l'excès pour l'amour. D'ailleurs il lui aurait été bien difficile, à la manière dont elle était entourée, d'avoir un commerce intime avec quelqu'un. Il est vrai que cela était bien moins difficile avec un ministre tout-puissant, qui avait à chaque instant à l'entretenir secrètement. Mais je dirai une chose plus décisive; M. de Choiseul avait une maîtresse charmante, la princesse de R****, et Madame lui en parlait souvent. Il avait, en outre, un reste d'inclination pour la princesse de Kinski qui l'avait suivi de Vienne. Il est vrai qu'il la trouva bientôt après ridicule. Tout cela était bien fait pour éloigner Madame d'un commerce amoureux avec le duc; mais ses talens la séduisaient, ainsi que son amabilité. Il n'était pas beau, mais il avait des manières à lui, une vivacité agréable, une gaieté charmante; c'est ainsi qu'on en parlait généralement. Il aimait beaucoup Madame, et si cela put être d'abord par intérêt, bientôt après il acquit assez de forces pour se soutenir par lui-même, et cependant il n'en fut pas moins dévoué à Madame, et pas moins assidu. Il savait l'amitié de Madame pour moi, et me dit un jour de l'air le plus sensible : « Je crains, ma chère dame, qu'elle ne se laisse gagner par la mélancolie, et ne meure de chagrin; tâchez de la distraire. » Je me dis en moi-même : quel triste sort pour la favorite du plus grand roi !

Un jour Madame avait passé dans son cabinet avec M. Berryer ; et madame d'Amblimont était restée avec madame de Gontaut qui m'appela pour me parler de mon fils. Un instant après, M. de Gontaut qui venait d'entrer, dit : « D'Amblimont, à qui donnes-tu les Suisses ? — Attendez un moment, dit-elle, que j'assemble mon conseil......... à M. de Choiseul. — Cela n'est pas si bête, dit M. de Gontaut ; mais je t'assure que tu es la première qui y ait songé. » Il nous quitta aussitôt, et madame d'Amblimont me dit : « Je parie qu'il va faire part de mon idée à M. de Choiseul. Il revint peu de temps après, et M. Berryer étant sorti, il dit à Madame : « Il est venu une idée singulière à d'Amblimont. — Quelque folie ! dit Madame. — Pas trop folie, dit-il ; elle prétend que les Suisses doivent être donnés à M. de Choiseul ; et si les engagemens du roi avec M. de Soubise ne sont pas trop positifs, je ne verrais rien de mieux. — Le roi n'a rien promis, dit Madame, et c'est moi qui lui ai donné des espérances plus que vagues, en lui disant que cela se pourrait. Mais quoique j'aime M. de Soubise, je ne crois pas qu'il puisse être mis en comparaison avec M. de Choiseul pour le mérite. » Le roi étant entré, Madame, sans doute, lui fit part de cette idée, et un quart-d'heure après étant venu à parler à Madame, j'entendis le roi qui disait : « Vous verrez que parce que le duc du Maine et ses enfans ont eu cette place, il croit devoir l'obtenir comme étant prince (Soubise); mais le maréchal de Bassompierre ne l'était pas, et savez-vous que M. de Choiseul est son petit-neveu ? — Votre Majesté sait l'histoire de France mieux que personne, » répondit Madame. Deux jours après, madame de **** me dit dans ma chambre : « J'ai deux grandes joies, M. de Soubise n'aura pas les Suisses, et madame de Marsan en crèvera de rage, voilà la première ; et M. de Choiseul les a, voilà la plus vive. »

Tout le monde parlait d'une jeune demoiselle (1), dont le roi était épris, autant qu'il pouvait l'être. Elle s'appelait Romans, et était charmante. Madame savait que le roi la voyait, et ses confidentes lui en faisaient des rapports alarmans. La seule maréchale de Mirepoix, la meilleure tête de son conseil, lui donnait du courage. « Je ne vous dirai pas qu'il vous aime mieux qu'elle, et si par un coup de baguette elle pouvait être transportée ici, qu'on lui donnât ce soir à souper, et qu'on fût au cou-

---

(1) Cet article était en entier d'une autre écriture.
(*Note du premier édit.*)

rant de ses goûts, il y aurait pour vous peut-être de quoi trembler. Mais les princes sont, avant tout, des gens d'habitude; l'amitié du roi pour vous est la même que pour votre appartement, vos entours; vous êtes faite à ses manières, à ses histoires; il ne se gêne pas, ne craint pas de vous ennuyer; comment voulez-vous qu'il ait le courage de déraciner tout cela en un jour, de former un autre établissement, et de se donner en spectacle au public, par un changement aussi grand de décoration? » La demoiselle devint grosse, les propos du public, de la cour même, alarmaient Madame infiniment. On prétendait que le roi légitimerait son fils, donnerait un rang à la mère. « Tout cela, dit la maréchale, est du Louis XIV; ce sont de grandes manières qui ne sont pas celles de notre maître. » Les indiscrétions, les jactances de mademoiselle Romans, la perdirent dans l'esprit du roi. Il y eut même des violences exercées contre elle, dont Madame est fort innocente. On fit des perquisitions chez elle, on prit ses papiers; mais les plus importans, qui constataient la paternité du roi, avaient été soustraits. Enfin la demoiselle accoucha, et fit baptiser son fils sous le nom de *Bourbon*, fils de Charles de Bourbon, capitaine de cavalerie. La mère croyait fixer les yeux de toute la France, et voyait dans son fils un duc du Maine. Elle le nourrissait, et allait au bois de Boulogne toute chamarrée des plus belles dentelles, ainsi que son fils qu'elle portait dans une espèce de corbeille. Elle s'asseyait sur l'herbe, dans un endroit solitaire, mais qui fut bientôt connu, et là donnait à teter à son royal enfant. Madame eut la curiosité de la voir, et se rendit un jour à la manufacture de Sèvres, avec moi, sans me rien dire. Quand elle eut acheté quelques tasses, elle me dit : « Il faut que j'aille me promener au bois de Boulogne, » et donna l'ordre pour arrêter à l'endroit où elle voulait mettre pied à terre. Elle était très-bien instruite, et quand elle approcha du lieu, elle me donna le bras, se cacha dans ses coiffes, et mit son mouchoir sur le bas de son visage. Nous nous promenâmes quelques momens dans un sentier, d'où nous pouvions voir la dame allaitant son enfant. Ses cheveux, d'un noir de jais, étaient retroussés avec un peigne orné de quelques diamans. Elle nous regarda fixement, et Madame la salua, et me poussant par le coude, me dit : « Parlez-lui. » Je m'avançai, et lui dis : « Voilà un bien bel enfant. — Oui, me dit-elle, je peux en convenir, quoique je sois sa mère. » Madame, qui me tenait sous le bras, tremblait, et je n'étais pas trop assurée. Mademoiselle Romans me dit : « Êtes-vous des environs? — Oui, Madame, lui dis-je, je demeure à Auteuil, avec cette dame qui souffre en ce moment d'un mal de dents cruel. — Je la plains fort, car je connais ce mal qui m'a souvent bien tourmentée. » Je regardais de tous côtés dans la crainte qu'il ne vînt quelqu'un qui nous reconnût. Je m'enhardis à lui demander si le père était un bel homme. « Très-beau, me dit-elle, et si je vous le nommais, vous diriez comme moi. — J'ai donc l'honneur de le connaître, Madame ? — Cela est très-vraisemblable. » Madame craignant, comme moi, quelque rencontre, balbutia quelques mots d'excuses de l'avoir interrompue, et nous prîmes congé. Nous regardâmes derrière nous à plusieurs reprises pour voir si l'on ne nous suivait pas, et nous regagnâmes la voiture sans être aperçues. « Il faut convenir que la mère et l'enfant sont de belles créatures, dit Madame, sans oublier le père ; l'enfant a ses yeux. Si le roi était venu pendant que nous étions là, croyez-vous qu'il nous eût reconnues ? — Je n'en doute pas, Madame, et dans quel embarras j'aurais été, et quelle scène pour les assistans de nous voir toutes deux ; mais quelle surprise pour elle ! » Le soir Madame fit présent au roi des tasses qu'elle avait achetées, et ne dit pas qu'elle s'était promenée, dans la crainte que le roi, en voyant mademoiselle Romans, ne lui dît que des dames de sa connaissance étaient venues tel jour. Madame de Mirepoix dit à Madame : « Soyez persuadée que le roi se soucie fort peu d'enfans ; il en a assez, et ne voudrait pas s'embarrasser de la mère et du fils. Voyez comme il s'occupe du comte de L** qui lui ressemble d'une manière frappante ? Il n'en parle jamais, et je suis sûre qu'il ne fera rien pour lui. Encore une fois, nous ne sommes pas sous Louis le XIVe. » C'est ainsi que s'expriment les Anglais ; elle avait été ambassadrice à Londres.

On avait fait des changemens dans l'appartement, et je n'avais plus comme auparavant une espèce de niche, où l'on m'avait permis de me tenir, pour entendre autrefois Caffarelli, et depuis mademoiselle Fel et Jeliotte. J'allais donc plus fréquemment à mon logement de la ville; c'est là où je recevais le plus souvent des visites, et j'y allais surtout quand Madame allait à son petit ermitage, où M. de Gontaut ordinairement l'accompagnait. Madame du Chiron, femme d'un premier commis de la guerre, vint me voir, et me dit : « Je suis bien embarrassée de vous parler d'une chose qui vous embarrassera peut-être aussi. Voici le fait. Une femme très-pauvre et que j'oblige quelquefois, prétend être parente de madame la marquise. Elle sait que je vous connais, et me persécute pour que je vous parle d'elle, et que vous en parliez à madame la marquise. Voici son placet. » Je le lus, et je lui dis que le mieux était qu'elle écrivît directement à Madame; que je connaissais sa bonté, et que j'étais sûre qu'elle serait satisfaite, si elle disait vrai. Elle suivit mon conseil. La femme écrivit. Elle était dans le dernier degré de misère, et j'appris que Madame avait commencé par lui faire donner six louis, en attendant des éclaircissemens. Colin fut chargé de les prendre, et s'adressa à M. de Malvoisin, parent de Madame et officier estimé. Le fait était vrai. Madame alors lui envoya cent louis et lui assura une pension de quinze cents francs. Tout cela fut fait très-promptement, et Madame reçut les remerciemens de sa parente quand elle se fut fait habiller un peu proprement. Le jour qu'elle fit ses remerciemens, le roi, qui ne venait pas à cette heure, vit sortir cette dame, et demanda qui c'était : « C'est une de mes parentes fort pauvre, dit Madame. — Elle venait donc pour vous demander ? — Non, dit-elle. — Et pourquoi donc ? — Pour me remercier d'un petit service que je lui ai rendu, dit Madame en rougissant de crainte d'avoir l'air de se vanter. — Eh bien! dit le roi, puisque c'est votre parente, permettez-moi aussi de l'obliger; je lui donne cinquante louis sur ma cassette, et vous savez qu'elle peut envoyer toucher la première année demain. » Madame fondit en larmes, et baisa à plusieurs reprises la main du roi. C'est elle qui m'a raconté cela trois jours après, pendant une nuit qu'elle avait un peu de fièvre. Je me mis aussi à pleurer de la bonté du roi. J'allai trouver le lendemain madame du Chiron à qui je racontai la bonne fortune de sa protégée. J'oublie de dire que je fis part à Madame, après son récit, de la connaissance que j'avais de cette affaire. Elle approuva ma conduite, et me permit d'apprendre à cette dame la bonté du roi dont le mouvement, honnête pour elle et sensible, la toucha davantage que cinquante mille livres de rente que le roi lui eût accordées.

Madame avait des battemens de cœur terribles; il semblait que son cœur sautait. Elle consulta beaucoup de médecins, et je me souviens que l'un d'eux la fit promener dans sa chambre, lui fit soulever un poids, et l'obligea de marcher vite. Elle était surprise; il lui dit : « C'est le moyen de savoir si cela vient de l'organe, parce qu'alors le mouvement accélère les battemens; sinon, cela vient des nerfs. » Je citai le médecin qui n'était pas fort connu de mon oracle, Quesnay, qui me dit que cette conduite était d'un habile homme. Le médecin s'appelait Renard, et n'était presque connu qu'au Marais. Madame avait des suffocations, soupirait souvent; et un jour je fis semblant de remettre à M. de Choiseul qui sortait, un placet en lui disant tout bas que je voudrais bien lui parler pendant quelques momens, par intérêt pour ma maîtresse. Il me permit de venir aussitôt que je le voudrais, et qu'on me laisserait entrer. Je lui dis que Madame était triste et abattue; qu'elle se livrait à des idées fâcheuses que j'ignorais; qu'un jour elle m'avait dit : La sorcière a dit que *j'aurais le temps de me reconnaître avant de mourir;* je le crois, car je ne périrai que de chagrins. » M. de Choiseul parut très-touché, loua mon zèle, et me dit qu'il s'était déjà aperçu de quelque chose de conforme à ce que je lui apprenais; qu'il ne parlerait pas de moi, mais qu'il tâcherait de l'engager à s'expliquer. Je ne sais ce qu'il lui a dit, mais Madame eut depuis l'air beaucoup plus calme. Un jour, mais long-temps après, Madame dit à M. de

Gontaut: « On me croit bien du crédit, mais sans l'amitié de M. de Choiseul, je n'obtiendrais pas une croix de Saint-Louis. »

Le roi avait une grande considération, ainsi que Madame, pour madame de Choiseul; et Madame disait: « Elle dit toujours la chose qui convient. » Madame de Grammont ne leur était pas aussi agréable, et je crois que cela tenait au son de sa voix et à un ton brusque; car on dit qu'elle avait beaucoup d'esprit, et qu'elle aimait le roi et Madame avec passion (1). On a prétendu qu'elle faisait des agaceries au roi, et qu'elle voulait supplanter Madame; et rien n'est plus faux, ni plus bêtement imaginé. Madame voyait beaucoup ces deux dames qui avaient de grandes complaisances pour elle. Un jour Madame disait à M. le duc d'Agen (2), que M. de Choiseul aimait beaucoup sa sœur. « Je le sais, dit-il, Madame, et cela fait du bien à beaucoup de sœurs. » Elle lui demanda ce que cela voulait dire, et il répondit: « D'après M. de Choiseul on croit du bon air d'aimer sa sœur; et je connais de sottes bêtes dont le frère n'avait pas fait jusqu'ici le moindre cas, qui sont aujourd'hui aimées à la folie. Elles n'ont pas sitôt mal au bout du doigt, que le frère est en l'air pour faire venir des médecins de tous les coins de Paris. Ils

---

(1) Parmi les morceaux historiques, s'en trouve un qui concerne madame de Grammont. *Voyez Lettre* (e).

(2) Depuis maréchal de Noailles.

se persuadent que l'on dira chez M. de Choiseul : Il faut convenir que M. de.... aime bien sa sœur, il ne lui survivrait pas s'il avait le malheur de la perdre. » Madame raconta cela à son frère devant moi, en ajoutant qu'elle ne pouvait pas rendre le ton comique du duc. M. de Marigni lui dit : « Je les ai devancés sans faire tant de bruit, et ma petite sœur sait que je l'aimais tendrement avant l'arrivée de madame de Grammont de son chapitre. Cependant, dit-il, je crois que le duc d'Agen n'a pas tort, et cela est plaisamment observé à sa manière, et vrai en partie.—J'oubliais, repartit Madame, que M. le duc d'Agen avait dit : Je voudrais bien être à la mode, mais quelle sœur prendrais-je ? Madame de Caumont est un diable incarné ; madame de Villars une sœur du pot; madame d'Armagnac une ennuyeuse; madame de La Marck une folle. —Voilà de beaux portraits de famille, M. le duc, disait Madame. » Le duc de Gontaut riait aux éclats pendant ce temps-là. C'était un jour que Madame gardait son lit, qu'elle raconta cette histoire; et M. de G****** se mit aussi à parler de sa sœur madame du Roure, je crois du moins que c'est le nom qu'il a dit. Il était fort gai, et passait pour *faire* de la gaieté ; c'était, disait quelqu'un, un meuble excellent pour une favorite; il la fait rire, il ne demande rien, ni pour lui, ni pour les autres; il ne peut exciter de jalousie, et ne se mêle de rien. On l'appelait l'eunuque blanc. La maladie de Madame augmenta, et si promptement, qu'on eut beaucoup d'inquiétudes ; mais une saignée du pied la rétablit comme par miracle. Le roi lui témoigna un grand intérêt, et je ne sais si cela ne fit pas autant d'effet que la saignée. M. de Choiseul s'aperçut quelques jours après que Madame paraissait plus gaie, et me le dit ; je lui répondis ce que je viens de dire à propos de la saignée.

———

Les quatre lettres suivantes adressées à M. de Marigni se trouvèrent avec les cahiers du Journal de madame du Hausset.

« Je me suis acquitté, mon cher marquis, de vos ordres, et j'ai prié l'amie de milord Albemarle de lui demander s'il avait lu le libelle dont on vous a parlé, et s'il croyait qu'il fût écrit en français originairement, et traduit de cette langue en anglais. Il lui a répondu qu'il n'y avait pas de doute que l'ouvrage ne fût traduit du français ; que d'ailleurs les Anglais ne s'occupent que des affaires de leur pays ; et que ceux qui font des satires les dirigent contre les gens en place ou autres qui intéressent les Anglais. Il a lu l'ouvrage, et il m'a dit qu'il ne pouvait faire quelque impression que sur la canaille, et qu'il ne valait pas la peine qu'on s'en occupât. Tout cela est très-vrai ; car vous sentez bien que milord n'a rien à refuser à sa charmante amie, *que les étoiles* qu'il ne peut lui donner. C'est au reste une aimable personne, qui a le meilleur ton, beaucoup d'esprit et un grand désintéressement. Adieu, mon cher marquis, je suis de l'avis de milord, et ne parlerai pas de la démarche que vous m'avez engagé de faire : l'on vous a trompé ; il n'est pas question de vous dans l'ouvrage. »

Autre lettre.

« Madame de Vieux-Maison est une des plus grandes suivantes de Cupidon, et ce qui pis est, l'une des plus méchantes femmes qu'on puisse voir. C'est elle qui a fait *les Mémoires secrets de la cour de Perse* (1) ; mais l'ouvrage dont il est question, est trop mal écrit pour être d'elle. Je ne sais où elle a pris l'anecdote du *Masque de Fer* ; mais c'est elle qui en a parlé la première. Elle est petite-fille par son mari du fameux Jacquier, l'homme de confiance de M. de Turenne et de plusieurs généraux, pour les subsistances. Il avait eu des rapports avec beaucoup de gens considérables ; et c'est peut-être dans ses papiers, ou par tradition qu'il a appris quelque chose de ce

---

(1) S'il est vrai que madame de Vieux-Maison soit l'auteur des *Mémoires secrets de la cour de Perse,* c'est donc elle aussi qui est l'auteur des *Amours de Leokenisul, roi des Kofirans* (Louis XV, roi des Français), car c'est absolument le même style. Cependant on a toujours attribué ces deux ouvrages à la Beaumelle.

fameux personnage que M. d'Argenson prétend être fort peu de chose en réalité. Il dit que c'était l'opinion de M. le régent. Madame de Vieux-Maison est sœur de madame de Vauvrai, très-belle femme que le duc d'Agen a aimée en amant romanesque, ce qui ne lui ressemble guère. Il s'était fait passer pour maître de musique, lui a donné des leçons; et un beau jour à Saint-Roch, elle a vu son maître de musique en habit superbe avec deux queues, et suivi de valets. Je crois que c'était plus pour se divertir, que par grand sentiment, qu'il a joué ce rôle. »

Autre.

« J'ai vu Vernage, et ai fait tomber la conversation fort naturellement sur la mort de madame de Châteauroux. Quand je lui ai parlé de poison, il a levé les épaules et m'a dit: « Personne ne peut mieux vous parler de cela que moi; je l'ai vue à son retour de Metz, et l'ai engagée à suivre un régime rafraîchissant, à se distraire, à faire de l'exercice; mais elle ne m'a pas voulu croire, et n'a fait que songer à ce qui lui est arrivé à Metz, et à s'occuper avec une agitation extrême de l'avenir. Quinze jours environ avant sa mort, j'eus une grande conversation avec elle sur sa santé, à la prière de ses amis, et je lui dis : Madame, vous ne dormez pas, vous êtes sans appétit, et votre pouls annonce des vapeurs noires, vos yeux ont presque l'air égaré;

quand vous dormez quelques momens, vous vous réveillez en sursaut. Cet état ne peut durer : ou vous deviendrez folle par l'agitation de votre esprit, ou il se fera quelque engorgement au cerveau, ou l'amas des matières corrompues vous occasionera une fièvre putride. Je la pressai de se faire saigner, de prendre quelques légers purgatifs, et cela pendant plusieurs jours. Elle me promit et à ses amis, et M. de Richelieu le sait bien, de suivre mon ordonnance. Son rappel à la cour est venu, et la révolution de la joie, jointe à tout ce qui avait précédé, a fait fermenter les humeurs; et elle est morte d'une fièvre putride avec le transport au cerveau. » Tout cela est bien long, mais je me conforme à vos désirs. Vernage m'a répété dix fois que sa maladie n'avait rien d'extraordinaire. M. de Richelieu m'a dit la même chose, ainsi que le bailli de Grille, intime ami de madame de Châteauroux. »

Autre.

« La querelle de la présidente P****** avec la Vieux-Maison, est très-vraie, et je puis vous en dire les circonstances. Elles ont été très-amies, mais elles étaient en froid pour un amant qu'elles se disputaient. Il y a quelques jours que chez madame de.... elles se sont querellées, et la présidente a reproché à l'autre de courir après les hommes. C'est bien à vous, dit-elle, qui avez couru après le roi, et avez été attrapée par un de ses domestiques qui a fait de vous tout ce qu'il a voulu; et aussitôt, sans qu'on pût l'interrompre, elle a commencé l'histoire. Madame P****** s'en est allée furieuse, sans entendre le reste qu'on a sans peine engagé la Vieux-Maison à raconter. « Au bal, pour le mariage du dauphin, plusieurs femmes cherchaient à faire la conquête du roi; et la présidente, dit-elle, n'était pas la moins empressée. Le roi s'était déguisé en *if*, ainsi que trois ou quatre de ses courtisans : il s'amusa quelque temps au bal; et ensuite, fatigué de son habillement, il rentra chez lui par une porte de derrière, et l'on porta sa mascarade chez son premier valet de chambre qui a un petit appartement dans l'antichambre du roi. M. de Bridge, écuyer du roi, était son ami; il le pria de le lui prêter, ainsi que la clef de l'appartement. Il s'habilla en *if*, parut dans la salle, et bientôt fut fortement agacé par la présidente qui le prit pour le roi. Il ne fut pas cruel, et proposa à la dame de le suivre chez son premier valet de chambre. La présidente s'y rendit. Il n'y avait point de lumière, parce qu'il avait eu la précaution de l'éteindre. L'écuyer prodigua les promesses à la présidente, la pressa vivement, et elle crut avoir rendu le roi heureux. En sortant, elle vit le roi qui traversait l'œil-de-bœuf, vêtu à l'ordinaire, et l'*if*, qui donnait le bras à la présidente, la quitta et s'évada. Elle vit qu'elle avait été trompée, et devint furieuse ; long-temps après, par quelques indiscrétions, elle sut, ainsi que moi, le nom de celui qui avait si bien joué le rôle du roi. C'est, au reste, un très-bel homme. — Dans toute cette histoire, il ne fut pas fait mention de madame votre sœur, dont on n'a pas prononcé le nom. »

MORCEAUX HISTORIQUES

SERVANT D'ÉCLAIRCISSEMENS

POUR LES MÉMOIRES

DE MADAME DU HAUSSET.

(a) SPECTACLES

DES

PETITS CABINETS DE LOUIS XV.

Comme l'époque de ces spectacles est éloignée de la nôtre, comme tout ce qui a trait à ces différens amusemens est très-peu connu, j'ai cru qu'on pourrait en voir avec plaisir les détails.

Ce fut dans les derniers mois de l'année 1747 que se réunirent les auteurs qui composèrent la troupe (car c'est le nom technique que l'on donne à ces réunions d'acteurs de société), jalouse de produire ses talens sous les yeux du roi.

Louis XV avait entendu citer très-souvent, et toujours avec éloge, les talens de madame la marquise de Pompadour pour la comédie, pour le chant, et qui s'était rendue célèbre à Étioles (1) sur

---

(1) C'était dans la société des gens de lettres et d'artistes distingués que rassemblait à Étioles M. de Tournehem, riche, fastueux et passionné pour les arts; c'était-là, dis-je, que sa nièce, en formant son goût, apprit à aimer les talens. Le premier usage qu'elle fit de son crédit fut de procurer à l'oncle qui les lui avait fait connaître et apprécier, la place de leur surintendant.

(*Note de Laujon, auteur de ce morceau.*)

le théâtre de M. de Tournehem, son oncle, et sur celui de madame de Villemur (dont elle était l'amie particulière) à Chantemerle. Plusieurs courtisans de Sa Majesté, et entre autres M. le maréchal de Richelieu, y avaient assisté; M. le duc de Nivernais et M. le duc de Duras y avaient été acteurs : en fallait-il davantage pour exciter la curiosité du roi, et pour seconder madame de Pompadour dans le désir qu'elle avait de développer à ses yeux tous ses moyens de plaire? désir que partageaient avec elle les deux acteurs que je viens de citer.

Quand on a des talens, on juge aisément de leur prix par la peine que l'on s'est donnée pour les acquérir : aussi son ardeur à les obliger s'est-elle rarement démentie.

On choisit le cabinet des médailles pour le *théâtre*. A peine était-il construit, que le choix des acteurs fut fait.

La troupe n'avait pas tardé à se compléter, quoique pour s'y voir admis il fallût avoir joué précédemment avec quelque succès sur des théâtres de société.

Voici les noms des acteurs choisis par celle-ci :

MM. LE DUC D'ORLÉANS, LE DUC D'AGEN, LE DUC DE NIVERNAIS, LE DUC DE DURAS, LE COMTE DE MAILLEBOIS, LE MARQUIS DE COURTENVAUX, LE DUC DE COIGNY, LE MARQUIS D'ENTRAIGUES.

Mesdames LA DUCHESSE DE BRANCAS, LA MARQUISE

de Pompadour, la comtesse d'Estrades, de Marchais (1).

Telle fut la première composition de la *troupe*, avant qu'elle se permît de jouer l'*opéra*.

Dans sa première assemblée, on choisit pour directeur M. le duc de la Vallière.

Pour secrétaire et souffleur, l'abbé de La Garde, secrétaire de madame de Pompadour et son bibliothécaire.

Ensuite on s'occupa des statuts.

Statuts.

Ier. Relatif à l'*admission*. Pour être admis comme sociétaire, il faudra prouver que ce n'est pas la première fois que l'on a joué la comédie, pour ne pas faire son noviciat dans la troupe.

IIe. Chacun y désignera son *emploi*.

IIIe. On ne pourra, sans avoir obtenu le consentement de tous les sociétaires, prendre un emploi différent de celui pour lequel on a été agréé.

IVe. On ne pourra, en cas d'absence, se choisir un double (droit expressément réservé à la société, qui le nommera à la majorité absolue).

V^e. A son retour, le remplacé reprendra son emploi.

VIe. Chaque sociétaire ne pourra refuser un rôle affecté à son emploi, sous prétexte que le rôle

---

(1) Parente de madame de Pompadour, depuis comtesse d'Angivillers.

est peu favorable à son jeu, ou qu'il est trop fatigant.

Ces six premiers articles sont communs aux actrices comme aux acteurs.

VIIe. Les actrices seules jouiront du droit de choisir les ouvrages que la troupe doit représenter.

VIIIe. Elles auront pareillement le droit d'indiquer le jour de la *représentation*, de fixer le nombre des répétitions, et d'en désigner le jour et l'heure.

IXe. Chaque acteur sera tenu de se trouver à l'*heure très-précise* désignée pour la répétition, sous peine d'une amende que les actrices seules fixeront entre elles.

X^e. L'on accorde aux actrices seules la demi-heure de grâce, passé laquelle l'amende qu'elles auront encourue sera décidée par elles seules.

Copie de ces statuts sera donnée à chaque sociétaire, ainsi qu'au directeur et au secrétaire qui sera tenu de les apporter à chaque répétition.

On voit par ces statuts arrêtés unanimement, que le projet était de donner quelque suite à ces spectacles. C'était beaucoup, pour madame de Pompadour, de se procurer la facilité de retrouver et de suivre ses amusemens les plus chers, de les faire adopter dans cette société nouvelle. Les sociétaires qui s'y trouvaient réunis, moins habitués à ce genre de talens, et par conséquent plus timides, ne pouvaient offrir de rivalité dangereuse.

Madame de Pompadour, annoncée par des talens tant de fois éprouvés, en avait acquis plus de confiance; mais les succès précédens n'avaient flatté que sa vanité, et ceux auxquels elle aspirait étaient bien plus attrayans. Ils intéressaient son cœur; c'était peu pour elle de plaire au plus grand nombre des spectateurs, le suffrage d'un seul suffisait à son ambition. Elle ne devait qu'aux charmes de sa figure une conquête dont chaque jour lui faisait sentir le prix; elle n'attendait, que de ses talens, le bonheur de la fixer.

En justifiant aux yeux du roi le goût qu'elle avait toujours eu pour les talens, elle se ménageait le droit de s'intéresser en leur faveur, et s'en occupait.

Le souvenir agréable qu'elle avait conservé des auteurs dont la célébrité répandait plus d'éclat dans la société de M. de Tournehem, était encore trop récent pour être effacé de sa mémoire; son orgueil avait été flatté d'y compter tour à tour pour, habitués, Voltaire, Crébillon (qu'on y voyait plus assiduement par la précaution qu'on avait prise d'éviter qu'ils s'y trouvassent ensemble), et presque toujours Gresset, alors dans toute la force de son talent. La nièce n'était pas moins impatiente que l'oncle de leur prouver sa reconnaissance; Crébillon, leur ami, fut le premier qui s'en ressentit (1).

---

(1) Madame de Pompadour obtint de faire imprimer aux dépens du roi, par l'imprimerie royale, les OEuvres dramatiques de Crébillon.

(Note de Laujon.)

Voltaire était devenu plus difficile à obliger; il avait contre lui toute la famille royale; la lutte était dangereuse pour madame de Pompadour, mais elle osa la tenter.

Jalouse de s'attacher les talens, elle ne pouvait en donner de preuves plus éclatantes qu'en obligeant un auteur célèbre à tant de titres. Elle n'avait qu'un moyen de faire cesser sa disgrâce, et le saisit même à son insu.

Voltaire ne s'était annoncé dans la comédie que par celle de l'*Enfant Prodigue*, sur laquelle les suffrages de la cour lui avaient été favorables : ce fut cette pièce que madame de Pompadour proposa et fit agréer pour début à la nouvelle troupe.

L'auteur de la pièce n'en apprit le succès que quelques jours après la première représentation, parce que les acteurs n'appelaient pas aux représentations les auteurs des ouvrages qui avaient déjà paru sur des théâtres publics.

On crut cependant qu'il était juste de procurer aux auteurs la satisfaction et l'honneur de paraître devant le roi, quand leur ouvrage aurait contribué à ses plaisirs. Madame de Pompadour qui avait eu cette idée qu'on avait adoptée, y ajouta celle de donner ses entrées à chacun des spectacles, aux auteurs dont les ouvrages auraient été donnés, ou le seraient par la suite. Cette proposition ne dépendait pas seulement de la troupe; il fallait que le roi y donnât son consentement. Madame de Pompadour l'obtint, et se pressa de l'annoncer à Voltaire, qui ne manqua pas de se trouver à sa seconde représentation, et qui sentit bien qu'il devait à madame de Pompadour non-seulement la satisfaction d'avoir eu son ouvrage représenté le premier devant Sa Majesté, mais encore la facilité d'être plus souvent sous ses yeux.

Il avait donc appris à la fois son succès et les suites heureuses qui pouvaient le lui rendre plus précieux.

C'était le seul théâtre où l'on se fût permis de témoigner par battemens de mains la satisfaction que procuraient les ouvrages dramatiques donnés devant le roi (1). La comédie de l'*Enfant Prodigue* était donc la première que l'on eût honorée de cette faveur éclatante (2).

La lettre qui en informa Voltaire fut pour lui

---

(1) Madame de Pompadour jouait dans la pièce; et n'est-ce donc qu'à la cour qu'un amant ait découragé plutôt vingt auteurs que d'oser une seule fois décourager sa maîtresse ?

(*Note de Laujon.*)

(2) L'amour avait fait à Louis XV une loi de se débarrasser de l'étiquette ennuyeuse que lui prescrivait sa grandeur; et il le prouvait par ses applaudissemens qui servaient de signal au petit nombre de spectateurs qu'il avait admis à jouir de ce spectacle, et qui se disputaient d'empressement pour l'imiter. Lui seul donnait la permission d'y assister. Il s'en était réservé le droit à l'exclusion des auteurs, et même des acteurs, qui ne pouvaient y faire entrer leurs parens sans avoir obtenu son consentement. Les femmes en étaient absolument exclues pendant les deux premières années.

(*Note du premier édit.*)

l'annonce d'une jouissance dont tout jusque-là s'était réuni pour le priver. Laissons-le un moment se reposer sur cette nouvelle agréable, et préparer les remerciemens qu'il doit à celle qui les lui procure : il aura le temps d'y réfléchir.

Sa bienfaitrice, pour fournir des alimens nouveaux à la curiosité du roi, avait senti la nécessité de ne lui donner jamais deux fois de suite le même spectacle. Elle profita donc de l'intervalle de la première représentation de l'*Enfant Prodigue* à la seconde, pour s'occuper de Gresset.

Sa comédie du *Méchant* disputait encore son succès. Cette pièce qu'elle choisit pour second spectacle eut le succès le plus complet. M. le duc de Nivernais excella dans le rôle de Valère. Dans la première scène (qui avait pour objet d'annoncer l'adresse habituelle du méchant toujours occupé de séduire), le ton ingénu que M. de Nivernais prêtait à Valère, sa promptitude à céder sans réflexion à l'homme dont l'esprit lui paraissait bien supérieur au sien, l'orgueil de se rapprocher de lui, présenté avec une franchise faite pour rendre Valère intéressant, en offrant en lui plus de faiblesse que de penchant pour le vice, voilà ce qui avait échappé à l'acteur qui, le premier, jouait ce rôle sur le Théâtre-Français. L'effet que produisit cet ouvrage sur le petit théâtre fut tel, que madame de Pompadour, occupée d'obliger Gresset, obtint du roi de faire venir à la seconde représentation Rosali, qui, surpris de voir tout le parti que tirait de ce rôle M. de Nivernais, en profita, et se modela si bien sur lui, qu'à Paris l'ouvrage dut à cet heureux changement tout le succès qu'on a depuis cessé de lui disputer.

Les chasses de Louis XV, et d'autres circonstances pareilles, décidaient de l'intervalle que l'on mettait d'une représentation à l'autre.

On avait commencé par jouer la comédie, on s'occupait d'y joindre des actes d'opéra. L'orchestre avait été formé dès le début de la troupe, et il était composé d'un tiers d'amateurs et de deux tiers d'artistes de la musique du roi. En voici la liste, dans laquelle on distinguera les amateurs par ce signe *.

Clavecin. M. Ferrand * (1).

Violoncelles. MM. Jéliotte, l'abbé l'Aîné, Chrétien, Picot, Dupont, Antonio, Dubuisson.

Bassons. MM. Le Prince de Dombes *, Marlière, Blaise.

Hautbois. MM. Desseller, Desjardins.

Violes. MM. Le comte Dampierre *, le marquis de Sourches *.

Violons premiers dessus. MM. Mondonville, Lalande, Le Roux, De Courtomer *, Mayer.

Violons seconds dessus. MM. Guillemain, Caraffe l'aîné, Marchand, Fauchet *, Belleville *.

---

(1) Parent de madame de Pompadour, et qui fit représenter l'année d'après, sur ce théâtre, l'acte de Zélie, dont il avait fait la musique, et dont M. Curis avait fait les paroles.

(*Note du premier édit.*)

Trompette. M. Caraffe cadet.

Cor-de-chasse. M. Caraffe troisième.

Quand il fut question de jouer des actes d'opéra, Dehesse, acteur de la Comédie-Italienne et son maître de ballet, fut choisi pour celui de la troupe.

La danse, dont il était chargé de choisir les sujets, était composée de jeunes personnes des deux sexes, depuis l'âge de neuf à dix ans jusqu'à celui de douze inclusivement. Passé cet âge, ils se retiraient et jouissaient du droit d'être placés selon leurs talens, mais sans autre début, soit à l'Opéra, soit dans les ballets du Théâtre-Français ou Italien.

Voici les noms de celles et de ceux qui ont joui de cet avantage.

Figurans.	*Figurantes.*
MM. La Rivière.	Mmes. Puvigné.
Béat.	Dorfeuille.
Gougis.	Marquise.
Rousseau.	Chevrier.
Berteron.	Astraudi.
Lepy.	Durand.
Caillau.	Foulquier.
	Camille.

Il n'y avait de danseurs seuls que les sociétaires désignés ci-après.

1re *année.* M. LE MARQUIS DE COURTENVAUX, premier danseur; M. LE COMTE DE LANGERON, en double et deuxième danseur.

2ᵉ *année*. M. LE DUC DE BEUVRON, M. LE COMTE DE MELFORT.

La 3ᵉ année, la troupe renonça à jouer la comédie pour composer son spectacle entier d'opéras et de ballets.

Les représentations se faisaient chez madame de Pompadour, et commençaient pendant le voyage de Fontainebleau : on disposait à Versailles le théâtre sur lequel on faisait en arrivant les représentations générales.

Les spectacles continuaient jusqu'au carnaval inclusivement.

La troupe n'offrit, dans ses premiers débuts lyriques, de ressources en acteurs pour le chant, que madame la duchesse de Brancas, madame de Pompadour et M. le duc d'Agen.

Ainsi tous les actes ne devaient réunir que ce même nombre de personnages.

Le premier acte qu'on joua sur ce petit théâtre était intitulé : *Bacchus et Érigone*, de la Bruère et Blamont.

Le second, *Ismène*, de Moncrif et Rebel.

Le troisième, *Églé*, de la Garde (1) et de moi.

Dans ce seul genre d'ouvrages, on n'admettait aux répétitions que les auteurs des paroles et de

---

(1) Auteur d'un recueil très-accrédité de duos et de la charmante cantate d'*Énée et Didon*, par M. le duc de Nivernais.

(*Note du premier édit.*)

la musique ; en leur absence, ils étaient remplacés, savoir : celui des paroles, par le souffleur ; celui de la musique, par Rebel.

Chaque auteur de la musique avait le droit de battre la mesure dans l'orchestre quand on jouait son ouvrage.

Il est peu de ces auteurs qui cédassent ce droit ; mais s'il survenait quelque obstacle qui les empêchât d'en user, Rebel était chargé de remplacer les absens.

Sur le théâtre, Bury était chargé de la conduite du spectacle chantant et de la surveillance des chœurs, dont voici la composition en hommes et en femmes, et choisis dans tous les différens artistes de la musique du roi et de la reine. L'ancienneté avait la préférence : pour éviter toute jalousie sur la prééminence des talens, on ne consultait que la date de leur réception.

Dessus. Mmes De Selles, Godonesche, Canavas, Francisque.

Dessus. MM. Camus, Gérôme, Falco, Francisque.

Hautes-contre. MM. Lebègue, Poirier, Bazire, Dugué.

Tailles. MM. Daigremont, Richer, Cardonne, Traversier.

Basses. MM. Benoît, Ducros, Godonesche, Dupuis, Joguet, Dubourg.

De la totalité de ceux et celles qui complétaient ces chœurs, il n'en paraissait sur le théâtre que deux femmes et deux hommes de chaque côté ;

les autres chanteurs, en dehors du théâtre, en bordaient les coulisses.

Les acteurs, soit qu'ils jouassent ou ne jouassent point dans la pièce, avaient leur entrée dans la salle, et la conservèrent tant que ces petites fêtes particulières eurent lieu. J'ai dit que les femmes n'y étaient pas admises; mais les actrices qui ne jouaient pas étaient placées dans une loge située le long des coulisses, et dans laquelle madame de Pompadour s'était réservé deux places, dont l'une était toujours remplie par madame la maréchale de Mirepoix, amie du roi.

Les comédies que je viens de citer, furent les seules qu'on joua sur ce petit théâtre. En les choisissant de préférence sur nombre d'autres pièces, le but de madame de Pompadour avait été de saisir le seul moyen qu'elle avait d'obliger Voltaire et Gresset.

A la suite de la seconde représentation de l'*Enfant Prodigue*, à laquelle Voltaire eut la permission d'assister, et qui lui assurait à l'avenir ses entrées à tous les spectacles qu'on y représenterait, on donna l'acte lyrique de *Bacchus et Érigone*. Madame de Pompadour jouait le rôle d'Érigone, pour lequel elle avait marqué quelque répugnance. Enfin, soit qu'il ne fût pas favorable à sa voix, soit que l'ouvrage lui déplût, ce fut le seul qui n'y fût joué qu'une fois. La Bruère, auteur des paroles, alors secrétaire de l'ambassade de M. de Nivernais, eût pu sans doute réconcilier madame de Pompadour avec ce rôle, s'il eût assisté à ses représentations; mais il était parti pour retourner à son poste.

A cette époque les actes d'opéra n'étaient point imprimés; M. le duc de la Vallière, comme directeur, présentait au roi l'auteur des paroles, qui les remettait manuscrites à S. M. On dit que l'acte d'Érigone fut cause qu'on ne les imprima pas; et ceux qui devaient y être joués, y furent soumis à l'examen du directeur et de ce qui composait la troupe. On les imprima les autres années, après avoir subi cette espèce de censure.

Le désagrément qu'avait éprouvé l'acte d'Erigone procura donc à Voltaire la satisfaction d'être le seul auteur dont l'ouvrage eût contribué au succès de la représentation, et soutenu l'honneur de la troupe; aussi adressa-t-il à madame de Pompadour les vers suivans dont elle fut enchantée, et qu'elle se hâta de faire circuler, ne présumant pas assurément qu'ils pussent jamais devenir funestes à l'auteur.

>   Ainsi donc vous réunissez
>   Tous les arts, tous les dons de plaire,
>   Pompadour! Vous embellissez
>   La cour, le Parnasse et Cythère.
> Charme de tous les yeux, trésor d'un seul mortel!
>   Que votre amour soit éternel!
>   Que tous vos jours soient marqués par des fêtes!
> Que de nouveaux succès marquent ceux de Louis!
>   Vivez tous deux sans ennemis!
>   Et gardez tous deux vos conquêtes!

Ces vers parvinrent bientôt dans les sociétés les plus brillantes de la cour et les plus animées contre Voltaire. Celle de madame la duchesse de Talard, où la reine passait ses soirées, les sociétés de Mesdames, ses filles, avaient eu presqu'en même temps copie de ces vers contre lesquels on ne pouvait, disaient-elles, trop tôt sévir, puisque l'auteur, qui venait d'obtenir ses entrées au théâtre où cette faveur était si marquante et si difficile à se procurer, n'avait cherché qu'un titre nouveau pour se les assurer, et pour reproduire avec plus d'avantage ses talens sous les yeux du roi.

Ces sociétés anti-voltairiennes s'étaient donc réunies; les frondeurs les plus habituels d'une célébrité qui les désolait, s'étaient pressés de s'y rendre; c'était à qui citerait le premier dans ses vers des idées plus captieuses et plus malignes, leur prêterait des applications plus scandaleuses, fixerait sur elles toute l'attention de l'assemblée, et se montrerait enfin le plus jaloux de publier et d'accréditer leurs critiques. Ce fut en effet par eux que l'on sut que « le vœu formé par l'auteur pour la
» constance perpétuelle des deux amans, avait été
» regardé généralement dans ce comité comme
» le comble de la témérité et de l'audace; qu'on
» avait été indigné de la comparaison des conquêtes
» du roi dans ses premières campagnes avec la
» conquête du cœur de sa maîtresse; que Mes-
» dames avaient regardé comme attentatoire à
» l'honneur de leur père cette parité de gloire

» qu'on attachait à ces deux succès; que c'était
» enfin un crime impardonnable. »

Elles avaient conservé du crédit sur le cœur de leur père qui les avait habituées aux mêmes égards, à la même tendresse. Et dès le lendemain de l'assemblée que je viens de citer, quand le roi, selon son usage journalier, vint recevoir leurs embrassemens, elles l'entourèrent, redoublèrent de caresses, et profitèrent de ces épanchemens mutuels pour l'amener à sentir la nécessité d'éloigner de lui un auteur qui venait d'ajouter aux premiers torts qu'elles lui connaissaient, en se permettant des vers scandaleux que S. M. ne pouvait laisser impunis, sans prouver que la gloire était moins intéressante pour sa personne que sa maîtresse. Le roi était faible; l'exil de Voltaire fut signé avant que madame de Pompadour pût le savoir. Elle l'apprit avec quelque surprise; mais elle avait trop d'esprit pour ne pas sentir le danger de s'opposer à cette disgrâce. Quoique sa faveur parût assurée, elle n'ignorait pas qu'elle lui avait fait beaucoup d'ennemies, et c'eût été le moyen sûr d'aigrir les plus dangereuses. Elle dissimula donc le chagrin qu'elle ressentait intérieurement de la disgrâce de son protégé; elle s'accusa même d'en être la cause par la publicité qu'elle avait donnée à des vers que leur auteur n'avait destinés qu'à être lus par elle; ce qui fit que la reine et la famille royale, qui craignaient qu'elle n'opposât son crédit au leur, lui surent gré de n'y avoir pas mis d'obstacle, et le dirent publiquement. Le roi avait paru trop flatté de l'empressement de sa favorite à s'entourer des talens célèbres, pour se dissimuler la peine qu'il venait de lui causer; et pour consoler l'affligée, il la nomma, quelque temps après, surintendante de la maison de la reine, qui ne s'en plaignit pas.

Que la surintendante ait eu l'adresse d'allier les intérêts de son amour avec les soins et les égards pour sa respectable maîtresse, qu'elle ait trouvé le secret de les lui rendre agréables en lui ménageant un peu de crédit auprès du roi; c'est, je crois, ce qu'il importe peu de savoir. Ce qui doit intéresser beaucoup plus le lecteur, c'est la position fâcheuse dans laquelle se trouve un auteur pour avoir trop exalté sa bienfaitrice, afin de lui donner les preuves les plus marquées de sa reconnaissance. Je reviens donc à Voltaire. Il avait cru de si bonne foi ne pas avoir excédé les licences qu'autorise la poésie, que, pour laisser le temps d'examiner et mieux saisir tout le mérite de son hommage, il l'avait adressé un jour avant de venir s'assurer de la sensation qu'il avait produite. Il voulait par-là se ménager la double jouissance, et d'en recevoir des remerciemens, et de profiter, pour la première fois, des entrées qu'il devait au succès de son *Enfant Prodigue*. Il n'arriva de Paris que le même jour où le jugement qu'on avait fait de ses vers ne s'était pas encore répandu. J'étais à dîner chez M. de Tournehem qui ne savait rien du motif qui lui ame-

naît ce nouveau convive. « Vite, dit notre amphi-
» trion, le dîner de M. de Voltaire! » On ne le fit
pas attendre, et, ce qui me parut singulier, son
dîner se bornait à sept à huit tasses de café à l'eau
et deux petits pains. Cela né l'empêcha pas de dé-
frayer la société par nombre de saillies piquantes.
Je me rappelle qu'on vint à parler de l'impôt qu'on
venait d'établir sur les cartes, qu'il approuvait très-
fort, et qui lui donna lieu de citer nombre de projets sur le luxe, tous, disait-il, plus importans l'un
que l'autre, et faits pour fixer l'attention du gouvernement; ce qui annonçait une tête ardente et
féconde, à laquelle nul objet et de politique et
d'administration n'était étranger. Après être sorti
de table, il était entouré de convives qui ne se
lassaient pas de lui faire questions sur questions:
je regrettais de ne pouvoir être du nombre; mais
c'était le jour de la première représentation d'*Eglé*,
j'étais obligé de rejoindre mon musicien, et de
me rendre chez M. le duc de La Vallière, pour
qu'il m'indiquât le moment où je remettrais au roi
le manuscrit de mon ouvrage.

(*Extrait des OEuvres choisies de M. P. Laujon,*
pages 71 à 90.)

(b) DE LA DESTRUCTION
DES
JÉSUITES, EN FRANCE (1).

On suppose généralement que les Jésuites, presque dès leur institution, surveillèrent les hommes que leur naissance ou des circonstances quelconques appelaient à des emplois importans; qu'ils tâchaient de pénétrer leurs sentimens pour l'Ordre, et faisaient en temps et lieu usage de ce qu'ils apprenaient. Le comte de Stainville, depuis duc de Choiseul, étant ambassadeur à Rome, alla un jour rendre visite au général des Jésuites nommé Viscomti. La conversation tomba sur les ennemis de la *société*, et M. de Stainville s'empressa de dire qu'il était bien éloigné d'être de ce nombre et fit son éloge. Le général, homme plus pieux que prudent, lui répondit : « M. l'ambassadeur n'a pas » toujours pensé ainsi, et je suis fort aise de voir » qu'il soit désabusé de ses préventions. » M. de

---

(1) Le volume in-4° publié par M. Crauford sous le titre de *Mélanges d'histoire et de littérature* contenait ce morceau écrit avec impartialité. On le croit de M. Sénac de Meilhan.

(*Note des nouv. édit.*)

Stainville se défendit d'avoir eu d'autres sentimens. Le général alors lui cita quelques expressions dont il s'était servi touchant les Jésuites, et laissa tomber la conversation. M. de Stainville fort surpris se rappela que, dans un soupé, à Paris, peu de jours avant son départ pour Rome, où l'on parlait à table des ouvrages du père Berruyer (1), que le parlement se disposait à censurer, il s'était, en effet, exprimé très-fortement contre les Jésuites. Un témoin de ce discours le rapporta aux Jésuites, et le recteur de la maison professe écrivit sur-le-champ à Rome, en priant le général de garder, avec le nouvel ambassadeur de France, les mesures les plus prudentes; ce que ce général ne fit pas certainement, puisqu'il lui communiqua ce qu'on vient de raconter (2).

La destruction de cette fameuse société produisit la plus grande sensation. Voici comment cet événement arriva en France: on suivit l'exemple donné en Portugal et en Espagne.

---

(1) Joseph - Isaac Berruyer, né à Rouen en 1681, mourut à Paris en 1758. L'ouvrage condamné est son *Histoire du peuple de Dieu, tirée des seuls livres saints,* livre à la vérité assez extraordinaire, écrit dans un style qu'on peut appeler romanesque. Il fut condamné sous Benoît XIV par un bref du 17 février 1758, et sous Clément XIII, par un bref du 2 décembre de la même année. Les Jésuites avaient déjà désavoué l'ouvrage, et obtenu de l'auteur un acte de soumission lu en Sorbonne en 1754. (*Note du premier édit.*)

(2) Je tiens cette anecdote d'un ancien Jésuite.
(*Note du premier édit.*)

Le père La Vallette, supérieur des Jésuites de la Martinique, avait des relations commerciales avec des négocians français. Pendant la guerre, terminée par le traité de 1762, quelques vaisseaux sur lesquels les Jésuites avaient des effets, furent pris par les Anglais. Le père La Vallette, comptant sur l'arrivée des cargaisons, avait contracté des engagemens payables à certaines époques par le père Sacy, procureur-général des missions, et demeurant à la maison professe, à Paris, rue Saint-Antoine. A l'échéance des paiemens, ce père déclara ne pouvoir y satisfaire, et demanda du temps. La maison de Lioncy et Jouffres de Marseille, intéressée pour cette affaire, se pourvut à la juridiction consulaire de cette ville; et les Jésuites furent condamnés solidairement à remplir les engagemens contractés par La Vallette et Sacy. Les Jésuites réclamèrent contre ce jugement, et en appelèrent à une juridiction supérieure. Leur cause était, comme celles de tous les réguliers, attribuée au grand conseil; et une attribution étant dans ce cas un privilége, on pouvait s'en prévaloir ou le décliner. Il y avait, à cette époque, dans la maison professe, à Paris, un Jésuite appelé le père Frey, frère du prédicateur Neuville, et ce père passait pour une des meilleures têtes politiques de l'ordre. Les principaux Jésuites, indécis sur la conduite qu'ils tiendraient, s'assemblèrent, et le père Frey, après avoir écouté tous les avis, ouvrit celui de porter l'affaire au parlement, et de décliner la juridiction du grand-conseil. Beaucoup de ceux qui composent le grand banc, aussi bien que celui du grand-conseil, dit Frey, sont nos élèves; le parlement connaît nos droits, et il sera sensible à la confiance que nous lui marquerons, en nous soumettant à sa juridiction. Enfin, si nous gagnons notre procès, comme je n'en doute pas, le jugement aura d'autant plus d'authenticité, que l'on est persuadé dans le public que le parlement nous est contraire. Cet avis parut fondé, et fut adopté, tandis qu'il n'y en avait pas véritablement de plus fatal pour les Jésuites. Le grand conseil, qui devait son importance à l'attribution des affaires des ecclésiastiques, avait des égards pour eux; et lorsqu'il prévoyait une mauvaise issue à une affaire majeure, il engageait quelquefois les parties à s'accommoder. Celle de la maison de Lioncy et Jouffres était si évidemment mauvaise, que le grand-conseil serait certainement parvenu à faire renoncer les Jésuites à la soutenir, et elle aurait été assoupie sans éclat. Le grand conseil ne se serait jamais immiscé dans l'examen de l'institut des Jésuites; il se serait borné à prononcer sur la question qui consistait à savoir si la société était solidaire pour des engagemens contractés par ses délégués, question simple, et qui ne pouvait présenter aucun doute. L'affaire fut donc portée au parlement.

Les Jésuites soutenaient qu'ils n'étaient point solidaires, et le parlement demanda à voir l'institut sur lequel ils fondaient cette assertion. Il ne se

borna pas à l'article relatif au procès; il examina
en entier leurs constitutions, et le 8 mai 1761, un
arrêt du parlement condamna les Jésuites à payer
les sommes dues par La Vallette et Sacy, outre cinquante mille livres de dommages et intérêts. Pendant qu'on plaidait cette cause, les ennemis des
Jésuites excitaient contre eux des clameurs dans
les lieux publics et dans les sociétés. La doctrine
régicide de Buzenbaum, et d'autres écrivains de
cette compagnie, ainsi que le supplice de Guignard (1), furent rappelés; les jansénistes forti-
fièrent de tous les moyens de l'esprit de parti les
dispositions défavorables du parlement; et l'aveuglement des Jésuites à ne pas avoir recours au

---

(1) Jean Guignard, natif de Chartres, était bibliothécaire
du collége de Clermont (nommé ainsi du nom du fondateur
Guillaume Duprat, évêque de Clermont), lors de l'attentat
à la vie de Henri IV, en 1594, par Jean Châtel qui le frappa
d'un coup de couteau à la bouche. Plusieurs fanatiques dans
ce temps-là avaient imaginé d'assassiner ce grand roi. Châtel
assura qu'il avait entendu dire chez les Jésuites qu'*il était
permis de tuer un prince hérétique*. Le parlement envoya des
commissaires pour visiter leurs papiers. Le seul dans lequel
on trouva des rapports avec une pareille idée, était un écrit
de la main de Guignard, dans lequel il disait: *Ni Henri III,
ni Henri IV, ni la reine Élisabeth, ni le roi de Suède, ni
l'électeur de Saxe, ne sont de véritables souverains. Henri III
est un Sardanapale, le Béarnais un renard, Élisabeth une
louve, le roi de Suède un griffon, l'électeur de Saxe un porc.
Jacques Clément a fait un acte héroïque inspiré par le Saint-
Esprit. Si on peut guerroyer le Béarnais, qu'on le guerroye.*

grand-conseil, acheva ce que depuis long-temps leurs ennemis avaient si ardemment souhaité.

Le parlement enregistra le 6 août 1761, un arrêt qui enjoignait aux supérieurs des différentes maisons de Jésuites, de remettre au greffe les titres de leur établissement en France. Une commission chargée d'examiner leur institut, désirant prendre l'avis du clergé de France, douze évêques furent nommés pour répondre à ces quatre questions : 1°. De quelle utilité sont les Jésuites en France relativement aux fonctions auxquelles ils sont employés ? 2°. Quel est leur enseignement sur les points de doctrine qui leur sont imputés, le régicide, les opinions ultramontaines, les libertés de l'Église gallicane, et les quatre articles publiés dans l'assemblée du clergé de 1682 ? 3°. Quelle est

---

Une telle rapsodie annonce un esprit aliéné ; sans quoi on ne conçoit pas que Guignard eût négligé de la brûler lorsqu'il apprit l'assassinat du roi et l'arrestation de l'assassin. Guignard fut condamné à être pendu et son corps brûlé, ce qui fut exécuté le 7 janvier 1595. Quoique rien ne portât à soupçonner les Jésuites de complicité avec Châtel, ni qu'ils eussent connaissance de l'écrit de Guignard, le parlement lança contre eux un arrêt de bannissement, leur ordonnant de vider dans trois jours leurs maisons et colléges, et dans quinze tout le royaume. Cet arrêt du parlement de Paris n'eut point d'exécution dans le ressort des parlemens de Bordeaux et de Toulouse, et dix ans après les Jésuites furent rappelés à Paris. Tel était l'esprit de parti lors de l'attentat de Châtel, que quelques ligueurs l'érigèrent en martyr.

(*Note du premier édit.*)

leur conduite dans l'intérieur de leurs maisons, et quel usage font-ils de leurs priviléges envers les évêques et les curés? 4°. Comment on peut remédier aux inconvéniens de l'autorité excessive que le général, résidant à Rome, exerce sur les membres de cette société? Le résultat de l'examen fait par les douze évêques fut la nécessité, sinon d'éteindre, au moins de modifier le régime des Jésuites en France.

Le dauphin, père de Louis XVI, soutenait seul, dit-on, les Jésuites à la cour; mais en supposant qu'il s'y intéressât réellement, son crédit était trop faible pour l'emporter sur celui de M. de Choiseul soutenu par l'influence de madame de Pompadour. On assure que M. de Choiseul s'entendit avec les principaux membres du parlement, et les encouragea à procéder contre les Jésuites. Quoiqu'on publiât que le père Sacy avait refusé d'être le confesseur de madame de Pompadour à moins qu'elle ne quittât la cour, il paraît qu'elle n'agissait par aucun motif de haine, mais uniquement d'après les conseils de M. de Choiseul.

Cependant le roi cédant, dit-on, aux instances du dauphin, et choqué de l'autorité et de la violence que le parlement déployait, voulut à la fin interposer son autorité, et attirer l'affaire à lui. On dressa un plan de réforme qui fut envoyé au pape et au général des Jésuites; mais celui-ci le rejeta; disant: *Sint ut sunt, aut non sint.* D'après cette réponse, le roi, pressé par son ministre et sollicité par sa maîtresse, abandonna entièrement les Jésuites à leur sort. On leur enjoignit de fermer leurs colléges le 1er avril 1762. Le parlement, par un arrêt du vendredi 6 août suivant, fit défense aux Jésuites de porter l'habit de leur société, de vivre sous l'obéissance du général ou autre supérieur de l'ordre, et d'entretenir aucune correspondance avec eux, leur prescrivant de vider leurs maisons, de s'abstenir de toute communication entre eux, ou de se rassembler en communauté, se réservant d'accorder à chacun d'eux, sur leur requête, des pensions alimentaires. On leur ôtait en même temps la faculté de posséder aucun bénéfice, charge ou emploi, à moins que de prêter préalablement le serment indiqué par l'arrêt. Un autre arrêt, du 22 février 1764, ordonne que les Jésuites qui voudraient rester en France fissent serment d'abjurer leur institut. Enfin le roi, par un édit du mois de novembre 1764, supprima la société des Jésuites en France.

Lorsqu'on pense à l'extrême jalousie que le roi avait de son pouvoir, et aux soupçons que lui inspiraient depuis long-temps les parlemens, soupçons qui à la fin le décidèrent à les détruire, on est étonné de sa conduite dans cette occasion : c'était une inconséquence aussi étrange que l'aveuglement dont les Jésuites eux-mêmes paraissent avoir été frappés; et il est à remarquer que de semblables imprévoyances ont précédé presque tous les grands changemens arrivés en Europe depuis un demi-siècle. On disait en France depuis long-temps que, pour empêcher des troubles, peut-être même un bouleversement total du gouvernement, certaines réformes étaient absolument indispensables; on disait en Angleterre que les colonies de l'Amérique se rendraient indépendantes. Ceux qui parlaient de réformes en France étaient regardés comme ennemis de la royauté; et lorsqu'en Angleterre le doyen Tucker eut la sagesse de proposer au gouvernement d'offrir aux Américains leur indépendance, en prenant avec eux des arrangemens fondés sur les intérêts réciproques; des hommes d'ailleurs doués de talens distingués traitèrent le doyen d'insensé, et le gouvernement le considéra comme un personnage dangereux. Si je reviens sur l'idée des maux qui arrivent par défaut de prévoyance, c'est que je suis frappé de sa vérité; mais pour bien lire dans l'avenir et juger de ce qui est probable, il faut commencer par se dépouiller de toutes préventions.

On raconte un incident fort singulier, qui, dit-on, hâta la destruction des Jésuites. Il y avait alors à Paris un vieux médecin assez célèbre, nommé Camille Falconet. Il était en relation intime avec les hommes de lettres les plus distingués. On lui apporta un jour, de chez le pâtissier, enveloppé dans une feuille manuscrite un biscuit qu'il avait demandé, et avant de manger son biscuit il lut ce papier. Sa surprise fut extrême en voyant que c'était un fragment de lettre de la main du père Le Tellier, confesseur de Louis XIV, dans laquelle il disait : *Enfin je suis parvenu à abattre l'hydre cent fois renaissante. Il sera avant peu arrêté et conduit à Rome sous bonne et sûre escorte. M. d'Aguesseau sera exilé ; et j'ai lieu de croire que vous serez chargé de ses fonctions.* Cette lettre (1), d'abord conservée dans le cabinet du président de Meynières, fut alors remise à l'abbé de Chauvelin, rapporteur du procès contre les Jésuites, et violemment imbu des maximes jansénistes. On peut s'imaginer le parti qu'il tira de la lettre d'un Jésuite convenant lui-même qu'il allait faire arrêter le cardinal de Noailles, archevêque de Paris, et exiler le procureur-général du parlement ; et combien il lui fut facile d'enflammer les esprits contre un Ordre aussi dangereux.

Les liaisons de Falconet avec Diderot et autres ennemis des Jésuites suffisent pour répandre des doutes sur l'authenticité de la lettre ; cependant le caractère impétueux et imprudent de Le Tellier permet de supposer qu'elle était véritable. Le général des Jésuites, sentant l'odieux de la conduite de Le Tellier, l'exhortait à la prudence, à la modération ; mais comme il jouissait de la confiance entière de Louis XIV, en matière de conscience et de religion, il fallait que le général le ménageât.

---

(1) On la supposa adressée à l'avocat-général.

(*Note du premier édit.*)

Il est possible que si les jésuites eussent existé au commencement des troubles qui amenèrent la révolution, le roi eût trouvé en eux un puissant secours : les jésuites avaient plusieurs congrégations différentes, des écoliers, des artisans et ouvriers, etc., dont ils dirigeaient les consciences ; instruits de ce qui se tramait, ils en auraient prévenu le gouvernement, et vraisemblablement empêché les écoliers, les artisans et tous ceux qu'ils confessaient, de s'armer contre le souverain.

Récit de la mort de Laurent Ricci, dernier général des Jésuites, avec une déclaration écrite et signée de sa main (1).

Laurent Ricci, né à Florence le 2 août 1703, d'une famille illustre, entra dans l'ordre des jésuites en 1720, et en fut fait général le 21 mai 1758. Après la destruction de cette société, on l'envoya prisonnier au château de Saint-Ange, le 22 septembre 1773, où la mort mit un terme à ses peines.

Sa dernière maladie ne dura que huit jours. Affaibli par l'âge, abreuvé d'amertumes, fatigué d'une longue réclusion, il succomba à une fièvre inflammatoire.

Les premiers symptômes de la maladie se décla-

---

(1) Ce récit, ainsi que la déclaration, furent envoyés de Rome en différens pays peu après la mort de Ricci.

(*Note du premier édit.*)

rèrent le jeudi soir 16 novembre 1775. En rentrant dans sa chambre, après s'être promené, selon sa coutume, sur la terrasse du château, il fut saisi d'un violent frisson. Les secours que le pape lui procura, en chargeant son propre médecin, Salicetti, de ne rien négliger pour sa guérison, furent vains : la saignée et les vésicatoires restèrent sans effet. Le samedi soir on jugea sa vie en danger ; et le vendredi suivant, 24 novembre, un peu après midi, il expira doucement, à l'âge de soixante-douze ans, trois mois et vingt-trois jours. Il avait demandé que le crucifix qu'il portait toujours sur lui, fût remis à son neveu ; que sa modeste garde-robe fût distribuée, à titre de récompense, à ceux qui l'avaient servi, et qu'on l'enterrât dans la maison professe des Jésuites.

Il conserva sa raison jusqu'à la fin, et supporta, avec autant de patience que de résignation, les souffrances de sa maladie ; il avait soutenu de même les afflictions de corps et d'esprit qu'avaient dû produire les événemens fâcheux arrivés à son ordre et à lui-même.

Avant de recevoir les sacremens de l'Église, qu'il avait demandés, il jugea nécessaire, pour sa propre justification et celle d'un institut qu'il avait gouverné pendant quinze ans, de déclarer en présence du vice-gouverneur du château de Saint-Ange, de son secrétaire, don Giovanni, de l'abbé Orlandi, d'un sergent et d'un caporal du château, de l'apothicaire, des domestiques du gouverneur et de neuf soldats, qui tous avaient accompagné le Saint-Sacrement dans sa chambre : *Qu'il pardonnait sincèrement à tous ceux qui avaient été les instrumens de la destruction de la société ; qu'il n'avait pas manqué de prier particulièrement pour ceux qui l'avaient réduit à cet état d'infirmité et de souffrances, et d'implorer pour eux les bénédictions du ciel.* Élevant alors la voix, il dit d'un ton ferme : *Qu'en présence de Dieu, qu'il adorait dans son auguste sacrement, et au tribunal duquel il allait bientôt paraître, il déclarait au monde entier qu'il était absolument innocent de tout ce dont on l'avait accusé, et de tout ce qui pouvait avoir contribué à la destruction de la société confiée à ses soins, ou à l'emprisonnement de sa personne ; qu'il remerciait Dieu de le retirer de ce monde, et désirait que sa mort procurât quelque adoucissement à ceux qui souffraient avec lui pour la même cause.*

Durant sa maladie, plusieurs cardinaux envoyèrent fréquemment savoir de ses nouvelles ; et le pape, en lui envoyant sa bénédiction apostolique, y joignit les expressions les plus tendres et les plus paternelles.

Tous ceux qui assistèrent aux derniers momens de ce général des jésuites, conçurent pour sa mémoire une extrême vénération. Le docteur Salicetti déclara qu'il avait vu mourir beaucoup d'individus renommés pour leur piété et leur vertu, mais qu'il n'avait jamais été témoin de sentimens pareils à ceux de Ricci.

Le pape chargea de ses funérailles le cardinal Corsini; Sa Sainteté voulut en outre que tout fût fait selon la qualité du défunt, et que son corps fût déposé dans le caveau de l'église des Jésuites, près des autres généraux de la société, ses prédécesseurs. L'église de Florence fut en conséquence tendue de noir, et le samedi 25 novembre, deux heures après le coucher du soleil, le corps y fut conduit dans un char environné de torches. Le défunt, revêtu de ses habits sacerdotaux, fut, le matin du jour suivant, exposé sur un lit de parade, entouré de cierges allumés. Durant cette matinée, il y eut à l'église une affluence extraordinaire de gens de toutes classes. On ne cessa, jusqu'à midi de dire la messe à tous les autels. Le service funèbre fut célébré avec pompe par le clergé desservant cette paroisse. La foule était prodigieuse; et quoiqu'elle fût sans doute le résultat de la curiosité du plus grand nombre, on en vit beaucoup réellement animés du plus profond respect. Entre autres preuves, on ne doit point passer sous silence la conduite remarquable de l'évêque de Comacchio. Ce prélat, également renommé par sa piété et ses lumières, le même qui dernièrement entra dans Rome pieds nus à la tête d'une grande partie de son clergé, vint à l'église Florentine, et s'étant agenouillé près du catafalque, dit d'une voix assez élevée pour être entendue, qu'*il n'était point venu dans l'intention de prier pour l'ame du défunt, mais pour solliciter l'intercession de cet homme librement juste, qu'il regardait comme un prédestiné et un martyr.* Beaucoup parurent penser de même, sans oser le déclarer aussi ouvertement. En rapportant cette circonstance, je n'ai en vue que de prouver la haute estime qu'inspiraient les vertus de Ricci, et les hommages qu'on leur rendit.

Vers le milieu du jour l'église fut fermée, et le corps porté dans la sacristie où personne n'entra. Vers minuit on le transféra à l'église des Jésuites où tout était prêt pour l'inhumation. Le président de la maison dit les prières de l'église sur le corps, qui ensuite fut mis dans le cercueil qu'on plaça à côté de ses prédécesseurs Centurioni et Visconti. On attacha au cercueil une bande de parchemin portant son nom, son âge, la date et le lieu de sa mort, ainsi que le nombre des années qu'il avait été général de son ordre.

Telle fut la fin de ce dix-huitième et dernier général des jésuites. Quelque temps avant sa mort il eut la précaution d'écrire et de signer de sa main une déclaration contenant sa justification et celle de sa société, de crainte que sa dernière maladie ne l'empêchât de la faire verbalement; et il confia cette déclaration à l'un des soldats du château sur la fidélité duquel il crut pouvoir compter. On conserve soigneusement l'original de cette pièce dont on fit une copie italienne qui a servi aux traductions française et anglaise. On ne peut guère douter de l'authenticité de la déclaration, car l'écriture et la signature de Ricci, d'ailleurs très - connues, peuvent se confronter avec ses lettres, dont plusieurs existent encore.

Protestation de Laurent Ricci.

« L'incertitude du moment où il plaira à Dieu tout-puissant de m'appeler à lui, et la certitude que ce moment n'est pas fort éloigné (en considérant mon âge, la multitude, la longue durée et le poids de mes souffrances), m'avertissent de remplir d'avance un devoir que je crois indispensable pour moi. Cette précaution est d'autant plus nécessaire, qu'il peut arriver que ma dernière maladie ne me laisse pas la faculté de le faire au moment de ma mort.

» C'est pourquoi, me considérant dans cet instant comme allant paraître devant le tribunal de l'infaillible vérité et justice, tel qu'est le tribunal de Dieu ; après de longues et mûres réflexions, et avoir humblement prié mon très-redoutable, mais miséricordieux juge et sauveur, de ne pas permettre, surtout dans le présent et dernier acte de ma vie, que je me laisse emporter ou influencer par la haine ou par quelque ressentiment de cœur ou d'ame, ou par tout autre but ou motif répréhensible ; je crois de mon devoir de rendre hommage à la vérité et à l'innocence ; je fais donc les deux déclarations et protestations suivantes :

» Premièrement, je déclare et proteste que la société de Jésus, actuellement éteinte, n'a fourni aucun motif pour sa suppression. Je le déclare et le proteste avec cette certitude morale que peut avoir un supérieur bien instruit de ce qui se passe dans son ordre.

» Secondement, je déclare et proteste que je n'ai pas donné le moindre prétexte à mon emprisonnement personnel. Je le déclare et le proteste avec cette parfaite certitude et évidence que chacun a par la connaissance de ses propres actions. Je n'ai d'autre motif de faire cette seconde protestation, que parce que je la crois nécessaire pour la réputation de la société de Jésus, dont j'étais général.

» Mais mon intention n'est pas, qu'en conséquence de ces deux protestations, aucun de ceux qui ont attiré ces malheurs sur la société et sur moi-même, soit trouvé coupable devant Dieu : je m'abstiendrai religieusement de porter de semblables jugemens. Les vues de l'ame de l'homme, et les affections de son cœur sont connues de Dieu. Lui seul voit les erreurs de l'esprit humain, et discerne jusqu'à quel point elles sont excusables ; lui seul pénètre les causes qui mettent l'homme en action, et l'esprit avec lequel il agit; les affections et inclinations du cœur qui accompagnent l'action, et de quoi dépend la droiture ou le crime; par conséquent, je laisse tout jugement a celui *qui examinera les œuvres des hommes et fouillera leurs pensées.* (Livre de la Sagesse, chap. VI, vers. 4.)

» Et pour ne pas manquer à mon devoir comme chrétien, je proteste que, avec l'assistance divine, j'ai toujours pardonné et pardonne sincèrement à cette heure, à tous ceux qui m'ont persécuté, d'abord par la persécution qu'ils ont exercée contre la société de Jésus, et les duretés qu'ils ont fait éprouver à des individus ci-devant sous mon obéissance, ensuite par la suppression et l'extinction de l'ordre; et par ce qui bientôt après suivit, mon emprisonnement avec toutes les souffrances qui l'ont accompagné, et par les outrages faits à ma réputation; ce sont des faits connus du monde entier. Je prie le Seigneur, par sa pure bonté, et par les infinis mérites de J.-C. son fils, premièrement de me pardonner mes innombrables péchés, ensuite de pardonner aux auteurs et instrumens des vexations que j'ai essuyées personnellement, et des souffrances que j'ai partagées avec tout le corps dont j'étais le chef, et je désire mourir avec cette prière et ces sentimens dans le cœur.

» Enfin, je prie et supplie tous ceux entre les mains de qui la présente déclaration et protestation pourra tomber, de la rendre aussi publique qu'il sera possible. Je requiers l'accomplissement de cette demande, par tous les droits de la bienveillance humaine, de la justice et de la charité chrétienne. Un droit fondé sur de semblables titres ne peut qu'engager un chacun à satisfaire à ma présente volonté et à mon ardent désir.

» *Signé* Laurent RICCI. »

(c) # EXTRAIT

D'UN

ARTICLE ECRIT PAR M. DE MEILHAN

SUR

M. LE DUC DE CHOISEUL (1).

Le duc de Choiseul fut connu dans sa jeunesse sous le nom de comte de Stainville; il eut longtemps une sorte de célébrité dans le monde, par son esprit, son ton léger et sa gaieté. Le talent du persifflage et quelques tracasseries qu'on lui attribua, mais qui étaient cependant plutôt de la malice que de la méchanceté, avaient faussement fait supposer que Gresset l'avait eu en vue dans sa comédie du *Méchant*. Il eut beaucoup de succès auprès des femmes, quoique son extérieur n'eût rien de séduisant. Il était d'une taille médiocre, avec des cheveux presque roux et une figure qu'on peut dire laide; mais l'expression de ses yeux l'animait, et des manières nobles, polies, et quelquefois audacieuses, donnaient à toute sa personne un caractère qui la faisait distinguer et qui en dérobait les défauts. Des propos inconsidérés lui avaient

---

(1) Ce morceau faisait également partie des *Mélanges d'histoire et de littérature*.

(*Note des nouv. édit.*)

attiré la haine de madame de Pompadour, et il s'en vantait. Il s'appelait le *chevalier de Maurepas* (1), pour exprimer qu'il était le second dans l'ordre des ressentimens de la maîtresse ; mais bientôt il sentit que l'animosité d'une femme aussi puissante était pour lui un obstacle à tout avancement. Une circonstance imprévue lui fournit l'occasion de faire oublier ses torts. Une jeune femme, la comtesse de C*** (2), venait de paraître à la cour; elle était de la plus charmante figure, et n'avait pas moins de coquetterie que de grâces. Elle fit au roi des agaceries auxquelles il parut n'être pas insensible. Le roi, naturellement timide, s'enhardit par les avances de la comtesse de C***, et lui fit une déclaration par écrit. La réponse était embarrassante pour une femme qui, prétendant être maîtresse en titre, comme autrefois les maîtresses de Louis XIV, ne voulait pas céder trop promptement, et cependant ne pas faire entrevoir de trop grands obstacles. Le comte de Stainville lui paraît l'homme propre à la conseiller dans une circonstance aussi délicate. Elle le prie de passer chez elle, lui confie sa position, lui communique la lettre du roi, et lui demande un projet de réponse. M. de Stainville demande jusqu'au lendemain pour

---

(1) M. de Maurepas avait été renvoyé du ministère et exilé par l'influence de madame de Pompadour.

(*Note du premier édit.*)

(2) Mademoiselle de R******.

réfléchir, et emporte la lettre. Il n'eut pas plutôt cette pièce entre les mains, qu'il se rend chez madame de Pompadour. Introduit auprès d'elle, il commence par lui avouer, qu'ayant eu à s'en plaindre, il s'est permis contre elle des propos qui ont dû la choquer; qu'il ne vient point pour se justifier et feindre des sentimens que peut-être il n'a pas, mais qu'on peut estimer les individus sans avoir pour eux de l'affection; qu'il est convaincu qu'elle est utile au roi par ses conseils, et qu'elle veut le bien de l'État ; que ces considérations l'engagent à lui faire la confidence d'une intrigue ourdie contre elle, et qu'il est intéressant de déjouer au plutôt. Alors il lui montre la lettre du roi, et ne cache pas qu'il aurait un grand chagrin de voir une femme à laquelle il était allié, acquérir un crédit dont le mauvais usage serait une tache pour sa famille. Madame de Pompadour passait de l'étonnement à la crainte, et ensuite à l'admiration d'un si généreux caractère : quelle magnanimité ne déployait pas à ses yeux un homme que jusqu'à ce moment elle avait eu le tort de haïr ? Ils concertèrent ensemble les moyens de faire avorter les projets de la comtesse de C***. Madame de Pompadour prodigua à M. de Stainville les expressions de son estime et de sa reconnaissance, et celui-ci lui répéta plusieurs fois qu'il ne prétendait avoir aucun droit à sa reconnaissance; qu'on n'en devait point à l'estime, et qu'il n'avait eu en vue que le repos du roi et le bien de l'État. M. de Stainville ne s'empressa point ensuite auprès de madame de Pompadour, mais se présenta pour souper avec le roi, et fut nommé, ce qui ne lui était pas arrivé depuis long-temps (1).

Le comte de Stainville, depuis ce moment, protégé par madame de Pompadour, fut nommé ambassadeur à Rome, ensuite à Vienne; mais l'éloignement ne l'empêcha pas de cultiver l'amitié de madame de Pompadour. Dégoûtée de l'abbé de Bernis, en 1758, elle le laissa exiler, et fit revenir de Vienne le comte de Stainville pour lui succéder comme ministre des affaires étrangères. Devenu ministre, on le vit bientôt duc et pair (2). Son ascendant sur la favorite ne put qu'augmenter son crédit. Il fit nommer ministre et secrétaire d'État son cousin le comte de Choiseul, qu'il fit créer quelque temps après (3) duc et pair, sous le nom de duc de Praslin. M. de Choiseul ne se contenta pas d'un département : à la mort du maréchal de Belle-Isle, en janvier 1761, il obtint celui de la guerre, et y joignit celui de la marine, en remettant à son cousin celui des affaires étrangères; mais

---

(1) Il faut cependant convenir que tout homme qui a connu la fierté de M. de Choiseul, sera porté à croire qu'il fut choqué de l'idée de voir la comtesse de C*** publiquement maîtresse du roi ; et que cette crainte a pu influer sur sa démarche auprès de madame de Pompadonr.

(*Note du premier édit.*)

(2) En 1759.
(3) En octobre 1762, époque de la paix avec l'Angleterre.

il reprit ensuite ce département, et remit la marine à M. de Praslin. Il fut fait colonel-général des Suisses, gouverneur de Touraine, grand-bailli d'Haguenau. Ces diverses places réunies lui formaient un revenu de sept cent mille livres au moins, et en comptant le bien de sa femme, il aurait dû jouir d'un million de rente; mais cette somme ne suffisait pas à ses prodigieuses dépenses en tout genre.

Le duc de Choiseul eut l'habileté de se soutenir dans tout son éclat après la mort de madame de Pompadour; et il aurait encore pu se maintenir long-temps, s'il eût daigné avoir pour madame Du Barry les moindres ménagemens; mais il crut être assez fort pour lutter contre l'influence d'une maîtresse de ce genre, et fut renvoyé (1). Sa disgrâce arrivée en décembre 1770, au moment où les parlemens étaient menacés de leur destruction, le public imagina des rapports de sentimens et d'opinion entre eux et M. de Choiseul; il supposa aussi que c'était par des principes de décence qu'il

---

(1) Quelqu'un que j'ai connu fut chargé de dire au duc de Choiseul que madame Du Barry *désirait vivre en bonne intelligence avec lui, et que s'il voulait se rapprocher d'elle, elle ferait la moitié du chemin.* Ce furent les propres paroles de madame Du Barry. Le négociateur représenta que les maîtresses avaient quelquefois chassé les ministres, et que les ministres n'avaient jamais chassé les maîtresses; mais M. de Choiseul fut inébranlable dans sa résolution.

(*Note du premier édit.*)

était opposé à madame Du Barry; enfin le duc de Choiseul devint l'idole des magistrats et de leurs nombreux partisans. Les rues furent pendant vingt-quatre heures obstruées par la multitude des carrosses qui se rendaient à sa porte. Arrivé à son château de Chanteloup, lieu de son exil, il y vit affluer les personnes les plus marquantes, les courtisans les plus distingués. Toutes les classes de la société, à Paris, cherchèrent à se signaler en manifestant leur attachement pour le ministre disgracié (1). Cet enthousiasme forma un véritable parti d'opposition, empressé à exalter le duc de Choiseul, et à décrier la cour. On s'attendait, à l'époque du nouveau règne, qu'il serait fait premier ministre. La reine, dont il avait fait le mariage, semblait devoir employer son crédit pour son rétablissement; mais les préventions inspirées à Louis XVI dès son enfance contre M. de Choiseul, lui donnèrent toujours l'éloignement le plus marqué pour lui. Il obtint seulement la permission de revenir à Paris où sa société, composée d'hommes et de femmes distingués par leur naissance, ou considérés dans le monde, de magistrats, de gens de lettres, de mécontens, forma un parti nombreux et

---

(1) Le chevalier de *Boufflers* a dit gaiement, dans une chanson, à propos de cette affluence :

> Il fallut qu'on le rappelât,
> Pour que Paris se repeuplât.

(*Note des nouv. édit.*)

imposant. Il mourut en mai 1785, et son parti se dissipa; mais cette multitude d'individus habitués à censurer la cour et les ministres, continua à s'occuper des opérations du gouvernement et à les blâmer.

Je ne m'étendrai pas sur le caractère du duc de Choiseul, ni sur ses opérations; je dirai seulement, en peu de mots, qu'avec des moyens faits pour briller dans la société, une ame noble et généreuse, et quelques grandes qualités comme ministre, il était comme homme d'État au-dessous de l'idée qu'on s'en était formée, et que ses *Mémoires*, qui ont été imprimés depuis sa mort, paraissent ne laisser aucun doute à cet égard (1). Le bonheur qui avait souvent favorisé le duc, voulut aussi qu'il fût disgracié au moment de la chute des parlemens, et peu de temps après l'installation de madame Du Barry; dix-huit mois plus tôt, le public aurait applaudi à son renvoi, et n'eût vu en lui qu'un ministre inappliqué et dissipateur. Ce qu'il y a de singulier cependant, et qui prouve combien il est difficile de se faire une idée juste de ceux qui occupent un grand emploi, c'est que le duc de Choiseul, prodigue dans ses dépenses per-

---

(1) Les prétendus *Mémoires du duc de Choiseul* ne se composent que de pièces prises sans choix dans ses cartons. M. de Meilhan ne connaissait pas ces *Mémoires*, puisqu'il les cite comme une autorité.

(*Note des nouv. édit.*)

sonnelles, est, depuis Sully, le ministre qui a fait les plus grandes économies pour l'État; il supprima pour vingt millions de subsides annuels, accordés par un ancien et absurde abus à divers princes ou puissances de l'Europe; et il réussit à opérer cette réforme sans perdre un allié. Il économisa ainsi, de calcul fait, deux cent cinquante millions pendant onze ans de ministère, et cela compense bien des gratifications ou des pensions accordées quelquefois assez légèrement, et que lui arrachait sa générosité naturelle.

(Nous croyons devoir joindre à l'article qu'on vient de lire, l'anecdote suivante qui avait été racontée au second éditeur, M. Craufurd, par M. de Meilhan lui-même. C'est M. de Meilhan qui parle.)

» Je me promenais un jour au Luxembourg, et M. N. vint m'aborder. Après avoir parlé quelques instans de choses indifférentes : « Vous aimez, me dit-il, M. de Choiseul, et par conséquent vous seriez bien aise de lui rendre un grand service. » J'en convins. « Eh bien, reprit-il, je vous en donnerai les moyens, si vous le voulez, mais à condition que, dans aucune circonstance, vous ne me nommerez. » Je lui en donnai ma parole, en ajoutant : « Vous n'aimez pas M. de Choiseul, comment se fait-il que vous soyez si empressé de le servir ? — La chose est fort simple, me dit-il, je ne l'aime pas, mais j'aime encore moins M. de La V. qui sera peut-être pour jamais écarté, si vous savez profiter de la confidence que je vais

vous faire. Je suis fort lié avec le vieil abbé de Broglie qui, depuis l'enfance du roi, a conservé une grande familiarité avec lui, qui est en possession de lui écrire, et qui en reçoit des réponses. Lui et ses neveux sont à la tête de la cabale anti-Choiseul, et ils me croient du même parti. J'ai dîné aujourd'hui chez l'abbé avec ses neveux, M. de Boynes et quelques autres affidés; et après dîner il nous a lu une lettre qu'il a reçue hier du roi, et la réponse qu'il y a faite ce matin, et qu'il croit avec raison propre à déterminer le roi au renvoi de M. de Choiseul. J'ai applaudi à cette réponse, et en témoignant la plus forte persuasion de son succès, c'est-à-dire de la perte des Choiseul, j'ai demandé à la lire. Vous savez que j'ai une bonne mémoire, et vous ne serez pas surpris que je l'aie retenue mot à mot. Je demeure près d'ici; venez chez moi, je vous la dicterai. » Je le suivis, et il me dicta cette lettre rédigée avec le plus grand artifice, mais dont un article pouvait compromettre le duc de La V. auprès du roi, et devait singulièrement animer le duc de Choiseul. Voici une phrase remarquable de cette lettre : « Le duc de
» Choiseul (disait l'abbé) est intimement uni avec
» le parlement contre Votre Majesté; et s'il est
» une fois discrédité auprès de ce corps, il perd
» l'ascendant qu'il a dans le public : c'est Antée
» qui, enlevé de terre, perdait ses forces, et les
» reprenait en y touchant. » Cette union du duc de Choiseul avec le parlement était une fable;

mais elle était accréditée, et surtout dans l'esprit du roi. Le chancelier Maupeou, quatre ans après, s'en servit pour perdre M. de Choiseul, et réussit. Cette lettre était, au reste, singulièrement terminée. *Je baise,* disait l'abbé, *votre petite pate royale.* Je remerciai M. N., et portai le soir la lettre à madame la duchesse de Grammont qui en sentit d'autant plus l'importance, qu'elle savait que le roi traitait plus froidement son frère depuis quelques jours, et que de tous côtés il lui revenait qu'il allait être disgracié. Elle m'assura de sa reconnaissance et de celle de son frère; mais je la priai de ne pas lui dire que c'était de moi qu'elle tenait la lettre. « Je suis engagé, lui dis-je, par ma
» parole d'honneur à ne pas dire de qui elle me
» vient, et par quel singulier hasard elle m'a été
» transmise. Le silence que je suis forcé de garder
» fera croire à M. votre frère que j'ai des liaisons
» dans le parti ennemi, et que je mets, comme
» on dit vulgairement, mon pied dans tous les
» souliers. Il résulterait donc d'une marque de
» zèle à laquelle je n'attache d'autre prix que son
» succès, que j'élèverais des soupçons contre moi
» dans l'esprit de M. de Choiseul. » Elle me promit le secret, et me donna sa parole de copier la lettre pour l'envoyer le lendemain à Versailles, et de me remettre celle qui était de ma main. En rêvant la nuit à cette affaire, j'imaginai un moyen de tirer le plus grand parti de l'indiscrétion de l'abbé, et de le discréditer entièrement ; et en

conséquence j'écrivis, le lendemain, à madame la duchesse de Grammont, que mon attachement pour elle et pour M. de Choiseul m'ayant fait beaucoup réfléchir sur la lettre de l'abbé de Broglie, sur les circonstances et les bruits publics, il m'était venu en pensée que M. de Choiseul, à la fin du prochain conseil, devait faire dire au roi par le contrôleur-général l'Averdy, devant tous les ministres, que les bruits qui se répandaient faisaient croire au public qu'il était mécontent des services de MM. de Choiseul, et qu'il en résultait un grand discrédit pour les affaires. Le roi, disais-je, ne manquera pas de répondre qu'il faut mépriser de pareils bruits; alors M. de Choiseul prendra la parole, et dira : Qu'il n'imaginerait pas de lui en parler, s'ils n'étaient accrédités par le roi lui-même, par des lettres de sa main écrites à l'abbé de Broglie, et par les réponses de l'abbé, notamment par celle adressée à Sa Majesté deux jours auparavant, qui contenait les plus odieuses imputations contre lui, contre le duc de Praslin, et contre M. de l'Averdy; que ce serait alors le cas de supplier Sa Majesté de vouloir bien s'expliquer; parce que si leurs services ne lui étaient plus agréables, ils étaient prêts à se retirer; que si au contraire, elle croyait leur travail et leur zèle utiles à son service, ils la suppliaient très-humblement, pour le bien des affaires que l'incertitude des événemens mettait en souffrance, de leur en donner la flatteuse assurance; que le roi, facile à embarrasser, et honteux de l'indiscrétion de l'abbé de Broglie, ne manquerait pas de dire qu'il était très-content de leurs services. — M. de Choiseul suivit littéralement le parti que j'avais proposé, et le roi dit que l'abbé était un bavard et un vieux fou, et qu'il était très-content de ses ministres. J'appris ce qui s'était passé au conseil, sans me vanter d'y avoir aucune part, et M. de Choiseul me traita comme à l'ordinaire, sans me rien dire qui eût rapport à cette affaire.

Il fut exilé quelques années après, et je l'allai voir à Chanteloup. Il avait coutume, lorsque les parties étaient finies, après souper, de raconter des histoires et des anecdotes relatives à son ministère et aux intrigues de son temps; les femmes et les hommes se rassemblaient autour de lui et l'écoutaient avec le plus grand intérêt. Il tomba un soir sur l'abbé de Broglie, et raconta l'histoire de la lettre dont je viens de parler. C'est, dit-il, une pièce curieuse; et je vais la chercher pour vous la montrer. En même temps il se retourna pour entrer dans sa chambre, et passant devant moi, il s'arrêta et dit : Il est inutile que j'aille chercher la lettre, voilà quelqu'un qui sait mieux que moi toute cette affaire. Je pris alors la parole, et exposai le contenu de la lettre mot pour mot.

(d) SUR LE DAUPHIN,

FILS DE LOUIS XV.

(Cet article est tiré en partie d'un écrit de M. de Meilhan.)

Ce prince avait naturellement de l'esprit; il s'exprimait avec facilité et surtout avec éloquence lorsqu'il était animé.

Marié, en premières noces, à une infante d'Espagne dont il n'eut point d'enfant, il épousa, en février 1747, Marie-Joséphine de Saxe qu'il aima tendrement : dès-lors il se concentra dans son intérieur. Tous ceux qui crurent avoir à se plaindre de la cour s'attachèrent au Dauphin ; les dévots s'empressèrent de le capter, et il se trouva ainsi, sans en avoir formé le projet, et même sans le savoir, chef d'un parti de Frondeurs qui le représentaient comme le protecteur des mœurs et le zélé défenseur de la religion. Le roi voyant dans son fils des dispositions qui semblaient devoir l'éloigner de lui, le traita avec froideur ; et le Dauphin a passé vingt ans de sa vie à ne voir le roi que pendant quelques momens et comme courtisan. On a remarqué une singularité dans les rapports entre le père et le fils, c'est que jamais celui-ci n'appelait le roi ni *sire*, ni *mon père*; il trouvait le moyen d'éviter par des périphrases toute expression nominative, et ne faisait au roi que de courtes réponses, et d'un air embarrassé. Renfermé dans ses appartemens, le Dauphin s'appliquait à la lecture, et avait des entretiens avec quelques hommes instruits. Mais sa répugnance connue pour ce qu'on appelait les *philosophes*, ne permettait pas que beaucoup de gens d'un grand mérite eussent accès auprès de lui. L'évêque de Verdun, Nicolaï, et le comte, depuis maréchal du Muy, qui tous deux avaient de l'esprit et de l'instruction, l'abbé de Saint-Cyr, homme érudit, mais superstitieux et peu éclairé, formaient, avec le duc de La Vauguyon, la société du Dauphin. Ce prince avait acquis des connaissances, et l'instruction était jointe en lui à des principes de vertu qui n'étaient combattus par aucune passion.

Dans sa première jeunesse, il s'était plu à chanter des psaumes, parce qu'il avait une de ces voix fortes et étendues, appelées *basse-taille*. Il contrefaisait, pour s'amuser, les basses-tailles de la chapelle du roi, et ceux qui l'entendirent par hasard, publièrent que c'était *un vrai bigot* qui ne s'occupait qu'à chanter vêpres. Cette impression, une fois donnée dans le public, resta; mais si le Dauphin était dévot, il n'était rien moins qu'intolérant, et j'en vais donner une preuve choisie parmi beaucoup d'autres. Il avait témoigné des bontés et s'entretenait quelquefois avec un jeune homme réputé spirituel et instruit, auquel il demanda un jour : « Connaissez-vous M. de Silhouette (1)? » Il répondit qu'il le connaissait de réputation et par ses écrits. « Il prétend, ajouta M. le dauphin, que lorsqu'on sait bien le droit naturel, on en déduit très-aisément tout le droit civil. » Comme le jeune homme avait envie de briller à quelque prix que ce fût, il répliqua qu'il n'y avait d'autre droit naturel que celui de la force, et que le droit civil était purement conventionnel. « Et la religion? » demanda le Dauphin. « Les religions, répondit le jeune homme, se ressemblent toutes par l'excellence de la morale, et par conséquent cela ne prouve rien pour aucune. » Il n'eut pas plutôt prononcé ces mots, qu'il sentit son imprudence, et se tut quelques momens. « Eh bien, reprit le dauphin, vous ne dites plus rien, et j'en vois la raison on vous a dit que j'étais très-dévot, et vous croyez m'avoir scandalisé ; il est vrai que vous vous êtes fort aventuré, mais tâchez de soutenir votre thèse, ajouta-t-il en riant, et je soutiendrai la mienne. »

Un jour le dauphin était appuyé sur le grand balcon du château de Bellevue, les yeux fixés sur Paris ; un homme qui le voyait familièrement, s'approcha de lui, et lui dit : « M. le dauphin a l'air bien pensif. — Je songeais, répondit ce prince, aux délices que doit éprouver un souverain, en faisant le bonheur de tant d'hommes. »

---

(1) Il venait de se démettre du contrôle général des finances.

S'entretenant avec le maréchal de Richelieu, il lui dit : « Monsieur le maréchal, vous avez la réputation de faire très-bien des portraits, faites le mien. » Le maréchal s'en défendit ; mais le dauphin le pressa si vivement, qu'il fallut céder. « Je vais, dit le maréchal, vous obéir ; mais je suis vrai, et il pourra m'échapper des choses qui déplairont peut-être. — Je ne m'en fâcherai pas, dit le dauphin ; » et le maréchal répliqua : « Les princes sont comme les chats qui font la patte de velours, mais la griffe est dessous et paraît bien vite. » Le Dauphin insista, et le maréchal lui dit : « Puisque M. le dauphin l'ordonne, voici son portrait : Quand je vois M. le dauphin, je crois être dans le magasin de l'Opéra. » Le prince se mit à rire, et le maréchal continua : « On voit, reprit-il, dans le magasin de l'Opéra, le costume d'un grand-prêtre, d'un guerrier, d'un philosophe, d'arlequin, d'un berger ; et tout cela se trouve dans M. le dauphin. » Quoique cette comparaison peignît l'incertitude présumée des idées du dauphin, et le présentât sous un aspect peu flatteur, il ne s'en offensa point, et continua de plaisanter.

Le Dauphin paraissait fatigué de sa position ; il était sans crédit, et ne faisait rien pour en obtenir ; il n'avait aucun des goûts qui, en donnant des occupations agréables, excluent l'ennui. Le roi était encore jeune ; il pouvait vivre long-temps, et c'étaient autant d'années de langueur pour le dauphin. Le dégoût de la vie s'empara de lui, et contribua peut-être à abréger ses jours. J'entrerai dans quelques détails sur sa mort, parce qu'une partie de l'Europe a été persuadée qu'il avait été empoisonné.

Le dauphin, triste, ennuyé, et n'ayant pas la force de chercher à se distraire, était tombé dans une mélancolie qui altérait sa santé. Dans le même temps, une dartre lui survint au-dessous du nez; et voulant la faire disparaître, il usa secrètement d'une drogue de charlatan. La dauphine en fut instruite; et comme elle en connaissait le danger, elle s'empara de la drogue et la jeta. Le dauphin se fâcha, se fit rapporter de la même drogue, et continua de s'en servir. La dartre disparut, mais l'humeur passa dans le sang, et se jeta sur la poitrine. Bientôt après, le dauphin commença à tousser, et sa mélancolie lui fit rejeter tout conseil. Il partit pour Compiègne dans cet état, en juillet 1765. Le régiment dauphin-dragons y vint, et le dauphin s'empressa de le faire manœuvrer tant à pied qu'à cheval. Un jour qu'après s'être échauffé, il assistait à une manœuvre à pied dans un pré très-humide, il se mouilla les pieds; et comme l'heure du conseil le pressait, il s'y rendit en voiture sans prendre le temps de changer de linge et de chaussure. Le lendemain, il eut un gros rhume, ne voulut rien faire pour le guérir, et continua de se livrer avec excès à la fatigue, au chaud et au froid, tout le temps que son régiment resta à Compiègne. Revenu à Versailles, sa poitrine parut attaquée; le roi chargea son premier médecin Senac (1), pour qui le dauphin avait de l'amitié, de le voir et de lui parler de son état et de la nécessité d'un régime suivi. Le dauphin lui dit : « Je serai toujours fort aise de vous voir, pour causer de littérature et d'histoire avec vous ; mais mon appartement vous sera fermé, si vous me parlez de ma santé. » Il insista, et le dauphin lui dit avec vivacité de s'en aller. L'humeur dartreuse rentrée et le rhume négligé altérèrent de plus en plus sa poitrine. Le roi, alarmé, fit encore parler à son fils par son premier médecin, qui, se rappelant les ordres de M. le dauphin, fit semblant de s'adresser à un personnage de la tapisserie, et se mit à lui prédire tout ce qui arriverait d'un mal de poitrine négligé. Le dauphin lui dit : « Je vous ai défendu de me parler de ma santé. — C'est à Alexandre que je parle, » dit Senac. Le dauphin rit de ce détour inspiré par l'attachement, et Senac finit en disant qu'il ne serait plus temps dans deux mois, et qu'Alexandre mourrait. La cour alla à Fontainebleau au mois d'octobre 1765, et la maladie avait fait de si grands progrès, qu'il n'y eut bientôt plus d'espoir (2). Le

---

(1) Père de M. de Meilhan.
(2) On lit dans les Mémoires de Collé les détails suivans :
« Depuis que M. le dauphin a été convaincu que sa maladie était mortelle, il ne s'est occupé que des services qu'il pouvait rendre à ceux qu'il aimait. Il a fait donner à un page qu'il affectionnait une compagnie ; et comme M. de Choiseul l'avait remis plusieurs fois, il l'a fait revenir, et lui a dit :

dauphin alors voyant la mort s'approcher, se soumit à tous les remèdes qu'on lui proposait; mais il était trop tard, et le 20 décembre il mourut comme tous ceux qui ont le même genre de maladie, et par les mêmes gradations. Enfin l'ouverture de son corps prouva incontestablement qu'il était mort d'un ulcère au poumon.

Une personne digne de foi, qui était à portée de voir ces détails de près, m'a assuré qu'elle avait *vu souvent ce prince pendant qu'il était malade; qu'elle avait entendu les conjectures des médecins; qu'elle avait vu tous les progrès du mal, et qu'il n'était pas de calomnie, je ne dirai pas seulement plus fausse, mais plus absurde, que l'imputation faite au duc de Choiseul de l'avoir fait empoisonner.* Elle a été fort répandue cependant, et on prétend même que cette fâcheuse idée fut la cause de l'éloignement de Louis XVI pour ce ministre, éloignement qui n'avait d'autre principe qu'une discus-

---

Monsieur, je veux que ce jeune homme soit placé pendant que je vis, on l'oublierait bien vite quand je serais mort. »

» Comme depuis qu'il est au lit il n'a dit que des choses obligeantes à tous ceux qui l'environnaient, et même à ses plus bas domestiques, M. le maréchal de Richelieu le louait de ce courage de héros avec lequel il s'oubliait lui-même pour ne songer qu'aux autres, ce vertueux prince lui répondit : *Eh! monsieur le maréchal, ne dois-je pas exprimer ma plus vive reconnaissance à tous ceux qui s'intéressent à moi, et mériter le regret qu'ils ont de me perdre.* »

(*Note des nouv. édit.*)

sion dans laquelle il manqua de respect au dauphin. Louis XVI dit un jour, en parlant de M. de Choiseul : *Je dois à la mémoire de mon père de ne jamais approcher de ma personne un homme qui lui avait manqué, et qui s'était déclaré insolemment l'ennemi du fils de son souverain.*

Le dauphin avait pris pour modèle le duc de Bourgogne; et dirigé par les intentions les plus louables, on croit qu'il aurait fait dans le gouvernement des changemens essentiels. On pense d'ailleurs qu'investi du pouvoir suprême, ce prince aurait senti la nécessité d'une marche suivie et constante. Les dévots auraient eu peut-être un certain empire sur lui, par l'habitude qu'il avait prise de les écouter; mais les affaires, les circonstances auraient sans doute approché de lui des hommes éclairés; et sa justice naturelle, ainsi que la bonté de son caractère, lui auraient inspiré de l'indulgence pour ceux qu'aurait entraînés l'erreur de leur esprit. Sa réponse au jeune homme dont il est question plus haut, semble autoriser cette opinion.

Anecdote sur la Dauphine, mère de Louis XVI.

Quelque temps après mon arrivée en Bretagne, je reçus une lettre de la comtesse de ****, attachée à la maison de madame la Dauphine, et dans laquelle cette princesse était peinte d'une manière très-peu favorable. Ma surprise fut extrême, en recevant, par la poste, une lettre qui contenait des expressions aussi téméraires, et je me gardai bien d'y répondre. Quatre ou cinq mois après je revins à Paris, et je parlai à madame de **** de son imprudente lettre; et voici l'explication qu'elle m'en donna. « On craignait, me dit-elle, après la mort du dauphin, que madame la dauphine ne prît du crédit sur le roi qui paraissait touché de l'extrême douleur qu'elle éprouvait. » Il était intéressant de faire connaître au roi l'ambition de madame la Dauphine, mais rien de plus difficile que d'y réussir. « Il m'est venu dans l'idée, ajouta madame de ****, que vos lettres seraient ouvertes, et leur contenu montré au roi. D'après cela, je suis convenu avec M. de Choiseul de vous écrire, sur madame la dauphine, les détails que je désirais qui fussent connus du roi; et je crus que ces détails, mandés *confidentiellement* par une personne qui était auprès d'elle, feraient plus d'effet sur le roi que des propos directs qu'on hasarderait. Je ne me suis pas trompée jusqu'à un certain point dans mes conjectures; le roi à qui l'on a porté un extrait de ma lettre, l'a remis à M. de Choiseul; mais suivant toutes les apparences il n'a pas ajouté foi à ce que je mandais; car il a écrit de sa main au bas de l'extrait: *Voilà une méchante femme.* » Je priai madame de **** de choisir dans de semblables circonstances d'autres confidens, parce que sa lettre aurait pu me mettre dans l'embarras, et m'avait long-temps inspiré la crainte d'être recherché pour cette correspondance. Cinq mois s'étant écoulés, je croyais n'avoir plus rien à craindre; mais un jour le marquis de Saint-M***** m'ayant abordé, me dit : « Je suis chargé de vous parler de la part de madame la Dauphine d'une affaire très-sérieuse, et qui lui tient fort à cœur. Elle sait que vous avez reçu une lettre où elle est fort maltraitée, et elle prétend voir cette lettre, ou du moins en savoir exactement le contenu. Vous connaissez madame la Dauphine, elle est entière dans ses volontés; ainsi vous ne devez point balancer à lui donner satisfaction. » Je réfléchissais pendant que M. de Saint-M***** me parlait, et il me parut évident que madame la Dauphine n'avait qu'une notion imparfaite de la lettre qui m'avait été écrite, et d'après cela j'arrangeai ma réponse.

Je pourrais, dis-je, vous répondre que je brûle mes lettres, mais je serai plus sincère avec vous, et je vous avouerai que j'ai toutes les lettres que m'a écrites madame de****. Il y a quelque fondement à ce que dit madame la Dauphine, mais il s'en faut bien que la lettre contienne des choses aussi graves. Je vous la montrerai demain, et vous pourrez en rendre un compte fidèle. Il convint de venir le lendemain chez moi à dix heures du matin, et je m'empressai d'y rentrer pour relire la lettre de madame de****. Après avoir réfléchi sur ce qu'elle contenait, je pensai qu'il était possible de donner le change au marquis de Saint-M***** en refaisant la lettre, et en laissant subsister une partie des imputations, mais avec des correctifs tels, qu'il devenait évident que la personne qui écrivait, rapportait les faits sans y ajouter foi. J'envoyai aussitôt un courrier à madame de**** qui était à Versailles, et après lui avoir fait part de ce qui s'était passé entre M. de Saint-M***** et moi, je l'engageai à m'écrire aussitôt deux ou trois lettres datées de l'époque de mon séjour en province, et d'y insérer une partie des choses qu'elle m'avait écrites contre madame la Dauphine, avec les correctifs dont je viens de parler. Le danger était plus grand pour elle que pour moi ; aussi elle se mit sans délai à écrire les lettres, qu'elle tourna avec beaucoup d'adresse, suivant le sens que je lui avais indiqué. Je reçus le jour suivant ces lettres à cinq heures du matin, et les jetai dans un grand carton pêle-mêle avec d'autres papiers. Le marquis fut exact au rendez-vous, et je l'attendis dans mon lit, afin de lui paraître peu occupé d'une affaire qui me semblait devoir être facilement éclaircie. Je lui fis mes excuses de ce qu'il me trouvait encore couché ; j'allai ensuite chercher le carton, et j'en tirai plusieurs papiers et lettres qui étant tous mêlés et confondus, donnaient à penser que je ne m'étais pas empressé de rechercher la pièce dont il s'agissait. Après avoir parcouru la date de plusieurs lettres, je trouvai enfin celles qui m'avaient été envoyées le matin, et les donnant à lire au marquis, je le priai, au cas qu'il y eût quelque chose d'indiscret et de hasardé,

de donner à son rapport la tournure la plus favorable. Il lut les lettres, et fut complètement dupe. Il me promit de rendre un compte fidèle de ce qui avait excité l'inquiétude de madame la Dauphine, et nous nous séparâmes. Mais comment madame la Dauphine avait-elle été instruite? Voilà ce que ne pouvait concevoir madame de****. M. de Choiseul avait ce qu'on appelle le secret de la poste, c'est-à-dire que le roi lui remettait les extraits que l'intendant des postes lui apportait, et il n'avait parlé à personne de la lettre de madame de****. L'intendant des postes, habitué au plus profond secret, n'en avait certainement rien dit. Le mystère fut éclairci après la mort de madame la Dauphine. M'étant trouvé avec le marquis de Saint-M****, je lui parlai de la lettre, et lui avouai la ruse dont je m'étais servi pour mettre en défaut les recherches de madame la Dauphine. Mais lui ayant témoigné mon étonnement de ce qu'elle avait été instruite de cette lettre, il me dit : Vous ne savez pas; et M. de Choiseul lui-même a ignoré que le roi, depuis la mort du Dauphin, allait assez fréquemment chez madame la Dauphine, dont l'appartement communiquait au sien par un petit escalier. Habitué à la voir, il avait insensiblement pris confiance en elle, et son crédit, dont elle faisait un mystère, augmentait de jour en jour. Lorsqu'on vous eut écrit la lettre où elle était si mal traitée, le roi lui dit : « Il y a une dame
» qui a écrit de belles choses de vous à M. de***. »

Il lui nomma la dame, et n'entra dans aucun autre détail; mais il en avait assez dit pour exciter vivement sa curiosité; et dès qu'elle sut votre arrivée, elle me chargea de vous voir et de savoir de vous le contenu de la lettre à quelque prix que ce fût.

(*e*) SUR MADAME

LA DUCHESSE DE GRAMMONT.

(Article de M. de Meilhan.)

Madame la duchesse de Grammont était restée à Remiremont jusqu'à l'âge de vingt-huit ans, et n'avait pu acquérir dans un chapitre une idée juste de la méchanceté des hommes, de l'art des calomniateurs, et de la facilité avec laquelle on ajoute foi aux calomnies. Elle acquit en peu de temps le plus grand ascendant sur le duc de Choiseul, son frère ; et ceux qui jugent des autres d'après eux-mêmes, sachant qu'elle était sans fortune, ne doutèrent pas qu'elle ne s'empressât de faire ce qu'on appelait *des affaires*. C'était connaître bien mal la duchesse de Grammont, qui avait l'ame la plus élevée. M. de Choiseul passa un marché pour les fourrages, et le bruit se répandit que les entrepreneurs avaient donné à madame de Grammont cent mille écus de pot de vin. Elle en fut instruite, alla trouver son frère, et lui conta l'imputation injurieuse dont on voulait la souiller. Le duc tâcha de l'apaiser ; tous ses efforts furent vains ; elle n'avait aucune idée des formes, et croyant, ce qui était à peu près vrai, que rien n'était impossible à son frère, elle lui demande de casser le marché. Son frère lui représente qu'il est signé du roi. Madame de Grammont, entière et absolue, n'est point arrêtée par cet obstacle, et insiste. Le duc lui objecte alors que le moyen qu'elle veut employer pour confondre la calomnie ne servira qu'à lui donner de la consistance, et elle se rend avec bien de la peine à cette raison.

Quelque temps après, M. de Lally, arrivé depuis peu de l'Inde, se rend à Fontainebleau où se trouvait la cour. L'acharnement du public, provoqué par les libelles que répandaient avec profusion les nombreux ennemis de cet infortuné général, était à son comble. L'on répand qu'il a donné des diamans d'un grand prix à la duchesse de Grammont; et l'on impute à la certitude qu'avait le comte de Lally de sa protection l'assurance que lui donne son innocence. La duchesse, instruite de ce bruit, s'indigne d'être soupçonnée de ce trafic infâme de la faveur de son frère; les ennemis de Lally profitent de ces dispositions, et lui persuadent qu'un si grand criminel n'est point à ménager, et que sa réputation et celle de son frère seront éternellement compromises, si elle ne manifeste pas aux yeux du public qu'elle ne prend aucun intérêt au coupable. On propose au conseil de faire arrêter Lally; le duc de Choiseul, par faiblesse pour sa sœur, ne s'y oppose pas; mais en sortant du conseil il envoie chercher le comte d'Estaing qui avait servi sous Lally dans l'Inde, et lui dit: *Savez-vous qu'on va arrêter M. de Lally, et le conduire à la Bastille?* M. d'Estaing comprend ce que cela veut dire, et part pour Paris, où il trouve Lally, lui raconte ce qu'il vient d'apprendre, et lui conseille de s'évader, au moins pour laisser passer l'orage. Lally se met en fureur, refuse de partir ou de se cacher; et vingt-quatre heures après il est arrêté. La part qu'on peut dire que madame de Grammont eut ainsi à la malheureuse catastrophe de Lally lui causait le souvenir le plus amer (1).

La duchesse de Grammont, par sa conduite mesurée, sa prévoyante sagesse, jointes à un certain ton, à de certaines manières, avait, sans se donner de mouvement, un ascendant marqué dans la société; jamais personne n'a joui d'une plus grande considération, et à la mort de son frère elle n'a point diminué, ce qui prouve qu'elle était indépendante des circonstances. Elle avait un talent rare dans l'esprit pour exposer une affaire, et la présenter sous le jour le plus favorable. Durant le

---

(1) J'étais un soir chez madame la duchesse de Grammont où se trouvait aussi madame la maréchale de Beauvau. M. de Choiseul entre par une petite porte, avec un air triste et un papier à la main. Qu'avez-vous, mon frère? lui demande la duchesse. — Voilà l'arrêt de Lally que je porte au roi; et il se met en devoir de lire; puis me regardant : C'est de votre compétence ceci, Monsieur, me dit-il; voulez-vous bien lire et nous dire votre avis. Je lis; et quand je suis à ces paroles, *atteint et convaincu d'avoir trahi les intérêts du roi, de l'État et de la compagnie,* je demeure surpris et indigné. — Eh bien, dit M. de Choiseul, continuez. — Je n'ai pas besoin, répliquai-je, M. le duc, d'aller plus loin pour voir que cet

ministère de son frère elle savait justifier sa conduite, la faire valoir, lui ramener, par ses attentions et par des prévenances de la plus gracieuse simplicité, ceux que la légèreté de son caractère, et ses propos, quelquefois indiscrets, aliénaient.

Ses récits étaient attachans, son style simple et naturel. Jamais elle ne montra de prétentions à l'esprit; renfermée dans la sphère du sien, elle n'en franchissait point les limites. N'allant pas à la cour depuis le renvoi de son frère, les gens qui étaient dans la plus grande faveur lui rendaient des devoirs empressés, et ambitionnaient son suffrage. Personne n'a été plus fidèle en amitié, et plus dévoué à ses amis. On ne vantait point son esprit, on ne citait point ce qu'elle disait; mais on recourait à son conseil, on était flatté de son approbation, et on avait la plus grande confiance dans ses lumières. Sa discrétion reconnue lui procurait une foule de confidences importantes, et

---

arrêt est la plus atroce des iniquités. On peut trahir les intérêts du roi par un excès de zèle, ignorance ou impéritie. Une phrase aussi équivoque montre l'embarras des juges qui n'ont pu le convaincre de *trahison*. S'ils en avaient eu la preuve, ils se seraient exprimés positivement. Tout homme qui entre en contrebande une perdrix ou une bouteille de vin, trahit les intérêts du roi, ceux de l'Etat et ceux de la compagnie des Fermes. Suivant l'horrible dispositif de cet arrêt, il mérite donc la mort? — Mon avis fit quelque impression. M. de Choiseul monta chez le roi, tâcha de le fléchir, mais le trouva trop fortement prévenu contre l'infortuné Lally pour obtenir sa grâce. (*Note de M. de Meilhan.*)

personne dans Paris n'était aussi exactement instruit de ce qui se passait de plus secret à la cour. Sa chambre était un centre où tout aboutissait depuis trente années, et jamais un homme d'une réputation équivoque n'y fut admis. La fierté de son caractère se soutint dans sa prison ; elle montra à sa mort le plus grand courage, et un dévouement héroïque pour son amie la duchesse Du Châtelet. Interrogée au tribunal révolutionnaire, elle n'essaya pas de se justifier. *Il serait inutile*, dit-elle aux juges, *que je parlasse de moi; mais je dois à la vérité de dire que l'on ne peut rien imputer à madame Du Châtelet, qui n'a jamais pris part aux affaires publiques, qui n'a jamais connu l'esprit de parti, ni participé à aucune intrigue. Il y a des gens aussi innocens qu'elle, mais il n'y en a pas que leur caractère, leur manière de vivre rendent moins susceptibles d'accusation et même de soupçon.* Madame de Grammont avait engagé son amie à revenir en France, et se reprochant sa mort avec désespoir, elle fut insensible à la sienne (1).

---

(1) Ajoutons à ce récit un trait qui prouve la force de son ame et l'élévation de son caractère. Madame de Grammont fut traduite au tribunal de Fouquier-Tinville. « N'as-tu pas, » lui dit-on, envoyé de l'argent à des émigrés? —J'allais dire » que non, répondit-elle, mais ma vie ne vaut pas un mensonge. »

(*Note des nouv. édit.*)

NOTICE

SUR

LE CARDINAL DE BERNIS.[1]

Le cardinal de Bernis n'est pas encore personnellement bien connu.

Sa naissance était beaucoup plus distinguée qu'on ne croit communément. Dans mes recherches aux archives de Rome, j'ai rencontré des pièces authentiques, des lettres du pape Innocent XI, qui prouvent que, dès le commencement du douzième siècle, sa famille, déjà très-illustre, posséda le château de Gange, *Aganticum*. Allié aux plus grandes maisons, aux Montmorenci, etc., etc., etc., il était le troisième de son nom qui eût siégé à Albi. Il avait, dans sa jeunesse, étudié plus qu'on ne croyait aussi.

Il a eu, pendant toute sa vie, à l'exception peut-être de ses dernières années, un avantage singulier et précieux : celui d'avoir besoin de très-peu de sommeil pour se bien porter.

---

[1] Cette Notice curieuse est, comme on l'a vu, pag. 61, de M. Loménie de Brienne, d'abord archevêque de Toulouse, puis ministre, puis archevêque de Sens et cardinal. Le manuscrit qui contient ce morceau est tout entier de sa main.

Je puis certifier que, jusqu'en 1786, il ne restait guère plus de cinq heures au lit. Et qu'on ne dise pas qu'on l'a vu à Rome, bien des années, se dédommager amplement le jour du sommeil qu'il ne prenait pas la nuit. La vérité constante, est qu'il n'a dormi ainsi le jour que quand, à la fin, l'occupation et la distraction lui ont manqué totalement. Dans le temps où il a dû suivre la négociation du traité de Versailles, négociation qui lui a coûté plus de travail qu'on ne pense, et que l'on affecte de le dire communément, il passait toute la journée à la cour, toutes les soirées en compagnie, et même au jeu (quoiqu'il ne l'aimât en aucune manière ; mais seulement alors pour dérouter l'espionnage des ministres en place qui ne l'aimaient pas, et ne savaient nullement ce que le roi lui avait confié à cet égard) ; ensuite il travaillait toute la nuit. Cela a duré bien des mois. *Le fait est sûr.*

A ce propos, il faut dire que le traité de Versailles n'a point été, comme on l'a cru, un pur effet des intrigues de la marquise de Pompadour. A peine la paix de 1748 avait-elle été signée, que Marie-Thérèse, qui avait machinalement et intérieurement conçu une inclination singulière pour Louis XV (*le fait est encore sûr*), avait projeté et suivi l'idée de se lier étroitement avec lui. Le marquis de Puysieux, alors secrétaire d'État des affaires étrangères, et ensuite assez long-temps ministre d'État, ainsi que son ami et créature le comte de Saint-Séverin, traitaient de radotage ce que le ministre de France à Vienne, immédiatement après la paix d'Aix-la-Chapelle, écrivait périodiquement, à ce sujet, dans ses dépêches, et les assurances qu'il répétait du désir ardent de Marie-Thérèse de s'unir avec le roi. Ce ministre était *Blondel*, oncle de mon père, qui, au retour d'Aix-la-Chapelle, où on l'avait envoyé un peu tard, lorsque M. de Saint-Séverin avait déjà fait bien des sottises, avait demandé au marquis de Puysieux, comme récompense personnelle, de placer là son oncle. Je sais tout cela de science certaine. Le cardinal de Bernis m'a dit ensuite, de lui-même, qu'il avait retrouvé et reconnu toute cette correspondance, en compulsant le dépôt des affaires étrangères, pour se préparer au traité de 1756.

Je puis affirmer que son avis n'eût pas été de prendre cette marche politique. Il pensait que la France n'avait pas besoin d'*alliés*. Le roi voulut s'unir avec Marie-Thérèse, et désira qu'il se chargeât de la négociation. Alors il souhaita plaire au roi, et l'on peut le dire à parler impartialement, qu'il rédigea *très-bien* un traité, *très-mauvais, dans le fond;* encore y aurait-il bien des choses à dire à ce dernier égard.

Le cardinal de Bernis faisait tout par lui-même: ses secrétaires n'ont jamais été que ses *copistes*, je puis le certifier; même l'abbé *Des Haïsses*, son ami intime, ne fut, comme eux, que son *copiste*, en fait d'affaires *politiques;* il ne le laissait agir que pour ses affaires *domestiques.*

Même dans le temps où il s'adonnait le plus au plaisir et à la paresse épicurienne, à la bonne compagnie, aux vers agréables, il avait la conscience de la facilité qu'il trouverait à faire *sa fortune et son chemin*, dès qu'il le voudrait sérieusement. Ses camarades de séminaire, devenus ensuite amis de société, les Montazet, archevêque de Lyon ; La Rochefoucauld, depuis cardinal, et autres dont le nom m'échappe, qui furent placés, et dans la grande route, bien avant lui, voulurent quelquefois l'engager à songer à faire *son chemin*, comme eux ; à prendre sérieusement l'état ecclésiastique. Il leur répondit, et bien des fois : *J'ignore quand je prendrai ma résolution de me mettre en chemin ; mais ce que je sais est que dès que je l'aurai prise, et que je commencerai à marcher, je me trouverai devant vous ;* et cela s'est vérifié.

Il disait que long-temps il n'avait rien fait pour *mériter* ; mais que jamais il n'avait *rien* fait qui pût *démériter*.

Sa liaison avec madame de Pompadour n'a pas été ce qu'on croit. Il la connaissait peu avant qu'elle eût été *arrangée* avec le roi. Je dis *arrangée*, et j'ai raison ; car cette affaire d'amour a été menée singulièrement. Il était convenu, décidé, comme pour un mariage entre potentats, qu'elle serait maîtresse du roi, bien des mois avant que le roi la prît ; et le cardinal de Bernis était resté presque persuadé que le roi n'avait encore rien obtenu, lorsqu'il partit pour l'armée. Lorsqu'il partit, on agita dans son conseil privé (pour ce genre d'affaires), quelle société on donnerait à la future maitresse, pendant l'absence de son amant, et quelles personnes, en petit nombre, on lui permettrait de voir. Le roi voulut personnellement que l'abbé de Bernis alors devînt sa société intime ; et il fut arrêté que ce serait lui qu'elle verrait le plus. C'est de cette époque que data la confiance *intérieure et déclarée* du roi dans l'abbé de Bernis. Cette confiance *intérieure* n'a pas cessé une minute depuis, pas même lorsque le roi l'exila. Voici quelle en était la source. Louis XV, comme on sait, épiait les correspondances de tous les gens de la cour et en place. Un grand nombre d'eux correspondaient avec l'abbé de Bernis depuis bien des années. Le roi avait lu toutes leurs lettres, dans lesquelles ils laissaient échapper bien des libertés, bien des imprudences. Il avait pareillement lu toutes les réponses de l'abbé; et, pendant près de six ans, plus ou moins, il n'avait pas trouvé, dans une seule de ses réponses, la moindre phrase *imprudente* ou *irréfléchie*, pas un mot qui pût le faire soupçonner de la moindre malignité, de la moindre méchanceté, du moindre mécontentement, quoiqu'il parût parler à cœur ouvert, et avec autant de franchise que d'esprit. Le cardinal m'a répété cela vingt fois tête-à-tête, sans qu'il pût avoir le moindre intérêt à me le dire. D'ailleurs il ne *mentait pas*.

Quoique Louis XV eût été singulièrement content de son *préceptorat* auprès de la marquise pendant la campagne, et celle-ci fort contente de sa direction, les deux amans ne se sont décidés que long-temps après à lui faire faire un grand chemin.

Son début fut l'ambassade de Venise. Machault et d'Argenson, qui le craignaient, mirent tout en œuvre pour le faire échouer. Ils lui demandèrent comme une preuve de ses talens qu'ils vantaient avec exaltation, comme un signalé service à rendre à l'État de découvrir à son passage à Turin, et d'envoyer à la cour la copie du traité que le roi de Sardaigne venait de conclure avec l'Espagne si secrètement, que ni à Madrid, ni à Turin, les ambassadeurs de France n'en avaient rien pu connaître. L'abbé de Bernis sentit le piége, et crut bien qu'il ne pouvait éviter de se faire dire *peu habile* et *peu adroit*, et même aussi *fort négligent :* car comment découvrir un traité secret dans une cour étrangère où il ne devait rester que trois jours? Après y avoir réfléchi mûrement et pendant toute la route, voici le parti qu'il prit. Il employa une première visite auprès du ministre Osorio à gagner sa bienveillance personnelle; ce qui lui fut facile, attendu les grâces et le charme qu'il portait dans la société et la conversation. Sûr de lui avoir plu, il lui dit que sa fortune dorénavant pouvait être due à ce que lui (Osorio) voudrait bien faire en sa faveur. Il lui expliqua ensuite combien il trouverait d'avantages sur ses rivaux et ennemis auprès du roi et dans les conseils, s'il parvenait à remplir la commission, presque impossible à exécuter, qui lui avait été donnée à son départ, de faire parvenir à la cour de France une copie de ce traité alarmant, à cause du mystère. Il lui fit sentir en même temps que ce mystère, ne pouvant pas être bien long, il n'y avait rien à perdre à le faire cesser quelques jours plus tôt... Osorio sentit qu'il y avait de la vérité, ouvrit son tiroir, y prit et lui remit une copie exacte du traité, et en trois jours, il parvint à faire connaître ce qu'on ignorait depuis plusieurs mois. Machault et d'Argenson furent confondus; et comme ils ignoraient combien le succès avait été facile, ils ne pouvaient contredire les éloges que ce succès inattendu fit donner au négociateur par le conseil et par la marquise de Pompadour, le roi et les amis de l'abbé.

A Venise où ses rivaux l'avaient fait placer de préférence, comme dans un cul-de-sac, en comparaison des autres ambassades, il fut encore servi par un hasard des plus favorables. Là, les ministres étrangers, réduits à vivre entre eux, se *déboutonnent* plus aisément et plus involontairement. Lié avec l'ambassadeur d'Espagne qui avait été l'amant de la maîtresse actuelle du premier ministre *la Ensenada*, il eut par celui-ci une connaissance très-anticipée de la marche progressive du discrédit de *la Ensenada*, sa maîtresse écrivant périodiquement à son ancien amant, et lui confiant toutes les preuves que le premier ministre recevait tous les jours des dispositions du roi à son égard, preuves secrètes, et que le premier ministre cachait avec un soin extrême, et tellement que l'ambassadeur de France, alors le duc de Duras, ne cessait d'écrire et d'assurer que *la Ensenada* était mieux ancré que jamais. L'abbé de Bernis, bien mieux instruit, écrivait et assurait périodiquement le contraire, avec une espèce de ton prophétique. Il fut en état, peu à peu, d'indiquer d'avance le mois et presque la semaine où la chute du premier ministre aurait lieu. Fondés sur les dépêches du duc de Duras, les ministres à Versailles tournaient en ridicule celles de l'abbé qui, du fond de ses *lagunes* à Venise, avait la sotte vanité de se croire instruit de ce qui se passait derrière les rideaux du roi d'Espagne à Madrid, mieux que les ministres les plus clairvoyans, à cette cour même. La prophétie vérifiée, on sent quel étonnement frappa le conseil. L'abbé fut dès-lors unanimement proclamé, même par ses ennemis, comme un homme d'un talent vraiment supérieur en fait de négociations et de coup-d'œil politique, etc. *Ces détails sont exacts.*

L'abbé de Bernis se trouva à l'apogée de sa faveur et de sa considération à la cour par une circonstance qui fait infiniment d'honneur à sa probité, à son bon cœur et à sa vraie philosophie. Ce fut sa conduite au moment de l'assassinat de Louis XV, conduite dictée par ce qu'on appelle au plus juste titre *des sentimens d'honnête et galant homme* et d'*homme raisonnable* qui le soutint là, quand tous les intrigans, foncièrement vils, firent naufrage avec turpitude.

Le roi étant blessé, on le crut aisément en péril. Tous les ministres du moment, même les plus habiles, ou du moins réputés tels, perdirent la tête, ou ne s'occupèrent que d'intrigues basses, parce que leur unique objet était de conserver leur place, en cas d'un nouvel événement, ou de se servir de celui-là pour chasser la maîtresse, leur *bienfaitrice originairement*, ou leur *idole forcément*. L'abbé de Bernis, réfléchissant sur lui-même, et sentant que ce qui lui était absolument nécessaire pour vivre heureux, était, non de conserver sa place ministérielle (il était alors ce qu'on appelait simplement *ministre d'Etat*), non, à plus forte raison, d'aller encore au-delà, dans la carrière de l'ambition et des honneurs ainsi que des richesses, mais bien de rester content de lui-même, et de ne point se déshonorer en sa propre conscience, encore plus qu'aux yeux des honnêtes gens qui l'avaient connu à fond, se dit que, dans une pareille occasion, il fallait oublier absolument ce qui pourrait arriver de lui par la suite, comme ministre, et ne songer qu'à remplir tous ses devoirs envers le roi blessé, M. le dauphin, qui devait veiller sur l'État, la maîtresse du roi à qui il avait de grandes obligations, et la chose publique dont il était chargé comme ministre. En conséquence, uniquement occupé de ces différens devoirs, oubliant totalement ce qui pouvait résulter du côté des intrigues, il eut seul la tête nette et libre. Lui seul donna des conseils d'ami fidèle et sûr à sa bienfaitrice qu'il encouragea à rester à la cour, au péril de ce qui pouvait en arriver, péril que tous les autres ministres exagéraient pour s'en débarrasser à tout événement, jusqu'à ce que le roi, à qui elle devait tout, lui fît connaître sa volonté. Lui seul pressa M. le dauphin d'assembler le conseil, sans ordre, et de se montrer d'une manière digne de lui; ce à quoi les autres ministres ne s'enhardissaient nullement. Lui seul, le conseil assemblé, osa ouvrir des avis qui ne manquèrent pas d'être suivis, chacun ayant soin de bien mettre en tête de son assentiment, qu'on ne pouvait rien ajouter à ce que *monsieur l'abbé proposait et soutenait être à propos*. Lui seul pensa à consoler, à rassurer tour à tour les enfans et la maîtresse. Lui seul, ne cherchant point à intriguailler et à écrire, cette nuit-là, à Paris, eut le temps et le loisir d'examiner ce qui se passait dans l'antichambre du roi. Plus à portée qu'un autre, par-là, il put, par un hasard naturel, voir le premier le roi blessé, et s'assurer de l'absence de tout danger pour sa vie. De-là, il put lui rendre compte de tout ce qu'il avait fait et dit. Louis XV, naturellement juste, raisonnable, et même, on peut le dire, naturellement ami de l'honnêteté et de la vertu auxquelles il n'aimait pas qu'on manquât, et ne manquait lui-même, quoiqu'entraîné par ses faiblesses, approuva tout, parce qu'en effet, dans tout ce que l'abbé avait fait et dit, il avait suivi, sinon le stoïcisme d'une haute vertu, du moins les sentimens de la vertu le plus à la portée de l'humanité; et peut-être, au fait, de la meilleure philosophie. D'autre part, le dauphin et ses sœurs lui surent gré du rôle qu'il leur avait fait jouer. D'ailleurs, on ne put s'empêcher de sentir et d'avouer qu'il avait montré plus de tête et d'attention pour la conduite des affaires, et comme ministre, qu'aucun autre membre du conseil. En un mot, il m'a dit cent fois que jamais il ne s'était cru plus en droit de s'estimer lui-même que dans cette occasion importante; qu'il croyait de bonne foi n'avoir en ce moment manqué à aucun des devoirs que pouvait lui imposer la conscience d'un honnête homme; et qu'il devait cette satisfaction de l'ame, et le grand succès qui en résulta pour sa fortune (puisqu'il réussit à tout après), uniquement à ce que, s'étant bien interrogé lui-même, il s'était assuré de n'avoir nullement besoin de cette même fortune pour vivre heureux, mais bien de pouvoir continuer à s'estimer lui-même le reste de sa vie.

L'amour-propre et la vanité du cardinal de Bernis (on peut, peut-être même doit-on dire qu'en effet il en avait) n'était pas ce qu'on pouvait croire. Il savait très-bien se rendre justice, et apprécier ce qu'il avait fait. Certainement on ne saurait dire qu'il n'aimât pas à raconter, même en quelque sorte à vanter, ses opérations personnelles comme ministre ; mais je puis certifier qu'il savait mieux que personne, et qu'il reconnaissait très-bien que le hasard aurait eu la meilleure part à tout ce qui l'aurait pu rendre plus célèbre. Au moment où il paraissait toucher au faîte de sa gloire (je parle de l'instant où le maréchal de Richelieu, par des succès inouis, ayant acculé l'armée des alliés, semblait prêt à terminer la guerre d'une manière qui aurait couronné tous les projets politiques formés et suivis durant le ministère de l'abbé de Bernis), le jour même où il s'attendait d'heure en heure à recevoir la nouvelle officielle de l'entier désarmement et de la dispersion de l'armée ennemie, il passa plus d'une heure à se promener seul dans son cabinet, en réfléchissant à ce que l'histoire dirait de tous ces événemens qui avaient signalé les premières années après la conclusion du traité de Versailles : Mahon pris, la victoire d'Hastenbeck, la conquête de l'Allemagne, la destruction de l'armée hanovrienne, etc., etc. Puis, repassant en lui-même par quels moyens toutes ces choses avaient été exécutées, par quels personnages elles avaient été conduites, de quelles têtes la plupart des projets étaient éclos, toutes les intrigues qui avaient eu lieu, tout ce que le hasard seul le plus imprévu avait fait, tout ce qu'il avait eu lui-même d'obstacles à vaincre, de peines à dévorer, il se disait : « Pauvre postérité, que sauras-tu? Et comme la vérité exacte, au fond, pourrait se moquer de toi, etc., etc.! » Il me l'a répété

vingt fois; telles étaient les idées qui l'occupaient à l'instant où l'officier qui apportait la nouvelle de la convention de Closter-Seven fit claquer son fouet à sa porte. Il le voit monter chez lui; il ouvre la dépêche, lit la teneur du traité, comprend à l'instant quelle en doit être la suite inévitable. Sa première idée fut de se dire : « Le rêve est fini.
» Ah! parbleu, la postérité n'est pas si à plaindre;
» elle ne sera pas dans le cas de s'étonner si mal
» à propos. »

La disgrâce du cardinal de Bernis n'a point été ce qu'on croit communément, quant à la cause, ni quant aux effets pour lui.

Je suis certain, et je ne pourrai jamais croire en aucun temps ni sous aucun aspect, que la cause de cette disgrâce ait été le projet d'éloigner la marquise de Pompadour, et d'être premier ministre en titre. Personne ne connaissait mieux que lui l'impossibilité absolue de déterminer jamais Louis XV à prendre à proprement parler un premier ministre. Personne n'était plus incapable que lui d'ingratitude envers madame de Pompadour. La vérité est que ce fameux mémoire dont on a tant parlé, et que si peu de gens ont lu, est peut-être ce qui fait le plus d'honneur au cœur et à l'ame du cardinal de Bernis, lequel très-positivement était un excellent patriote et un honnête citoyen. Le mémoire avait pour objet, 1° de démontrer la nécessité de faire la paix, attendu que le roi n'avait plus ni *argent*, ni *généraux*, ni *vaisseaux*, et de s'en tenir, si la cour de Vienne ne voulait pas finir en même temps, au secours porté dans le traité de Versailles; 2° la nécessité de ne plus laisser chaque ministre dans son département maître d'en faire monter les dépenses au degré qu'il lui plaisait, et de démontrer au roi les inconvéniens de cette espèce de politique de sa part, qui lui faisait faire quatre ou cinq rois particuliers et despotes des quatre ou cinq ministres qui se partageaient le gouvernement.

La marquise aurait accepté peut-être la deuxième partie du mémoire; mais la première n'était pas de son goût. Elle était séduite par les avances de Marie-Thérèse. Le duc de Choiseul, ambassadeur à Vienne, la servait en cela selon son goût, lui persuadait qu'il saurait bien continuer la guerre, etc., etc. Le cardinal pouvait arranger tout, s'il ne fût pas resté persuadé que la paix seule pouvait sauver la France, et s'il n'eût pas été déterminé à quitter le ministère, plutôt qu'à y rester pour continuer une guerre désastreuse. La marquise, ne pouvant ni ne voulant de son côté renoncer à son idée favorite que soutenait le duc auquel elle était alors entièrement livrée, détermina enfin le roi à sacrifier totalement le cardinal.

Le cardinal était assuré de son sort. Il avait plus d'une fois causé tranquillement sur ce point avec la marquise. Il savait qu'il serait *exilé*, et même il le lui avait dit. Un jour il lui avait dit de sang-froid, et comme causant de choses indifférentes: *Nous séparer, à la bonne heure, rien de plus simple et de plus facile. Mais pourquoi porter la chose à l'extréme ; pourquoi un coup de poignard ?* Elle n'avait rien répondu.

Il avait prévu, fixé le jour même où il comptait recevoir l'ordre. Il était certain que ce serait immédiatement après que, par un dernier effort de son grand crédit auprès du parlement de Paris, il aurait fait passer l'enregistrement d'un emprunt de quarante millions qui souffrit beaucoup de difficultés. Il ne se trompa que de deux jours, et cela à cause que le roi partant pour Choisy lui avait demandé quel jour il lui convenait mieux de s'y rendre pour le conseil? A quoi il avait répondu : *Puisque c'est moi qui dispose du temps de Votre Majesté, ce sera pour tel jour.... après demain, vu que demain j'ai dû donner rendez-vous à M. de Stharemberg.*—« Eh » bien! avait répliqué le roi, à après-demain, » donc? »

Le lendemain, le cardinal étant en conférence avec M. de Stharemberg, reçut l'ordre de se rendre à Vic-sur-Aisne; il ne s'y attendait que pour le lendemain du conseil prochain. J'oubliais de dire que ces faits, le départ pour Choisy, la demande du roi, l'indication du conseil pour le troisième jour, avaient eu lieu à l'issue de la conférence dans laquelle il venait de rendre compte que l'affaire de l'enregistrement de l'emprunt avait été finie, ou la veille, ou le matin même.

Ce que j'ai dit de l'impossibilité que le cardinal faisait valoir dans son mémoire de continuer la guerre sans argent, sans généraux, sans vaisseaux, est si vrai et si exact, que, comme il me l'a raconté souvent, lorsqu'il fut rendu à Vic-sur-Aisne, le duc de Choiseul, chaque fois qu'il voyait ou le neveu du cardinal, ou son ami l'abbé Des Haisses, et il les voyait souvent (tout cela se passant comme une affaire d'arrangement de société, et non comme une brouillerie ou une inimitié) il leur disait toujours : *Dites au cardinal que nous n'avons ni argent, ni généraux, ni vaisseaux, mais que cependant nous faisons et ferons encore la guerre.* Cela, il le répéta nombre de fois. A la fin, le cardinal, un peu ennuyé, dit expressément à l'abbé Des Haisses, un jour qu'il le renvoyait de nouveau parler au duc pour je ne sais quelle affaire : « Si le duc vous » tient encore le même propos, répondez-lui : » Ma foi, M. le duc, s'il faut vous le dire, Son Em., » la dernière fois, m'a dit à ce propos qu'elle savait » tout comme vous, que sans argent, sans géné- » raux, sans vaisseaux, l'on pouvait *faire* la » guerre, mais non la *bien faire.* »

Le cardinal était si bien préparé à sa disgrâce, et en fut si peu affecté, que la première nuit, à Vic-sur-Aisne, il dormit deux heures de plus que de coutume, et qu'à son lever il fut chasser, dans son parc, aux oiseaux.

Le cardinal de Bernis est certainement l'homme que Louis XV a le plus constamment et vraiment estimé, et celui dans lequel il a eu le plus de confiance réelle.

C'était surtout à l'égard des affaires parlementaires, que Louis XV s'est le plus servi du cardinal de Bernis; et celui-ci a toujours eu un très-grand crédit dans le parlement de Paris.

Louis XV était singulièrement occupé des affaires parlementaires. Ce prince n'était pas insouciant, à beaucoup près, autant qu'on a voulu le croire ou le faire croire. Ses entretiens et ses visites à la marquise de Pompadour n'étaient pas si vides d'affaires et d'idées de gouvernement qu'on se l'est imaginé. Au contraire, il en était extrêmement occupé. Le cardinal m'a parlé cent fois de la quantité d'heures qu'il avait passées en tiers avec eux à combiner, à raisonner sur les progrès et l'issue que pouvaient et devaient naturellement avoir les débats de la cour avec les parlemens. Le roi en était terriblement effrayé. Comme il avait un esprit droit et même pénétrant, il pressentait avec justesse tous les effets et les résultats que cette lutte devait avoir ou un peu plus tôt ou un peu plus tard. Il envisageait avec effroi le déchet inévitable de son pouvoir et de son autorité. Il sentait que tout cela pouvait le mener à n'être plus rien. Il fallait toute la raison et la fermeté du cardinal pour le rassurer. Celui-ci lui mettait sous les yeux tous les moyens nombreux et faciles qui restaient encore alors pour arrêter tout court les entreprises parlementaires, et tous ceux qui restaient à l'autorité royale, pour se maintenir dans toute sa force. Le roi finissait par sentir la vérité de ses discours, et presque toujours des conversations de ce genre qui se prolongeaient extrêmement, se terminaient par cette phrase de la part du roi : *Eh bien, oui; vous avez raison. Je crois bien que tant que je vivrai, je resterai toujours à peu près le maître de faire ce que je voudrai; mais, ma foi, après moi, M. le duc de Bourgogne n'a qu'à se bien tenir.*

Le cardinal avait calculé le temps que durerait son exil, et l'avait calculé juste. Plusieurs personnes de ses amis lui avaient demandé, à diverses reprises, s'il croyait redevenir libre, et quand? Il avait toujours répondu : *Oui, deux ans après la paix;* et cela s'est trouvé juste.

Un fait qu'on ignore et qui est certain, est que l'idée de l'élever au cardinalat, et la négociation qui l'y mena, partirent entièrement du duc de Choiseul qui comptait bien que le roi ne s'y opposerait pas, mais en demeurerait effarouché, et ne se refuserait plus à expulser du conseil un ministre que la dignité de cardinal rendait par elle-même forcément un *premier ministre*, quoiqu'il n'en eût pas le titre formel.

(*Soit que M. l'archevêque de Sens en fût demeuré là, soit que le reste ait été perdu, l'on n'a trouvé que ce fragment dans ses papiers. Nous avons cru devoir y ajouter quelques lignes pour faire connaître comment se termina la carrière du cardinal de Bernis.*)

Après un exil de six ans qu'il soutint avec dignité, le cardinal fut nommé par Louis XV ambassadeur de France à Rome, et protecteur des églises de France dans cette cour. Il y fixa sa résidence. En 1791, il reçut dans son palais les princesses, tantes de Louis XVI, qui cherchaient un asile contre la tempête révolutionnaire.

Jusque-là le cardinal avait fait les honneurs de son pays avec une grande magnificence, et surtout avec une grâce, une politesse, une aménité rares. Dépouillé tout-à-coup de ses abbayes par des décrets, et de son archevêché par le refus de prêter un serment que sa conscience ne lui permettait pas, il perdit 400,000 livres de rente et le noble plaisir d'en donner la moitié. D'une si haute fortune, M. de Bernis tomba dans un état voisin de l'indigence, et s'y résigna sans murmure. Mais, à la demande de son ami, le chevalier Azzara, la cour d'Espagne lui fit une forte pension qui satisfit à tous ses besoins, et même au plus pressant de tous, au besoin d'aider les malheureux.

Le cardinal de Bernis mourut à Rome le 2 novembre 1794, âgé de soixante-dix-neuf ans.

FIN.

www.ingramcontent.com/pod-product-compliance
Lightning Source LLC
Chambersburg PA
CBHW050750170426
43202CB00013B/2373